Wirtschaftsgeschichte und Mathematik

FORSCHUNGEN ZUR WIRTSCHAFTSGESCHICHTE

herausgegeben von
Jürgen Kuczynski, Hans Mottek und Helga Nussbaum
Band 18

Wirtschaftsgeschichte und Mathematik

Beiträge zur Anwendung mathematischer, insbesondere statistischer Methoden in der wirtschafts- und sozialhistorischen Forschung

Wirtschaftsgeschichte und Mathematik

Beiträge zur Anwendung mathematischer, insbesondere statistischer Methoden in der wirtschafts- und sozialhistorischen Forschung

herausgegeben von

THOMAS KUCZYNSKI

AKADEMIE-VERLAG BERLIN
1985

Die sowjetischen Beiträge wurden übersetzt von Ingrid und Karl König. Ihre wissenschaftliche Bearbeitung erfolgte durch den Herausgeber.

Erschienen im Akademie-Verlag Berlin, DDR - 1086 Berlin, Leipziger Straße 3–4

Lizenznummer: 202 · 100/85/85
Printed in the German Democratic Republic
Gesamtherstellung: VEB Druckerei »Gottfried Wilhelm Leibniz«,
4450 Gräfenhainichen · 6421
Lektor: Heidemarie Kruschwitz
Einbandgestaltung: Nina Striewski
LSV 0305
Bestellnummer: 7537008 (2140/18)

01800

Inhaltsverzeichnis

Vorbemerkung 7

K. V. Chvostova

Die Theorie der sozialökonomischen Differenzierung feudalabhängiger Bauern und das Problem ihrer teilweisen Formalisierung 9

Helga Schultz

Erfahrungen bei der Anwendung quantifizierender Methoden zur Erforschung des Landhandwerks im Spätfeudalismus 29

I. N. Kiselev/V. A. Ustinov/Ju. A. Poljakov

Die nationale Zusammensetzung der Bevölkerung der UdSSR im Oktober 1917. Ein Berechnungsversuch 61

Thomas Kuczynski

Das Problem der „langen Wellen" – einige Überlegungen 89

N. M. Tichonov/V. A. Ustinov

Die Ausnutzung des Systems der sozialökonomischen Informationen des Produktionsbetriebs für die komplexe Analyse der Arbeiterklasse unter den Bedingungen der entwickelten sozialistischen Gesellschaft 121

Siegfried Sonntag

Untersuchung des Zusammenhangs zwischen Ausgangsniveau und Dynamik der industriellen Entwicklung in den Volksdemokratien 137

I. M. Promachina/T. M. Taršilova

Die Intensivierung der Produktion in den Kolchosen der Litauischen SSR in den Jahren des 9. Fünfjahrplans. Ein Versuch der praktischen Anwendung der Faktoranalyse 163

Vorbemerkung

In den vergangenen 25 Jahren hat die Anwendung mathematischer, insbesondere statistischer Methoden in der wirtschafts- und sozialhistorischen Forschung einen bedeutenden Aufschwung genommen. Im Gefolge dieses Aufschwungs entstanden in vielen Ländern Arbeitsgruppen, die sich in besonderem Maße dieser Thematik widmeten, darunter auch am Institut für Geschichte der UdSSR der Akademie der Wissenschaften der UdSSR und am Institut für Wirtschaftsgeschichte der Akademie der Wissenschaften der DDR.

Der vorliegende Sammelband soll dazu dienen, die Anwendung dieser Methoden am konkreten Beispiel zu demonstrieren und auf diese Weise ihre weitere Verbreitung unter Fachkollegen, insbesondere in der DDR, zu fördern. Der zeitliche Rahmen, den die Beiträge umspannen, wurde daher bewußt weit gehalten und reicht vom byzantinischen Feudalismus bis zur Gegenwart. Sachlich stehen Beiträge zur Wirtschafts- und Sozialgeschichte im Vordergrund. Methodisch dominiert die Anwendung von deskriptiver und mathematischer Statistik.

Die Mehrzahl der Autoren und Co-Autoren entstammt den beiden oben genannten Instituten und erarbeitete ihre Beiträge in den Jahren 1979/80.

Der Herausgeber dankt all jenen, die an der Fertigstellung des Sammelbandes beteiligt gewesen sind, insbesondere Frau Irmgard Flade für die Erledigung zahlreicher wissenschaftlich-technischer Arbeiten, den Übersetzern Ingrid und Karl König und Frau Heidemarie Kruschwitz, Lektorin im Akademie-Verlag.

Thomas Kuczynski

K. V. Chvostova

Die Theorie der sozialökonomischen Differenzierung feudalabhängiger Bauern und das Problem ihrer teilweisen Formalisierung

Das Problem der teilweisen Formalisierung sozialökonomischer Theorien und Konzeptionen nimmt in der gegenwärtigen Wissenschaft einen bedeutsamen Platz ein. So sind die moderne Soziologie und Wirtschaftswissenschaft ohne teilweise formalisierte Theorien nicht mehr denkbar, und bis zu einem gewissen Grade werden sie auch in der Geschichtswissenschaft angewandt, soweit es sich um sozialökonomische Erscheinungen der neuen und neuesten Geschichte handelt.[1] Was jedoch die Möglichkeiten einer teilweisen Formalisierung von Theorien betrifft,[2] so sind sie bezüglich der sozialökonomischen Erscheinungen des Mittelalters bisher noch nicht erforscht.[3] Hier stellen sich folgende Fragen: Welche Möglichkeiten gibt es und welche erkenntnistheoretische Bedeutung fällt den teilweise formalisierten Theorien zu, die zur Klärung sozialökonomischer Erscheinungen des Mittelalters beitragen können?

1 Es geht hier nicht um die Anwendung statistischer Methoden in der Sozial- und Wirtschaftsgeschichte (von solchen Arbeiten gibt es in der modernen Historiographie sehr viele), sondern um die teilweise Formalisierung sozialökonomischer Theorien der neuen und neuesten Geschichte. Vgl. *Marczewski, J.*, Histoire quantitative, Genf 1965.

2 Wir wollen in dieser Arbeit nicht das Problem untersuchen, welcher Inhalt dem Begriff „Theorie" in der Geschichtswissenschaft zukommt. Wir gehen von einer intuitiven Vorstellung von der Geschichtstheorie aus, wonach sie verallgemeinertes Wissen historischer Gesetzmäßigkeiten ist, also Wissen, das zum einen die kollektiven Forschungsanstrengungen zahlreicher Wissenschaftler, die sich mit bestimmten historischen Problemen befaßt haben, umfaßt, und zum anderen die marxistische Auffassung von der historischen Gesetzmäßigkeit. Ausführlicher zur historischen Gesetzmäßigkeit und zur historischen Theorie siehe *Žukov, E. M.*, O sootnošenii obščesociologičeskich i istoričeskich zakonomernostjach, in: Voprosy filosofii, Nr. 4/1977; *Topolski, J.*, O roli vneistočnikovogo znanija v istoričeskom issledovanii, in: Voprosy filosofii, Nr. 5/1973; *Schulze, H./Klaus, G.*, Sinn, Gesetz und Fortschritt in der Geschichte, Berlin 1967; *Topolski, J.*, Metodologia historii, Warschau 1973; *ders.*, Levi Strauss and Marx on History, in: History and Theory, Nr. 2, Vol. XII; *Elsukov, A. N.*, Problema ob-jasnenija v social'no-istoričeskom issledovanii, in: Filosofija, methodologija, nauka, Moskau 1972; *Loone, E. N.*, Ob urovnjach istoričeskogo znanija i poznanija, in: Učenye zapiski Tartusskogo gosudarstvennogo universiteta, Vyp. 301, Trudy po filosofii, tom XVI, Tartu 1973; *ders.*; Problema istoričeskogo objasnenija, in: Naučnye doklady vysšej školy. Filosofskie nauki, Nr. 6/1975.

3 Der ökonomischen Theorie des Feudalismus ist eine sehr ausführliche Monographie des polnischen Wissenschaftlers W. Kula gewidmet. *Kula, W.*, Théorie économique du système féodal. Un modèle de l'économie polonaise de 16-e–18-e siècles, Paris 1970. In dieser Arbeit werden zwar zahlreiche sozialökonomische Gesetzmäßigkeiten des Feudalismus untersucht, aber nur verbal formuliert. Das Problem der Formalisierung der Theorie wird in diesem Buch nicht angeschnitten, obwohl ein breiter Gebrauch von statistischen Verfahren gemacht wird.

In der vorliegenden Arbeit wurde der Versuch unternommen, eine Antwort auf diese Fragen zu finden und die Wege, die Möglichkeiten und die Rolle einer teilweise formalisierten Theorie – die Differenzierung der feudalabhängigen Bauernschaft in der Epoche des entwickelten Feudalismus betreffend – zu bestimmen. Der teilweisen Formalisierung von Feststellungen und Schlußfolgerungen einer beliebigen gegenstandbezogenen Theorie, also der Darstellung solcher Feststellungen in Form mathematischer Gleichungen, muß eine exakte Beschreibung dieser Theorie auf der qualitativen und inhaltlichen Ebene vorausgehen. Mit anderen Worten: Am Anfang steht ein System verbaler Aussagen, das die Verallgemeinerung der Erfahrungen beinhaltet, jener kollektiven Forschungsanstrengungen, die auf dem betreffenden Gebiet bisher erbracht worden sind. Danach ist die Feststellung zu formulieren, die sich direkt als mathematische Gleichung ausdrücken läßt, deren Lösung schließlich die Formel zu erbringen hat, die das quantitative Maß für die zu untersuchenden Beziehungen liefert.

Wir wollen nun zur verbalen Charakterisierung der sozialökonomischen Differenzierung der feudalabhängigen Bauernschaft in der Epoche des entwickelten Feudalismus übergehen, das heißt jener Epoche, in der innerhalb der Gesellschaft die wesentlichen Elemente der vorkapitalistischen Verhältnisse fehlten. Diese Differenzierung, betrachtet auf der Ebene der theoretischen Verallgemeinerung, trägt einige charakteristische Merkmale.

Die sozialökonomische Differenzierung feudalabhängiger Bauern bedeutet, daß es innerhalb dieser Bauern bestimmte Schichten gibt, die sich durch einen bestimmten Besitzstand und durch ein spezifisches soziales Verhalten auszeichnen.

Eine richtige Lösung des Problems der Differenzierung der feudalabhängigen Bauern setzt offensichtlich voraus, daß solche Erscheinungen einbezogen werden wie Parzellenbesitz, Pachtungen, Einnahmen aus handwerklicher Tätigkeit, Vorhandensein von Zugvieh und sonstigem Vieh, das heißt sämtliche Elemente bäuerlichen Vermögens und sämtliche Quellen bäuerlicher Einkünfte. In Forschungsvorhaben, bei denen es die Quellen erlauben, sämtliche Arten des bäuerlichen Vermögens zu erfassen, geht es offenkundig um Differenzierungen nach dem Gesamtvermögen. Nicht selten jedoch sind die Quellen aus der feudalen Epoche so beschaffen, daß eine vollständige Vorstellung von der Differenzierung nicht gewonnen werden kann. So können die Quellen nur eine Differenzierung widerspiegeln, die einige Vermögensarten betrifft. In der Regel wird in mittelalterlichen Quellen die Differenzierung am vollständigsten erfaßt, die mit dem Besitz von Parzellen dieser oder jener Größe zusammenhängt. Aus diesem Grunde beziehen sich in dieser Arbeit die Überlegungen, Postulate und Schlußfolgerungen der weiter unten entwickelten Differenzierungstheorie der Konkretheit halber in erster Linie auf die Parzellen. Dies ist auch insofern gerechtfertigt, als der Parzellenbesitz in der Epoche des entwickelten Feudalismus das Übliche ist, denn er bestimmt den aus Vermögen herrührenden Wohlstand des Bauern zwar nicht vollständig, aber doch wesentlich. Schlußfolgerungen, die in bezug auf den Parzellenbesitz gezogen werden, lassen sich indessen, wo dies die Quellen zulassen, leicht auf die anderen Vermögensarten verallgemeinern.

Abstrahiert man einmal bis zu einem gewissen Grade von einer Reihe unterschiedlicher konkreter Erscheinungsformen dieser Differenzierung in verschiedenen Regionen und Zeitperioden, so kann davon ausgegangen werden, daß in der Epoche des Frühfeudalismus die Schicht der Bauern mit einem mittleren Wohlstand zahlenmäßig vorherrschte und die bedeutsamste soziale Rolle spielte. Wir meinen jene Bauern, die Besitzer einer Normalparzelle waren. Im Verlaufe der Zeit wurde diese mittlere Schicht entweder ärmer oder aber reicher, und dieser Verlust oder Zugewinn war die Folge zahlreicher Faktoren.

Der bekannte sowjetische Mediävist E. A. Kosminskij hat in diesem Zusammenhang folgendes geschrieben: „Eine gewisse Differenzierung ist die unausbleibliche Begleiterscheinung der feudalen Ausbeutung ... Die Unteilbarkeit der Bauernhöfe und Parzellen, die mit den für die ordnungsgemäße Leistung von Frondiensten und anderen Verpflichtungen erforderlichen Dingen ausgestattet waren, war durch den Gesamtaufbau der Grundherrschaft diktiert. Die Anzahl solcher Höfe nahm nur langsam zu, und das Wachstum der Bevölkerung führte zur Herausbildung von Kleinhäuslerwirtschaften, die wenig Ackerland und kein Arbeitsvieh besaßen."[4]

Solange die Ware-Geld-Beziehungen noch ungenügend entwickelt waren, trat die Differenzierung lediglich in Form von Unterschieden in Erscheinung, und innerhalb der Bauernschaft gab es nur eine geringe Anzahl sich gegenüberstehender Gruppen. Doch mit der Entfaltung der Ware-Geld-Beziehungen ging eine Intensivierung des Differenzierungsprozesses einher. Neben der Schicht der Bauern mit mittlerem Wohlstand, das heißt neben den Besitzern von Normalparzellen, begannen weitere Schichten klare Formen anzunehmen: so die Bauern, die nur die Hälfte oder gar ein Viertel der Normalparzelle ihr eigen nannten, sowie die zahlenmäßig sehr kleinen Schichten ganz armer und verhältnismäßig reicher Bodenbesitzer. Außerdem tauchten die ersten völlig landlosen Bauern auf. Doch der größte Teil der Bauern war noch immer mit Ackerparzellen ausgestattet, das heißt mit Grund und Boden, die für das Funktionieren des ökonomischen Systems und des Ausbeutungssystems der hier zu untersuchenden Zeitperiode unerläßlich waren.

Die hier dargestellte Struktur der sozialökonomischen Differenzierung war somit durch die – von ihr auch widergespiegelten – wesentlichen Besonderheiten der mittelalterlichen Feudalwirtschaft bedingt, denn dieses System konnte nur funktionieren, wenn die überwiegende Mehrheit der Bauern Parzellen besaß. Anders gesagt, sind innerhalb des bäuerlichen Milieus für die Epoche des entwickelten Feudalismus nicht die intensiven Prozesse der Bodenkonzentration kennzeichnend; im Gegenteil ist jede Intensivierung der Bodenkonzentration innerhalb der feudalabhängigen Bauern ein Anzeichen für den einsetzenden Verfall der feudalen Agrarverhältnisse. Ein hoher Grad der Bodenkonzentration, begleitet vom Aufkommen einer großen Schicht völlig landloser Bauern, ist mit der Existenz einer stabilen feudalen Wirtschaftsstruktur unvereinbar.

Neben der Tatsache, daß im Mittelalter die Bodenkonzentration innerhalb der feudalabhängigen Bauernschaft nicht typisch ist, ist jedoch zu vermerken, daß nicht selten Fälle einer Quasikonzentration des Bodens auftreten. Darunter verstehen wir, daß im Vergleich eines früheren mit einem späteren Zeitpunkt folgende Veränderungen sichtbar werden: Einerseits hat die Zahl der armen Bauern zugenommen, während ihr Anteil am Gesamtboden des Dorfes bzw. der Dorfgemeinschaft kleiner geworden ist, andererseits ist die Schicht der wohlhabenden Bauern kleiner geworden, während der in ihren Händen konzentrierte Anteil am Gesamtboden des Dorfes angestiegen ist. Dieser Vorgang erinnert natürlich in seinen äußeren Merkmalen an eine Besitzerstruktur, die das Ergebnis einer Bodenkonzentration ist. Eine Analyse dieses Vorgangs zeigt jedoch, daß er in der Epoche des entwickelten Feudalismus völlig andere Ursachen hat als Konzentrationsprozesse im Spätfeudalismus oder in der Epoche der Herausbildung und des Aufstiegs des Kapitalismus. Die eben dargestellte Situation ist einzig und allein das Ergebnis dessen, daß die Parzellen der armen Bauern aufgeteilt wurden und die Anzahl der Bauern, die eine ganze Parzelle besitzen, abgenommen hat. Ein typisches Unterscheidungsmerkmal einer Quasi-

[4] *Kosminskij, E. A.*, Issledovanija po agrarnoj istorii Anglii XIII v., Moskau 1947, S. 264–265.

konzentration des Bodens ist die Abnahme der Bodenfläche, die dem Bauernstand insgesamt gehörte, weil ein Teil dieser Bodenfläche in die Hände von Vertretern einer anderen Klasse oder eines anderen Standes übergegangen ist. Was jedoch die eigentliche Konzentration des Bodenbesitzes oder eines anderen Besitzes betrifft, so ist für sie charakteristisch, daß das Eigentum unter den Vertretern der gleichen Klasse oder des gleichen Standes umverteilt wird, wobei sich der Gesamtumfang des Eigentums, das den Vertretern dieser Klasse oder dieses Standes insgesamt gehört, nicht verändert hat, ein Prozeß also, der durch keinerlei Wechselbeziehungen mit anderen Klassen kompliziert ist. In ihrer reinsten Form läßt sich deshalb die Konzentration immer nur in einer Gesellschaft insgesamt verfolgen.

Wir wollen nun den Vorgang der Quasikonzentration in der Epoche des Mittelalters etwas genauer betrachten. Angenommen, in einer Grundherrschaft gibt es vier bäuerliche Bodenbesitzer. Zum Zeitpunkt t haben zwei von ihnen je eine halbe Parzelle und die anderen beiden je eine ganze Parzelle. Insgesamt besitzen also die vier Bauern drei volle Bodenanteile. Zum Zeitpunkt $t + \Delta t$ sollen folgende Veränderungen eingetreten sein: zwei Bauern, die vorher je eine halbe Parzelle besaßen, haben nur noch eine viertel, ein Bauer, der früher eine ganze Parzelle sein eigen nannte, hat jetzt nur noch eine halbe, und lediglich ein einziger Bauer besitzt noch eine ganze Parzelle. Insgesamt haben die vier Bauern nun zwei Parzellen. Die Bodenkonzentration hat also gewissermaßen zugenommen. Zum ersten Zeitpunkt hatten 50 Prozent der Besitzer zwei Drittel des gesamten Bodens, zum zweiten aber drei Viertel. Diese Quasikonzentration ist jedoch deshalb zustande gekommen, weil die Anzahl der Parzellen insgesamt zurückgegangen ist. Diese Art der Quasikonzentration ist für die Entwicklung der bäuerlichen Bodennutzung im Byzanz des 13. und 14. Jahrhunderts charakteristisch. Die Quellen belegen den Massenverkauf von Anteilland durch Bauern an die großen Klöster.[5]

Am Ende besaß die Mehrheit der abhängigen Klosterbauern des 14. Jahrhunderts keine eigene Ackerparzelle mehr, einige Bauern besaßen kleinere Stücke, und nur eine ganz geringe Anzahl hatte noch eine größere Parzelle. Auf diese Weise war der gesamte bäuerliche Boden der Dorfgemeinde in den Händen dieser wenigen konzentriert. Diese Konzentration war jedoch nicht das Ergebnis dessen, daß sich die einen auf Kosten einer Verarmung der anderen bereichert hatten. Im Gegenteil, für diese Periode ist eine allerorts und ganz allgemein stattfindende Abnahme des bäuerlichen Bodenbesitzes sowie eine Umverteilung der Parzellen zugunsten der Vertreter der herrschenden Klasse charakteristisch. Unter diesen Bedingungen waren die byzantinischen Bauern zu Bodenpächtern der Großgrundbesitzer geworden.

Wenngleich also diese Struktur der Differenzierung für die Epoche des entwickelten Feudalismus charakteristisch war, so bedeutet dies keinesfalls, daß sie in der gleichen Epoche in bestimmten Gebieten nicht auch ganz andere Formen annehmen konnte. Die hier behandelte Struktur der Differenzierung der feudalabhängigen Bauern spiegelt eine bestimmte allgemeine Gesetzmäßigkeit des Feudalismus wider, die wie viele andere charakteristische sozialökonomische Gesetzmäßigkeiten des Feudalismus als statistische Gesetzmäßigkeit zutage trat, das heißt, sie war zu manchen Zeiten und in zahlreichen Gebieten anzutreffen, während sie in anderen Gebieten und zu anderen Zeiten fehlte. Angesichts der Tatsache jedoch, daß diese Erscheinungen im Feudalismus insgesamt mit hinreichend

[5] Vgl. dazu z. B. Actes de Lavra, Vol. II, hg. von *P. Lemerle/N. Svoronos/A. Guillou/D. Papechryssanthou*, Paris 1977, Nr. 83–88.

großer Wahrscheinlichkeit auftreten, scheint es durchaus legitim und angebracht zu sein, bei der Ausarbeitung einer Theorie der sozialökonomischen Differenzierung der Bauern im Feudalismus eben diese Erscheinungen zu berücksichtigen und von den anderen Erscheinungsformen dieses Differenzierungsprozesses, die es, wie bereits gesagt wurde, zweifelsohne gegeben hat, vorerst abzusehen. Wenn also, wie bereits gesagt, die Bodenkonzentration innerhalb der Bauernschaft für die Epoche des entwickelten Feudalismus insgesamt nicht als typische Erscheinung anzusehen ist, so lassen sich dennoch gewisse Formen einer solchen Konzentration durch die einzelnen Quellen hindurch verfolgen. So hat E. A. Kosminskij festgestellt, daß insbesondere im feudalen England des 13. Jahrhunderts die Kleinbauern ihre Bodenanteile gelegentlich an wohlhabende Bauern verkauften oder auch verpachteten[6], wobei das Tempo und der Umfang dieser Bodenkonzentration innerhalb der Bauernschaft während des Feudalismus niemals mit dem Tempo und dem Umfang vergleichbar sind, die dieser Prozeß in der nächstfolgenden Epoche hatte.

Die sozialökonomische Differenzierung der feudalabhängigen Bauern ist also das Ergebnis dessen, daß die Schicht der Bauern mit mittlerem Wohlstand entweder verarmt oder reicher wird. Das ist eine der Ausgangsthesen der hier entwickelten Theorie. Wir können ferner postulieren, daß keinerlei Differenzierung eingetreten wäre, hätte es in der Gesellschaft nur diese Schicht mit mittlerem Wohlstand gegeben. Wir betrachten diese Feststellung als eine Schlußfolgerung aus der eben aufgestellten Ausgangsthese. Andere Ausgangsthesen und aus ihnen folgende Schlüsse sind: Wir treffen die Annahme, daß bei den Bauern mit durchschnittlichem Wohlstand der Armutsgrad und der Reichtumsgrad einander die Waage halten, das heißt, hier ist die Differenz zwischen dem Armutsgrad und dem Reichtumsgrad gleich Null. So gesehen ist es angebracht, die Differenzen zwischen den Kennziffern der Armut und den Kennziffern des Reichtums als Differenzierungskoeffizient aufzufassen. Für einen Bauern mittleren Wohlstandes ist also diese Differenz gleich Null, und für die anderen Kategorien von Bauern nimmt sie einen Wert an, der den Grad der durch Verarmung oder Bereicherung hervorgebrachten Differenzierung charakterisiert.

Das Problem der Differenzierung läßt sich unter Zugrundelegung dieser Auffassung, wie wir noch sehen werden, jedoch nicht einfach auf das Problem des ungleichen Besitzstandes zurückführen. Denn nehmen wir einmal an, daß in der i-ten Grundherrschaft sämtliche Bauern Parzellen besitzen, die kleiner sind als die Parzelle, die ein mittleres Wohlstandsniveau sichern kann, so gibt es zwar in dieser Grundherrschaft keine Ungleichheit in bezug auf den Bodenbesitz, aber dennoch ist bei der Beurteilung der sozialökonomischen Lage der Bauern dieser Grundherrschaft zu berücksichtigen, daß ihre Besitzstruktur das Ergebnis einer bestimmten sozialökonomischen Evolution ist, die in der vorausgegangenen Periode stattgefunden hat. Im Verlaufe dieses Prozesses ist die mittlere Schicht von Bodenbesitzern insgesamt verarmt, d. h. die nun zu verzeichnende Besitzstruktur ist das Ergebnis eines frühen stattgefundenen sozialökonomischen Differenzierungsprozesses.

Die Aufgabe, die Theorie der Differenzierung der mittelalterlichen feudalabhängigen Bauern zu formalisieren, läuft offensichtlich darauf hinaus, Kennziffern der Armut und des Reichtums zu finden.

Zu diesem Zweck sind zunächst die angestellten Überlegungen zur Verarmung und Bereicherung der mittleren Bauern weiterzuführen, *wobei eine Aussage anzustreben ist, die als Differentialgleichung geschrieben werden kann,* deren Lösung uns dann die Formel

[6] *Kosminskij,* S. 270.

an die Hand gibt, mit deren Hilfe wir den Grad der Verarmung bzw. Bereicherung messen können. Danach dürfte es keinerlei Schwierigkeiten mehr bereiten, die Differenz zwischen den Maßen dieser beiden Prozesse festzustellen.

Dem ersten Anschein nach müßte sich als Kennziffer für den Grad des Reichtums bzw. der Armut die Größe der Parzellen als solche anbieten. In der Tat, wer eine größere Parzelle besitzt, der ist der Reichere. Dennoch scheint ein solches Vorgehen aus folgenden Überlegungen heraus unzweckmäßig zu sein. In verschiedenen Zeitperioden kann der Besitz einer gleichgroßen Parzelle durchaus einen unterschiedlichen Grad an Wohlstand repräsentieren. Mit anderen Worten, im Laufe der Zeiten erfahren die Kriterien von Armut und Reichtum selbst Veränderungen, die bisweilen recht beträchtlich sein können. Dazu tragen die unterschiedlichsten sozialökonomischen Faktoren bei, etwa das Wachstum der Produktivkräfte, die Umgestaltung der Bodennutzungsverhältnisse usw. In Byzanz besaß zum Beispiel im 10.–11. Jahrhundert ein Bauer mittleren Wohlstands eine Normalparzelle von 40 bis 48 Modien (ein Modius gleich 888,73 m^2) Ackerland der Güteklasse II.[7] Im 14. Jahrhundert betrug die Normalparzelle, die dieses mittlere Wohlstandsniveau sichern konnte, infolge einer ganzen Reihe sozialökonomischer Faktoren nur noch 25–30 Modien Ackerland der Güteklasse II. Soll also der Wohlstandsgrad des mittleren Bauern beurteilt werden, so genügen offensichtlich nicht allein die Angaben über die absolute Größe seiner Parzelle, man muß außerdem wissen, wie groß die Parzelle zur Sicherung dieses mittleren Wohlstandsniveaus im Untersuchungszeitraum und im betreffenden Gebiet sein mußte. Das bedeutet aber wiederum, daß als Kennziffer für den Armuts- und den Reichtumsgrad am zweckmäßigsten eine bestimmte Funktion der Parzellengröße zu wählen ist. Es geht offensichtlich darum, die Form dieser Funktion zu bestimmen. Dazu sind aber noch einige Bemerkungen erforderlich.

Wenn wir Verarmung und Bereicherung als abstrakte Begriffe verwenden, die nicht mit einer bestimmten sozialen Schicht oder Klasse einer bestimmten historischen Epoche in Beziehung gesetzt werden, so gilt offensichtlich, daß jede Verringerung der Armut Bereicherung ist und umgekehrt, d. h. im großen und ganzen bilden beide Prozesse ein komplementäres Paar. Ein solches Herangehen impliziert aber, daß das Tempo, mit dem die einen reicher werden, gleich dem Tempo ist, mit dem die anderen verarmen, und daß ferner beide Prozesse mit ein und demselben Maß zu bestimmen sind. In Wirklichkeit kann sich indessen jeder dieser beiden Prozesse in konkreten historischen Bedingungen nach völlig eigenen Gesetzmäßigkeiten entwickeln.

In der Epoche des entwickelten Feudalismus tritt die Verarmung des Bauern mittleren Wohlstands hauptsächlich als Verkleinerung der Normalparzelle in Erscheinung. Hierbei handelt es sich um einen über lange Zeit anhaltenden Prozeß, der eine wesentliche Gesetzmäßigkeit der feudalen Agrarverhältnisse widerspiegelt. Andererseits kommt es in der gleichen Epoche des entwickelten Feudalismus unter diesen Bauern mittleren Wohlstands nur ganz vereinzelt zu einer Bereicherung durch Bodenerwerb, so daß dieser Prozeß bei der Differenzierung der Bauern kaum ins Gewicht fällt. Den Möglichkeiten der Bauern, ihren Landbesitz zu vergrößern, waren in der Epoche des entwickelten Feudalismus recht enge Grenzen gesetzt. Somit läßt sich die Feststellung treffen, daß in der hier zu untersuchenden Epoche diese beiden Prozesse zwar nebeneinander abliefen, aber jeder doch nach seiner eigenen spezifischen Ausprägung.

Außerdem scheint es zweckmäßig zu sein, den Armutsgrad bestimmter Kategorien

[7] *Litavrin, G. G.*, Vizantijskoe obščestvo i gosudarstvo v X–XI vv., Moskau 1977, S. 60.

begüterter Bauern nahe Null und den der landlosen Bauern, der natürlich am höchsten ist, gleich Eins zu setzen. Im Prozeß des Reicherwerdens gibt es dagegen keine solchen Grenzen, da mit jedem Neuerwerb eines zusätzlichen Landstückes das Vermögen eines reichen Bodenbesitzers immer weiter anwächst. Diese Ausführungen zeigen uns, daß die beiden hier behandelten Prozesse auf Grund ihrer spezifischen Ausprägung als unabhängige Differenzierungsfaktoren aufzufassen sind.

Weiterhin läßt sich feststellen, daß eine bestimmte Vergrößerung des Armutsgrades direkt proportional ist einem bestimmten Koeffizienten t, weiter direkt proportional einer bestimmten Verkleinerung der Parzelle und außerdem direkt proportional dem zum betreffenden Zeitpunkt gegebenen Armutsgrad. Letzteres bedeutet, daß der Verlust eines Parzellenstückes, der einen armen Bauern trifft, den Armutsgrad stärker erhöht als der Verlust eines gleichgroßen Parzellenstückes, der einem reichen Bauern widerfährt.

Verlor zum Beispiel im England des 13. Jahrhunderts der Besitzer einer halben Virgate (eine Virgate entspricht etwa 12 ha) eine viertel Virgate, so war dies weitaus folgenschwerer, als wenn der gleiche Verlust bei einem Bauern eintrat, dessen Parzelle eine ganze Virgate oder gar zwei Virgaten groß war.

Die aus den weiter oben getroffenen Ausgangsthesen folgende Feststellung, daß es eine proportionale Abhängigkeit zwischen den genannten Faktoren gibt, *ist eben eine solche Aussage, die sich in Form der folgenden Differenzengleichung schreiben läßt*:

$$\Delta P = -tP\Delta x \tag{1a}$$

P ist das Maß der Armut (bezeichnet mit dem Anfangsbuchstaben des englischen Wortes „poverty");
ΔP ist die Veränderung der Armut zu einem bestimmten Zeitpunkt, das heißt das Maß des Verarmungsprozesses;
Δx ist die größenmäßige Veränderung der Parzelle zu einem bestimmten Zeitpunkt;
t ist der Proportionalitätskoeffizient; $t > 0$.
Wenn Δx und ΔP gegen Null gehen, so läßt sich das Modell durch folgende Differentialgleichung darstellen:

Daraus folgt: $$dP = -tPdx \tag{1b}$$

$$\ln/P/ = -tx + C \tag{1c}$$

$$P = e^{-tx+C} \tag{1d}$$

Dabei ist x die Bodenfläche, gegeben entweder durch die Anzahl der Flächeneinheiten oder durch Teile bzw. Vielfache einer Normalparzelle.

Weiter oben hatten wir gesagt, daß der Armutsgrad landloser Bauern, deren Parzellengröße natürlich Null ist, mit Eins anzusetzen ist. Diese Festlegung ist die Anfangsbedingung unserer Differentialgleichung. Für $x=0$ ist ihre Lösung $P=1$. Wie zu sehen, ist bei dieser Anfangsbedingung $C=0$, woraus sich als partielle Lösung der Differentialgleichung folgender Ausdruck ergibt:

$$e^{-xt} = P \tag{2}$$

Der Parameter t wird für jede zu untersuchende Gesamtheit, die einer bestimmten Region und einer bestimmten Zeitperiode zuzuordnen ist, unter Berücksichtigung des betreffenden Quellenmaterials getrennt bestimmt; $t=ks$. Wenn in den Quellen die Größe der Parzellen (x) in Vielfachen oder Teilen der Normalparzelle angegeben sind, so ist $s=1$ und $t=sk=k$. Ist jedoch die Parzellengröße in landwirtschaftlichen Flächeneinheiten ausgedrückt, so

ist $s=\frac{1}{m}$, wobei m die Anzahl der Flächeneinheiten der Normalparzelle ist. Der Parameter k ist ebenfalls anhand der jeweiligen Quellen zu bestimmen, das heißt, seine Größe bringt die regional-zeitliche Ausprägung der zu untersuchenden Beziehungen zum Ausdruck. Die Größe von x (der Parzelle) ist so zu wählen, daß sich auf der Grundlage der Quellenangaben mit einfachen Rechenschritten, das heißt ohne Formel (2) anwenden zu müssen, der Armutsgrad bestimmen läßt. Beispielsweise machten, wie bereits weiter oben ausgeführt wurde, in Byzanz des 14. Jahrhunderts 25 Modien Ackerland der Güteklasse II eine ganze Normalparzelle aus; deren Vorhandensein garantierte, daß die Bauernwirtschaft über einen längeren Zeitraum einwandfrei funktionierte.[8] Von 30 Modien Ackerland der Güteklasse II konnten bei durchschnittlicher Ertragsfähigkeit (das war das Dreifache der Saatmenge) Einnahmen erzielt werden, die nach Abzug des für die Aussaat bestimmten Anteils etwa 60 bis 85 Modien Getreide gleichkamen. Das sicherte einer Familie von 5 bis 6 Personen ein Einkommen zwischen 10 und 14 Nomismata pro Person, also den Ertrag, der für die Existenz der Bauernfamilie und die Führung ihrer Wirtschaft erforderlich war.[9] Auf eine Parzelle von 30 Modien der Güteklasse II wurden in der Regel 0,67 Nomismata an Abgaben erhoben (etwa 0,023 Nomismata pro Modius). Völlig landlose Bauern zahlten im Durchschnitt hingegen nur 0,25 Nomismata, das heißt, ihre Einnahmen, ganz gleich ob sie aus der Viehwirtschaft, aus handwerklicher Tätigkeit oder aus irgendeiner anderen Betätigung stammten, wurden für die Zwecke der Abgabenfestsetzung um den Faktor 2,68 geringer bewertet als die Einnahmen aus einer Parzelle von 30 Modien der Güteklasse II. Wird also der Parameter k für die Berechnung des Armutskoeffizienten der byzantinischen Bauern im 14. Jahrhundert bestimmt, so ist zweckmäßigerweise davon auszugehen, daß der Armutsgrad von Besitzern einer Normalparzelle der Güteklasse II 2,68mal geringer ist als der Armutsgrad völlig landloser und teilabhängiger Bauern, der Gleichung (2) entsprechend Eins zu setzen ist.
Somit läßt sich der Parameter k mit Hilfe folgender Gleichung bestimmen:

$$P=e^{-xt}=e^{-xsk}=e^{-k}=\frac{1}{2{,}68}=e^{-\ln 2{,}68}$$

$$k=\ln 2{,}68=0{,}9858\approx 1$$

Es muß allerdings darauf hingewiesen werden, daß der Zustand der byzantinischen Quellen Informationen über die Ertragsfähigkeit, über die Größe der Normalparzelle, die das durchschnittliche Wohlstandsniveau eines Bauern zu sichern vermochte, und andere Angaben, die für die Bestimmung dieses durchschnittlichen Wohlstandsniveaus benötigt werden, hypothetisch werden lassen, so daß unterschiedliche Ansätze zulässig sind. Mit anderen Worten, in bezug auf den mittleren Wohlstand kann auch ein anderer Standpunkt bezogen werden, und demzufolge können auch andere Wege zur Bestimmung des Parameters k eingeschlagen werden.

Was die Lage in England im 13. Jahrhundert betrifft, so nehmen nach den Angaben der „Hundertschaftsverzeichnisse" (hundred rolls; rotuli hundredorum) die Kennziffern des Armutsgrades für Besitzer unterschiedlich großer Bodenanteile die Werte der Tabelle 1 an. In dieser Berechnung ist $k=1$, und dies wird folgender Überlegung gerecht: Hat der

[8] *Chvostova, K. V.*, Sud'by parikii i osobennosti nalogooblozenija parikov v Vizantii XIV v., in: Vizantijskij vremennik, tom 39, Moskau 1978, S. 58.
[9] *Litavrin*, S. 234–236.

Tabelle 1

Armutsgrad P der englischen Landbesitzer im 13. Jahrhundert

X (Anzahl bzw. Teile von Virgaten)	$P=e^{-xt}=e^{-xsk}(s=k=1)$
0	1
0,125	0,88
0,25	0,78
0,5	0,61
0,75	0,47
1	0,37
1,125	0,31
1,25	0,29
1,5	0,22
1,75	0,17
2	0,14
2,25	0,11
2,5	0,08
3	0,05

Parameter k diesen Wert, so nähert sich die Kennziffer des Armutsgrades praktisch dem Wert Null, das heißt sie wird in Hundertstel des Wertes 1, also des Maßes der maximalen Armut der landlosen Bauern gemessen, sobald der Bodenanteil 2,25 Virgaten übersteigt. Dies widerspricht zwar einerseits ganz offensichtlich nicht der Auffassung von diesem Problem auf der Ebene seiner qualitativen Analyse, kann aber andererseits auch nicht als eine völlig unumstrittene Schlußfolgerung hingenommen werden. Auf der Grundlage einer qualitativen und speziell auf diesen Gegenstand ausgerichteten Analyse der Quellen ließe sich der Wert des Parameters k möglicherweise noch weiter präzisieren. Dieser Beitrag ist aber nicht der detaillierten Erforschung der Differenzierung der englischen Leibeigenen im 13. Jahrhundert gewidmet, sondern er soll lediglich die Begründung für eine Methodik liefern, mit deren Hilfe die Differenzierung der Bauern in der Epoche des entwickelten Feudalismus gemessen werden kann. Wir wollen daher mit allem Nachdruck darauf hinweisen, daß zum einen bei der Festlegung $t=ks$ die regional-zeitlichen Erscheinungsformen dieser Gesetzmäßigkeiten zu berücksichtigen sind, und daß zum anderen sämtliche, über diese Erscheinungsformen gewonnenen Erkenntnisse auf Grund des Zustandes der Quellen hypothetischer Natur sein können.

Somit können wir feststellen, daß die Schlußfolgerung, die wir in bezug auf die Gesetzmäßigkeiten der sozialökonomischen Differenzierung der Bauern in der Epoche des entwickelten Feudalismus gezogen haben und die wir in Form der Differentialgleichung (1b) geschrieben haben, Erkenntnisse zweierlei Art enthält. Erstens handelt es sich um die Erkenntnis, daß eine bestimmte Vergrößerung des Armutsgrades direkt proportional ist einer bestimmten Verkleinerung des Bodenanteils und somit auch des Reichtumsgrades zum betreffenden Zeitpunkt. Diese Feststellung entspricht der Gleichung $dp=-dxt$, und sie erklärt sich gewissermaßen von selbst. Sie widerspiegelt die allgemeinen Erscheinungsformen jener Gesetzmäßigkeiten, durch die die Differenzierung in der ganzen Epoche des entwickelten Feudalismus charakterisiert ist.

Da es sich um allgemeine Erscheinungsformen handelt, werden sie auf der Ebene einer deduktiven Verallgemeinerung untersucht. Demzufolge ist der Schluß auf die Formel, mit der sich der Armutsgrad messen läßt, deduktiv; wir erhalten ihn durch Lösung der Differentialgleichung.

Zweitens enthält die Schlußfolgerung über die sozial-ökonomischen Gesetzmäßigkeiten der Differenzierung der Bauern im entwickelten Feudalismus weniger offenkundiges und in vielerlei Hinsicht hypothetisches Wissen über die besonderen räumlich-zeitlichen Erscheinungsformen dieser Gesetzmäßigkeiten. Dieses Wissen fließt in die Bestimmung des Parameters t ein, der durch induktiv-empirische Untersuchungen bestimmt wird, so daß auch hier die historische Theorie einen alles in allem hypothetischen Charakter erhält. Charakterisieren wir nun die Bereicherungsprozesse der feudalabhängigen Bauern, so haben wir genauso wie bei der Untersuchung ihrer Verarmung aus dem System der verbalen gegenstandsbezogenen Feststellungen *die Aussage herauszuschälen, die sich als Differentialgleichung schreiben läßt.*

Hier ist folgende Feststellung gerechtfertigt: Eine bestimmte Vergrößerung des Reichtumsgrades ist direkt proportional einem bestimmten Koeffizienten z^2, direkt proportional einer bestimmten Vergrößerung der Parzelle und umgekehrt proportional dem Reichtumsgrad zum Untersuchungszeitpunkt. Letzteres soll folgendes besagen: Verändert sich die Parzelle um eine bestimmte festgesetzte Größe, so verändert sich der Reichtumsgrad stärker, wenn der betreffende Bodenbesitzer weniger reich ist, und schwächer, wenn dieser Bodenbesitzer bereits einen großen Reichtum besitzt. Das ist einleuchtend. Erwirbt also ein reicher Bauer ein nicht allzu großes Stück Land, so ist dieser Neuerwerb offensichtlich für die Bewertung seines Reichtumsgrades von nicht allzu großer Bedeutung, während die Sache ganz anders aussieht, wenn sich der Bodenbesitz eines armen Bauern um das gleiche Stück Land vergrößert. Für ihn ist eine solche Veränderung weitaus bedeutsamer. Das läßt sich mit Hilfe folgender Formel ausdrücken:

$$\Delta R = \frac{t^2 \Delta x}{R} \qquad (2a)$$

R ist der Grad des Reichtums (bezeichnet mit dem Anfangsbuchstaben des englischen Wortes für reich „rich"), der zum festgelegten Zeitpunkt bereits erworben war;
ΔR ist die Veränderung des Reichtumsgrades zu diesem Zeitpunkt;
Δx ist die Vergrößerung der Parzelle zu diesem Zeitpunkt;
t^2 ist der Proportionalitätskoeffizient, der durch unmittelbare Analyse des betreffenden Quellenmaterials gewonnen wird. Wenn Δx und ΔR gegen Null gehen, so ist $dR = \frac{t^2 dx}{R}$, das heißt $R = \sqrt{2xt + C}$. Wenn $x = 0$, $R = 0$, so $C = 0$ und daher ist $R = \sqrt{2xt^2}$ und $t = lm$.

Wenn x Vielfache und Teile des normalen Bodenanteils ausdrückt, dann ist $m = 1$ und $t = lm = 1$. Wenn x die Anzahl Flächeneinheiten ist, dann ist $m = \frac{1}{\sqrt{g}}$, wobei g die Anzahl der landwirtschaftlichen Flächeneinheiten einer Normalparzelle ist.

Der Parameter l wird aus der Gleichung $lm\sqrt{2a} = e^{-at}$ bestimmt, in der a die Größe der Parzelle eines mittleren Bauern ist. Daraus folgt:

$$l = \frac{1}{me^{at}\sqrt{2a}} \qquad (2b)$$

$$t = \frac{1}{e^{at}\sqrt{2a}} \qquad (2c)$$

$$R = e^{-at} \sqrt{\frac{x}{a}} \qquad (2d)$$

Diese Gleichung ergibt sich daraus, daß die Koeffizienten, die das Niveau des Reichtums und das der Armut messen, bei einem Bauern mittleren Wohlstands gleich sind. Das stimmt mit der Feststellung überein, daß die Differenzierung als Differenz zwischen diesen beiden Kennziffern gemessen wird.

Die Kennziffer der Differenzierung D hat folgende Form:

$$D = \sum_{i=1}^{n} / P_i - R_i / \qquad (3a)$$

n ist die Anzahl der Bauern in der zu untersuchenden Gesamtheit; P_i ist der Koeffizient des Armutsgrades des i-ten Bauern; R_i ist der Koeffizient des Reichtumsgrades des i-ten Bauern. Oder

$$D = \sum_{i=1}^{n} d_i , \qquad (3b)$$

wo $d_i = / P_i - R_i /$ die Kennziffer ist, die die Differenzierung für den i-ten Bauern charakterisiert. Wir bezeichnen d_i als Element der Differenzierung. Wenn der i-te Bauer zur Kategorie von Bauern mittleren Wohlstands gehört, dann ist $x_i = a$ und demzufolge $d_i = 0$. Besitzen sämtliche n Bauern diesen entsprechend großen Bodenanteil und gehören folglich allesamt zu diesem Niveau des mittleren Wohlstands, so ist $D = 0$.

Ist m_j die Anzahl der Bauern, die dem j-ten Wohlstandsniveau angehören, oder anders ausgedrückt, ist m die Anzahl der Bauern, die eine Parzelle der Größe j besitzen, und ist weiterhin K die Anzahl unterschiedlicher Wohlstandsniveaus, also die Anzahl unterschiedlicher Besitzerschichten oder auch die Anzahl der Werte, die die Größe der Parzelle annehmen kann, so gilt

$$D = \sum_{j=1}^{K} m_j d_j \qquad (3c)$$

So nimmt zum Beispiel in England im 13. Jahrhundert nach den „Hundertschaftsverzeichnissen" die Parzellengröße, die über die Zugehörigkeit der Leibeigenen zu den unterschiedlichen Besitzerschichten entscheidet, verschiedene als Vielfache oder Teile einer Virgate ausgedrückte Werte an.

Die Tabelle 2 veranschaulicht die Differenzierungskoeffizienten d_i für die einzelnen Besitzerschichten, wie sie in England im 13. Jahrhundert bestanden haben, wobei für diese Zeitperiode der Besitz einer halben Virgate als Normalparzelle galt, also $a = 0{,}5$ ist.

Wird jedoch von einer Normalparzelle von 0,75 Virgaten oder gar einer ganzen Virgate ausgegangen, so nehmen, wie man sich leicht überzeugen kann, die entsprechenden Werte von R_i ab, während die Werte von P_i zunehmen. Und auch das ist einleuchtend. Ist nämlich die Normalparzelle, also das Stück Land, das ein langzeitiges normales Funktionieren der Bauernwirtschaft sichert, ein relativ großer Bodenbesitz, so verkörpert ein bestimmter Bruchteil dieser Normalparzelle einen geringeren Reichtumsgrad als in dem Falle, wenn diese Normalparzelle aus einem kleineren Stück Land besteht.

Also hat die Funktion D, für die stets $D \geqq 0$ gilt, im Intervall $0 < x < a$ folgendes Aussehen:

$$D_1 = \sum_{i=1}^{n} \left(e^{-tx_i} - \sqrt{\frac{x_i}{a}} \, e^{-ta} \right).$$

Tabelle 2

Sozialökonomische Differenzierung der englischen Landbesitzer im 13. Jahrhundert

	Größe des Bodenanteils in Virgaten x_i	Koeffizient der Verarmung $P=e^{-x}$	Koeffizient der Bereicherung $R=\frac{\sqrt{x}}{\sqrt{a}}e^{-a}$	Partieller Differenzierungs-koeffizient $d=/P-R/$	$\frac{d_{i+1}-d_i}{\Delta x}$
(1)	(2)	(3)	(4)	(5)	(6)
1	0	1	0	1	
2	0,125*	0,88	0,31	0,57	3.3
3	0,25	0,78	0,43	0,35	1,9
4	0,5	0,61	0,61	0	1,4
5	0,75	0,47	0,75	0,28	1,12
6	1	0,37	0,86	0,49	0,84
7	1,25	0,29	0,96	0,67	0,74
8	1,5	0,22	1,05	0,83	0,64
9	1,75	0,17	1,14	0,97	0,6
10	2	0,14	1,28	1,07	0,48
11	2,25	0,11	1,29	1,18	0,44
12	2,5	0,08	1,36	1,28	0,4
13	3	0,05	1,49	1,44	0,3

* Wir gehen davon aus, daß Kleinhäuslerwirtschaften in der Regel einen Bodenanteil von 0,125 Virgaten besaßen.

In diesem Intervall nimmt D monoton ab, denn die partiellen Ableitungen von D_1 nach $x_1, x_2, \ldots, x_1$ sind stets negativ:

$$\frac{\delta D_1}{\delta x_i} = -te^{-tx_i} - \frac{e^{-ta}}{2\sqrt{ax_i}} < 0 . \qquad (4\text{a})$$

Im Intervall $a<x<x_n$ hat D folgendes Aussehen:

$$D_2 = \sum_{i=1}^{n} \left(\sqrt{\frac{x_i}{a}}\, e^{-ta} - e^{-tx_i} \right).$$

Hier steigt die Funktion monoton, denn die partiellen Ableitungen sind positiv:

$$\frac{\delta D_2}{\delta x_i} = \frac{e^{-ta}}{2\sqrt{ax_i}} + te^{-tx} \qquad (4\text{b})$$

Prüfen wir nun die Ableitungen (4a) und (4b) genauer, so sehen wir, daß im gesamten Intervall die Absolutwerte der partiellen Ableitungen abnehmen. Das beweist, daß das Tempo, mit dem sich die Differenzierung verändert, stetig abnimmt. Mit anderen Worten, der Grad der Differenzierung verändert sich rascher, wenn ein Besitzer einen Teil seines Bodens verliert, während sich der Grad der Differenzierung langsamer verändert, wenn ein Besitzer ein neues Stück Land hinzu erwirbt. Oder noch anders ausgedrückt, für die Intensität der Differenzierung der feudalabhängigen Bauern sind die Prozesse der Verarmung weitaus bedeutsamer als die Prozesse der Bereicherung.

Tabelle 2 veranschaulicht die deduktiv ermittelten Besonderheiten der Funktion D. Vergleicht man die Kennziffern in Spalte (6), so erkennt man, daß die absoluten Werte abnehmen. Tabelle 2 enthält auch die Werte des partiellen Differenzierungskoeffizienten d_i, die den Differenzierungsgrad des einzelnen Parzellenbesitzers bestimmen. Wir führen nun den Differenzierungskoeffizienten D für n Besitzer unterschiedlich großer Bodenanteile

Tabelle 3

Der Differenzierungskoeffizient D in sechs englischen Grafschaften im 13. Jahrhundert

Größe des Bodenbesitzes in Virgaten x_i (1)	Koeffizient der Verarmung P_i (2)	Koeffizient der Bereicherung R_i (3)	Differenzierungskoeffizient $d_i = \|P_i - R_i\|$ (4)
0,125	0,88	0,31	0,57
0,25	0,78	0,42	0,36
0,5	0,61	0,61	0
1	0,37	0,86	0,49
1,5*	0,22	1,02	0,8

Anteil q_i der Besitzer der i-ten Parzellengröße

Huntingdon-shire (5)	Cambridge-shire (6)	Bedford-shire (7)	Buckingham-shire (8)	Oxfordshire (9)	Yorkshire (10)
0,35	0,41	0,2	0,32	0,19	0,25
0,04	0,16	0,26	0,2	0,3	0,07
0,45	0,38	0,5	0,28	0,3	0,31
0,15	0,05	0,03	0,19	0,46	0,38
0,0006	0,0002	0	0,003	0,2	0,03

Normierter Differenzierungskoeffizient für die i-te Schicht $d_N = \frac{q_i d_i}{0,8}$

Huntingdon-shire (11)	Cambridge-shire (12)	Bedford-shire (13)	Buckingham-shire (14)	Oxfordshire (15)	Yorkshire (16)
0,250	0,293	0,143	0,229	0,136	0,179
0,018	0,072	0,117	0,090	0,135	0,0315
0	0	0	0	0	0
0,092	0,031	0,018	0,116	0,282	0,233
0,0006	0,0002	0	0,003	0,023	0,030
$\sum d_N = 0,36$	$\sum d_N = 0,40$	$\sum d_N = 0,28$	$\sum d_N = 0,44$	$\sum d_N = 0,58$	$\sum d_N = 0,47$

* Bei Kosminskij steht „mehr als eine Virgate“. Wir gehen davon aus, daß die Größe eines solchen Bodenbesitzes in der Regel bei 1,5 Virgaten lag.

vor, und zwar anhand der in Tabelle 3 enthaltenen sechs englischen Grafschaften aus dem 13. Jahrhundert.[10]

Da es sich hier um einen Vergleich unterschiedlicher regionaler Gesamtheiten handelt, ist es zweckmäßig, anstelle des Koeffizienten D einen normierten Differenzierungskoeffizienten zu verwenden, und zwar $D_N = \frac{D}{D_{max}}$. Zu diesem Zwecke ist D_{max} als d_{max} N zu bestimmen, wo N die Anzahl der Besitzer ist. Wie aus Tabelle 3 zu ersehen, ergibt sich unter Zugrundelegung der aufgenommenen 5 Kategorien von Parzellen unterschiedlicher Größe für d_{max} der Wert 0,8, der einer Parzellengröße von 1,5 Virgaten entspricht. Dies bedeutet, daß in jeder Grafschaft, geht man von den Angaben zu diesen 5 Kategorien von Parzellen aus, die Differenzierung dann am stärksten wäre, wenn sämtliche Parzellenbesitzer der Grafschaft je 1,5 Virgate Anteilland besitzen würden. Dieser Wert wird nun für die Ermittlung des normierten Differenzierungskoeffizienten verwendet.

$$D_{max} = 0{,}8\ N,$$

wobei N die Gesamtzahl der Parzellenbesitzer in einer Grafschaft ist.

$$D_N = \sum_{i=1}^{5} \frac{n_i d_i}{0{,}8\ N_i} = \sum_{i=1}^{5} \frac{q_i d_i}{0{,}8};$$

n_i ist die Anzahl der Bauern, die eine Parzelle der i-ten Kategorie i besitzen, das heißt die Anzahl der Bauern, die die i-te Besitzerschicht repräsentieren,
q_i ist der Anteil der i-ten Schicht in der Gesamtheit der Bauern.

Es sei jedoch darauf hingewiesen, daß die Berechnungen des Differenzierungskoeffizienten nach den Angaben der Tabelle von E. A. Kosminskij im Rahmen dieser Arbeit lediglich dazu dienen, die Möglichkeiten der Anwendung dieses Koeffizienten vorzuführen. Da die Verfasserin nicht Spezialist für englische Geschichte ist, konnte sie sich natürlich nicht das Ziel setzen, die Spezifik der Differenzierung der englischen Leibeigenen im 13. Jahrhundert einer eingehenden Untersuchung zu unterziehen und dann die Werte der Differenzierungskoeffizienten dementsprechend zu interpretieren. Andererseits steht natürlich fest, daß sich der Differenzierungskoeffizient mit weitaus größerem Gewinn anwenden ließe, würde er für eine sehr große Anzahl von Gesamtheiten berechnet, zum Beispiel nach den Angaben der einzelnen Lohngüter (manor-houses).[11] Handelt es sich aber, wie in unserem Falle, nur um 6 Gesamtheiten (Grafschaften), so ist es nur natürlich, daß zahlreiche Schlußfolgerungen über die Besonderheiten der Differenzierung auch dann gezogen werden können, wenn man einfach die von E. A. Kosminskij aufgestellten Tabellen der prozentualen Verteilung nach der Parzellengröße einer visuellen Analyse unterzieht. Und eben dies hat E. A. Kosminskij getan.[12]

Aber selbst wenn nur sechs Gesamtheiten vorliegen, führen Differenzierungskoeffizienten zu präziseren Aussagen über den Grad der Intensität der Differenzierung. Werden Verteilungstabellen nur visuell ausgewertet, so müssen für die Erfassung der Differenzierung Gruppierungen vorgenommen werden, was auch E. A. Kosminskij getan hat, indem er

[10] *Kosminskij*, S. 273–274.

[11] Ein Beitrag der Autorin, der die Verwendung des Differenzierungskoeffizienten anhand byzantinischer Aufstellungen aus dem 14. Jahrhundert vorführt, wurde im Band 41 des „Vizantijskij vremennik" veröffentlicht.

[12] *Kosminskij*, S. 274.

zwei Gruppen bildete: Besitzer mit größerem Wohlstand und Besitzer mit geringerem Wohlstand.

Wie selbst bei nur sechs regionalen Gesamtheiten und fünf Parzellengrößen zu sehen ist, ist die bloße visuelle Auswertung an eine Gruppenbildung geknüpft, das heißt, sie liefert lediglich Näherungswerte. Die Anwendung des Differenzierungskoeffizienten macht es dagegen möglich, die Rolle jeder einzelnen Kategorie von Parzellenbesitzern getrennt zu untersuchen, was offensichtlich die Genauigkeit der Auswertung erhöht. Außerdem ist der Differenzierungskoeffizient so aufgebaut, daß mit einer einzigen Kennziffer sowohl die Anzahl der Parzellenbesitzer als auch der partielle Differenzierungskoeffizient jeder einzelnen Kategorie von Parzellenbesitzern erfaßt werden, wobei dieser partielle Differenzierungskoeffizient eine Funktion der Parzellengröße ist. Damit soll gesagt werden, daß selbst dann, wenn nur sechs zu vergleichende Gesamtheiten mit nur fünf Gruppen von Parzellengrößen vorliegen, die Anwendung des Differenzierungskoeffizienten zu einer genaueren Aussage über den Grad der Intensität der Differenzierung führt und folglich die Möglichkeiten einer vergleichenden Analyse von Verteilungstabellen erweitert.

Mit anderen Worten, greift man in Untersuchungen zum Mittelalter, auch wenn nur eine geringe Anzahl von Gesamtheiten vorliegt, auf formal abgeleitete Differenzierungskoeffizienten zurück und macht man sich die bei der Formalisierung theoretischer Erkenntnisse in anderen Wissensgebieten erzielten Ergebnisse zunutze, so lassen sich die Vorstellungen über die zu untersuchende Wirklichkeit besser vereinheitlichen und verallgemeinern.

Offensichtlich enthalten also die Überlegungen, die zur Berechnung des Koeffizienten D und seiner beiden Komponenten geführt haben, Erkenntnisse zweierlei Art. Neben allgemeingültigen Feststellungen, die die *allgemeinen Erscheinungsformen der untersuchten Gesetzmäßigkeiten* zum Ausdruck bringen, beinhalten sie auch die konkreten regional-zeitlichen Erscheinungsformen charakterisierende Aussagen. Gewisse Vorstellungen über die Vielfalt der regional-zeitlichen Erscheinungsformen von Gesetzmäßigkeiten, die wir aus einer induktiv-empirischen Analyse der Quellen gewonnen haben, gehen in die Bestimmung der entsprechenden Parameter unserer Differentialgleichungen ein. Ein großer Teil dieser Kenntnisse läßt sich jedoch überhaupt nicht formalisieren. Sie haben vielmehr die Form qualitativer Beschreibungen von Erscheinungen, und sie führen uns vor Augen, daß der Formalisierung von Theorien in der Mediävistik Grenzen gesetzt sind.

Darüber hinaus sind die Feststellungen, die sich als Differentialgleichungen schreiben lassen, die die Rolle von Axiomen spielen und allgemeine Erscheinungsformen sozialökonomischer Gesetzmäßigkeiten des Mittelalters darstellen, aus mathematischer Sicht recht einfach. Nicht nur in den oben untersuchten theoretischen Vorstellungen zu den Besonderheiten der Differenzierung der Bauern, sondern auch in anderen Theorien über sozialökonomische Gesetzmäßigkeiten des Mittelalters läuft der Inhalt von Differentialgleichungen, die die allgemeinen Erscheinungsformen solcher Gesetzmäßigkeiten charakterisieren, auf Aussagen folgender Art hinaus: zum Zeitpunkt t ist die Intensität (Tempo, Grad) der Erscheinung x (das heißt Δx) direkt (oder umgekehrt) proportional der Erscheinung y und der Intensität (Tempo, Grad) der Veränderung der Erscheinung y, das heißt Δy, und direkt (oder umgekehrt) proportional einem gewissen Proportionalitätskoeffizienten C, dessen zahlenmäßiger Wert eine Funktion des Punktes $M(z, t)$ des unmittelbar betroffenen zeitlichen Bereiches ist.

Wenn wir uns wieder unserem Differenzierungskoeffizienten D zuwenden, so können wir noch folgende Feststellungen treffen. Mit diesem Koeffizienten, dessen Struktur wir anhand der Besonderheiten der Differenzierung der Bauern in der Epoche des entwickelten Feudalismus begründen wollten, läßt sich die Differenzierung auch in späteren Epochen messen, das heißt in Epochen, für die schon intensivere Prozesse der Bodenkonzentration innerhalb der Bauernschaft charakteristisch sind. Bekanntlich wird der Grad dieser Konzentration in den Wirtschaftswissenschaften mit einer Konzentrationskurve (Lorenzfunktion) und entsprechenden Koeffizienten bestimmt. So finden Koeffizienten der folgenden Form eine sehr breite Anwendung:

$$K=\frac{2\int_{0}^{100}|x-f(x)|\,dx}{10000} \tag{5}$$

Dabei ist x der Anteil der Vertreter der betreffenden Gesamtheit, in deren Händen sich der entsprechende Anteil $f(x)$ gesellschaftlichen Reichtums befindet.

Die Werte des Koeffizienten K liegen zwischen Null und Eins. Für einen diskreten Fall ist folgende Variante möglich:

$$K=\frac{1}{2}\sum_{i=1}^{n}|P(x_i)-P(y_i)| \tag{6}$$

Dabei ist $P(x_i)$ der Anteil der Vertreter der betreffenden Gesamtheit, in deren Händen sich der entsprechende Anteil $P(y_i)$ gesellschaftlichen Reichtums befindet.

Koeffizient (5) wird insbesondere in der amerikanischen Historiographie in Studien zur Ungleichheit angewandt, die sich auf die jüngste Vergangenheit beziehen. Es sind dies Untersuchungen, die sich ihrem Wesen nach im Grenzbereich zwischen Wirtschaftsgeschichte und Wirtschaftswissenschaften befinden. So wurde beispielsweise die Ungleichheit untersucht, die es in Bolivien in der ersten Hälfte des 20. Jahrhunderts gegeben hat, als 90 Prozent des gesamten nationalen Bodenfonds 10 Prozent der Farmer gehörten.[13]

In der Wirtschaftswissenschaft werden auch noch andere Formen des Konzentrationskoeffizienten verwendet, so zum Beispiel der Entropiekoeffizient, den einige Forscher gegenwärtig als optimal ansehen.[14]

$$K=H_{\max}-H \tag{7a}$$

wobei

$$H_{\max}=\operatorname{ld} n \tag{7b}$$

$$H=-\sum_{i=1}^{n}p_i \operatorname{ld} p_i \tag{7c}$$

p_i ist hier der Anteil eines Gutes, der in den Händen des i-ten Mitglieds der Gesamtheit konzentriert ist, und
n ist die Anzahl der Mitglieder in dieser Gesamtheit.[15]

[13] *Russett, B. M.*, Inequality and Instability: the Relation of Land Tenure to Politics, in: Quantitative History, Homewood 1969, S. 359.

[14] Vgl. z. B. *Pyatt, G.*, On the Interpretation and Disaggregation of Gini coefficients, in: The Economic Journal, Vol. 86/1976, S. 244; *Theil, H.*, Economics and Information Theory, Amsterdam 1967, S. 93ff.

[15] Die Funktion $\sum_{i=1}^{n} p_i \operatorname{ld} p_i$ ist die Entropie des Systems, das heißt das Maß seiner Nichtdeterminiertheit bzw. Mannigfaltigkeit.

Offensichtlich läßt sich auch hier ein normierter Koeffizent verwenden:

$$\frac{H_{max} - H}{H_{max}} \tag{7d}$$

Dabei ist wichtig, daß sich mit dem Entropiekoeffizienten der Grad eines Konzentrationsprozesses nicht nur für die Gesamtheit als Ganzes beschreiben läßt, sondern auch für die einzelnen Schichten, die es in dieser Gesamtheit gibt.[16]

Wie man sieht, beruhen alle hier genannten Konzentrationskennziffern lediglich auf den prozentualen Verteilungsverhältnissen von Eigentum, während die tatsächlichen Größen dieses Eigentums unberücksichtigt bleiben. Ein solches Herangehen an die Messung des Intensitätsgrades eines Konzentrationsprozesses ist ganz offensichtlich nur unter der Bedingung gerechtfertigt, daß das betreffende Konzentrationsproblem in seiner allgemeinen Form, das heißt im Rahmen der ganzen (aus unterschiedlichen Klassen bestehenden) Gesellschaft untersucht wird. Eben dieses globale Herangehen wird in der zitierten amerikanischen Untersuchung zur Ungleichheit des Bodenbesitzes in Bolivien praktiziert.

In historischen Untersuchungen, insbesondere solchen zur vorstatistischen Ära, wird jedoch ein Problem nur selten in dieser globalen Form aufgegriffen. Es werden vielmehr Erscheinungen in einem bestimmten regional-zeitlichen Bereich untersucht und dann einzelne Erscheinungen unterschiedlicher Zeiträume und Gebiete miteinander verglichen. Bei einer solchen Problemstellung erweisen sich jedoch diese Koeffizienten nicht immer als geeignet, auch wenn am Ende einer qualitativen Analyse festgestellt werden kann, daß Konzentrationsprozesse stattgefunden haben.

Betrachten wir z. B. zwei mittelalterliche Siedlungen. In der einen sollen die Bauern Parzellen der Größe 0 (diese Bauern besitzen also überhaupt keinen Boden), 5 und 10 (gemessen in landwirtschaftlichen Flächeneinheiten) haben, in der zweiten dagegen Parzellen der Größe 0, 15 und 30 (ebenfalls gemessen in landwirtschaftlichen Flächeneinheiten). Weiterhin nehmen wir an, daß die beiden Dorfgemeinschaften in ökonomischer Hinsicht gleichartig sind, das heißt, die wirtschaftliche Ausrichtung, die Wirtschaftsbedingungen und die Bodenqualität sind etwa gleich. Schließlich sei die größte der bäuerlichen Parzellen jener Zeit in diesen Gebieten 30 landwirtschaftliche Flächeneinheiten. Unter der Bedingung, daß die Anzahl der Bauern, die eine Parzelle entsprechender Größe besitzen, in beiden Siedlungen gleich ist, ergibt sich, daß die Differenzierung in der zweiten Siedlung stärker zu sein scheint als in der ersten. Tatsächlich schwankt in der zweiten Siedlung die Größe der Parzellen zwischen 0 und 30 landwirtschaftlichen Flächeneinheiten, in der ersten dagegen lediglich zwischen 0 und 10 landwirtschaftlichen Flächeneinheiten. Oder anders ausgedrückt, in der zweiten Dorfgemeinschaft gibt es landlose und sehr wohlhabende Bauern, in der zweiten jedoch landlose Bauern und Bauern mittleren Wohlstands. Was aber ergibt in diesem Fall die Messung des Differenzierungsgrades mit Hilfe des Koeffizienten K?

Die Berechnung nach den oben angeführten Formeln liefert für beide Gesamtheiten das gleiche Ergebnis. Beispielsweise hat K Gleichung (6) entsprechend den Wert 0,33. Die Übereinstimmung der Koeffizienten ergibt sich daraus, daß auch die Verteilungen von x und y übereinstimmen. Gleich große Kennziffern charakterisieren, wie man sieht, unterschiedliche Besitzstrukturen. So können sich Konzentrationskoeffizienten, die vornehmlich für globale Untersuchungen der kapitalistischen Gesellschaft bestimmt sind, als

[16] *Theil*, S. 92–93.

ungeeignet erweisen bei der Analyse solcher Zustände wie den oben geschilderten. Dieses Herangehen an das Problem der Differenzierung der Bauern zwingt dazu, die Parzellengröße wie auch den Umfang des anderen Besitzes mit einzubeziehen.

W. I. Lenin hat, als er die Differenzierung der russischen Bauern Ende des 19., Anfang des 20. Jahrhunderts charakterisierte – also in der Epoche des Imperialismus, als es in der Bauernschaft sehr intensive Prozesse der Bodenkonzentration gab –, die reale Größe des bäuerlichen Gesamtvermögens berücksichtigt. Unter anderem schrieb er im Zusammenhang mit der Charakterisierung jener Differenzierung, die sich aus dem Pferdebesitz (der für eine Reihe Gouvernements aus der Militärpferdestatistik ersichtlich ist) ergibt: „Der Vergleich der Jahre 1888–1891 und 1896–1900 zeigt die zunehmende *Expropriation* der Bauernschaft ... Die Zahl der Höfe ohne Pferde ist besonders rasch gestiegen ... Anstatt 5,6 Millionen armer Bauern (ohne Pferd oder mit 1 Pferd) sehen wir schon 6,6 Millionen ... Der Prozentsatz der pferdereichen Höfe hat sich verringert. Anstatt 2,2 Millionen pferdereicher Höfe sehen wir nur 2,0 Millionen. Die Zahl der mittleren und der wohlhabenden Höfe (mit 2 und mehr Pferden) blieb zusammengenommen fast unverändert (4,465 Millionen 1888–1891 und 4,508 Millionen 1896–1900). Aus diesen Daten ergeben sich somit die nachstehenden Schlußfolgerungen. Die zunehmende Verarmung und Expropriation der Bauernschaft unterliegt keinem Zweifel. Was das *Verhältnis* zwischen der oberen und der unteren Gruppe der Bauernschaft betrifft, so hat sich dieses fast nicht verändert."[17]

W. I. Lenin hat also in seine Bewertung der Differenzierung nicht nur den Anteil der Höfe und der diesen Höfen gehörenden Pferde einbezogen, sondern auch die Anzahl der Pferde in den einzelnen Hofkategorien und dabei der Tatsache, daß die Zahl der Höfe ohne Pferd zugenommen hatte, besondere Beachtung geschenkt.

Von wesentlicher Bedeutung ist auch folgender Umstand: Auch wenn in der spätfeudalen und in der kapitalistischen Epoche innerhalb der Bauernschaft intensive Konzentrationsprozesse vor sich gehen, so lassen sie sich dennoch nicht immer in ihrer reinen Form erfassen. Nicht selten werden sie durch die Bodenbesitzverhältnisse zwischen den Klassen kompliziert und verschleiert. Dieser Umstand zwingt dazu, auch für die spätfeudale (und sogar noch für die kapitalistische) Epoche die Differenzierung der Bauern als Bereicherung bzw. Verarmung der mittleren Schicht aufzufassen, unabhängig davon, ob diese Prozesse das Ergebnis einer Konzentration innerhalb der Bauernschaft oder von Beziehungen zwischen den Klassen sind (das heißt, der Boden wird von Mitgliedern anderer Klassen ge- bzw. verkauft).

Das Ergebnis solcher Beziehungen zwischen den Klassen könnte eine zahlenmäßige Zunahme der Höfe wohlhabender Bauern sein. Bewertet man nun eine solche Situation auf der Ebene einer qualitativen sachbezogenen Analyse, so ist festzustellen, daß die Differenzierung zugenommen hat. Aber das Konzentrationsmaß (6) sagt genau das Gegenteil dessen aus. Dazu ein Beispiel: In einer Gesamtheit soll es zu einem Zeitpunkt 5 Wirtschaften mit folgender Besitzverteilung geben:

0–2 Wirtschaften
1–1 Wirtschaft
2–1 Wirtschaft
3–1 Wirtschaft.

[17] *Lenin, W. I.*, Die Entwicklung des Kapitalismus in Rußland, in: Werke, Band 3, Berlin 1968, S. 139f.

Für das Konzentrationsmaß (6) erhalten wir den Wert 0,86. Wir nehmen nun an, daß später zu dieser Gesamtheit eine sechste Wirtschaft von großem Wohlstand hinzugekommen sei, so daß nun folgende Besitzverteilung vorliegt:

0–2 Wirtschaften
1–1 Wirtschaft
2–1 Wirtschaft
3–1 Wirtschaft
4–1 Wirtschaft.

Für Konzentrationsmaß (6) erhalten wir nun den Wert 0,73. Die Konzentrationsmaße liefern hier offensichtlich keine adäquate Widerspiegelung der herrschenden Beziehungen.

Obwohl der in dieser Arbeit vorgeschlagene Koeffizient der Differenzierung der Bauern (bei Vorhandensein der oben genannten Bedingungen) auch für Zeitperioden verwendet werden kann, in denen es in der Bauernschaft zu einer intensiven Bodenkonzentration kommt, ist er zweifellos doch dazu bestimmt, den Grad der Differenzierung in Epochen zu messen, in denen keine Konzentrationsprozesse stattfinden.

Dennoch, so scheint uns, sollten – ungeachtet der oben umrissenen begrenzten Möglichkeiten einer teilweisen Formalisierung jener theoretischen Vorstellungen, die sozialökonomische Gesetzmäßigkeiten des entwickelten Feudalismus charakterisieren – diese Möglichkeiten nicht mißachtet werden. Die Formalisierung solcher Theorien, die bestimmte Koeffizienten liefert, mit denen sich wiederum der Grad der Intensität der zu untersuchenden Beziehungen messen läßt, könnte die Möglichkeiten der vergleichenden Erforschung entsprechender Beziehungen in unterschiedlichen Gebieten und Zeitperioden erweitern. Und schließlich ist die vergleichende Forschung eine grundlegende Methode der historischen Erkenntnis.

Helga Schultz

Erfahrungen bei der Anwendung quantifizierender Methoden zur Erforschung des Landhandwerks im Spätfeudalismus

1. Anliegen

Vor einigen Jahren schloß Ernst Engelberg eine kurze Betrachtung über quantifizierende Methoden in der Geschichtswissenschaft innerhalb eines grundlegenden methodologischen Aufsatzes: „Kurzum: In der Frage der quantifizierenden Methoden geht es nicht mehr um das Ob, sondern um das Wie; es ist der konkrete Platz der Quantifizierung in der Historik, also im System der geschichtswissenschaftlichen Forschungsmethodik, zu fixieren. Dabei wird sowohl heilsbewußter Expansionismus als auch konservative Abwehrhaltung aufzugeben sein.“[1]

Obwohl diese Frage nach dem „Wie“ durch die sowjetische Geschichtswissenschaft sowohl methodologische als auch ganz praktische Antworten erhalten hat,[2] spielen die quantifizierenden Methoden im engeren Sinne in unserer Geschichtswissenschaft noch kaum eine Rolle.[3]

Diese Zurückhaltung wird man nicht gleich im Sinne des obigen Zitats als konservative Abwehrhaltung werten dürfen, sondern als Mangel eigener Erfahrung auf diesem neuen methodischen Terrain. In dieser Situation scheint es gerechtfertigt, solche Erfahrungen eines Historikers mitzuteilen, der selbst erst seit kurzem und schrittweise mit quantifizierenden Methoden vertraut wurde.

Der Begriff der quantifizierenden Methoden sei, wie in der Diskussion üblich, eingeengt auf die Anwendung der EDV zur Bearbeitung großer Datenmassive und den Einsatz spezieller mathematisch-statistischer Methoden zur Analyse der Ergebnisse. Quantifizierende Methoden im umfassenden Sinne werden von jeher angewandt, natürlich vor allem von den Historikern, die sich mit der ökonomischen Basis der Gesellschaft beschäftigen, indem wirtschaftliche Erscheinungen gemessen und summiert, Anteile und Indizes errechnet und

1 *Engelberg, Ernst*, Ereignis, Struktur und Entwicklung in der Geschichte, in: Zeitschrift für Geschichtswissenschaft (im folgenden: ZfG), 23. Jg. 1975, H. 6, S. 625.

2 *Kahk, Juhan/Kowaltschenko, Iwan*, Quantitative Methoden in der Geschichtsforschung, in: Gesellschaftswissenschaften, Hg. AdW UdSSR, 1976, H. 2, S. 115–134; *Kowaltschenko, Iwan/Siwatschow, Nikolai*, Strukturalismus und strukturell-quantitative Methoden in der Geschichtswissenschaft, in: Ebenda, 1978, H. 1, S. 67–92; Matematičeskie metody v issledovanijach po social'no-economičeskoj istorii, Hg. AdW UdSSR, Moskau 1975; *Slavko, T. I.*, Primenenie matematiki pri izučenie massovych istoričeskij istočnikov, in: Voprosy istorii, 1978, H. 6, S. 73–83.

3 Zu methodologischen Aspekten siehe: *Kuczynski, Thomas*, Methodologische Überlegungen zur Anwendbarkeit mathematischer Methoden in der Wirtschaftsgeschichte, in: Jahrbuch für Wirtschaftsgeschichte, 1978, T. II, S. 157–176.

verglichen werden.[4] Aber die Entwicklung der elektronischen Rechentechnik eröffnet grundsätzlich neue Möglichkeiten der Messung und Verknüpfung von Daten. Auch dem Historiker sind damit großartige methodische Hilfsmittel an die Hand gegeben. Es ist aber nicht eine neue Ära der Geschichtswissenschaft im Sinne einer „Kliometrik“ eingeleitet. Das enge Verhältnis von „traditionellen“ historischen und quantifizierenden Methoden und vor allem die entscheidende Bedeutung der Theorie für die Anwendung der neuen Methoden sind eine Fundamentalerkenntnis der marxistischen Historiker, die mit diesem Problem befaßt sind[5]. Die quantifizierenden Methoden liefern keine Ergebnisse, die das Wesen der untersuchten Prozesse richtiger widerspiegeln, als die Theorie, die der Fragestellung und Auswertung zugrunde liegt; die Ergebnisse sind auch ungeachtet aller möglichen Stellen hinter dem Komma nicht genauer als die Ausgangsdaten.

Während der hier beschriebenen Untersuchung[6] wurden nur recht einfache Verfahren angewandt, die Möglichkeiten der quantifizierenden Methoden also keineswegs ausgeschöpft. Dennoch lassen sich auch auf dieser Stufe schon drei gewichtige Vorteile erkennen:

- Die umfassende Bearbeitung von Massenquellen wird möglich, der Historiker gewinnt von einem höheren Niveau der Quellenkenntnis einen weiteren Überblick.
- Die Anzahl der Ergebnisdaten kann verringert werden, indem ihr Informationsgehalt verdichtet und in wenigen Maßzahlen konzentriert wird. Damit werden die Ergebnisse übersichtlicher und sind der Verallgemeinerung leichter zugänglich.
- Zusammenhänge zwischen meßbaren historischen Erscheinungen können hinsichtlich ihres Ausmaßes und ihrer Strenge quantitativ bestimmt werden. Es können Meßzahlen für Struktur- und Entwicklungszusammenhänge gewonnen werden, die in den Ausgangsdaten nicht enthalten und nicht unmittelbar aus ihnen ableitbar sind.

Es geht also nicht vordergründig um Arbeitserleichterungen. Mit der Verfeinerung des methodischen Apparates sind neue Möglichkeiten für die theoretische Durchdringung des Untersuchungsgegenstandes gegeben.

Der Vorteil des größeren Überblicks wurde bei der vorliegenden Untersuchung erreicht, indem alle für die Entwicklung des mecklenburgischen Landhandwerks relevanten Daten unterschiedlicher Register des 16. bis 19. Jahrhunderts mittels der EDV-Anlage des Rechenzentrums der Wilhelm-Pieck-Universität Rostock aufbereitet wurden. Die Anregung dazu gab Prof. Dr. J. Kahk von der Akademie der Wissenschaften der Estnischen SSR. Nur auf diese Weise war es möglich, die erhaltenen Daten eines ganzen Territoriums mit rund 2500 einzelnen Siedlungen in sechs Querschnitten verteilt über einen Zeitraum von fast 4 Jahrhunderten zu erfassen. Der Vorteil gegenüber der Auswertung auf herkömm-

[4] Ebenda, S. 162f. Th. Kuczynski unterscheidet fünf Stufen der Anwendung mathematischer Methoden in der Wirtschaftsgeschichte, von denen die Stufen eins bis drei die traditionellen Verfahren umfassen und die Stufen vier und fünf die Abbildung von Erscheinungen durch Funktionen zum Inhalt haben, die im Zusammenhang mit der Erkenntnis des Wesens der Erscheinungen stehen. Diese Stufen vier und fünf der Mathematisierung stimmen weitgehend mit dem hier gebrauchten Begriff der Quantifizierung überein.

[5] Siehe *Kahk/Kowaltschenko*, Quantitative Methoden, S. 117–120; *Kowaltschenko/Siwatschow*, Strukturalismus, S. 86–89.

[6] *Schultz, Helga*, Das Landhandwerk in der Epoche des Übergangs zum Kapitalismus. Vergleichende Studie und regionale Untersuchung Mecklenburg-Schwerin, Phil. Diss. B, Wilhelm-Pieck-Univ. Rostock, 1978 (MS). Alle im folgenden verwandten Daten sind dieser Arbeit entnommen und dort belegt. 1983 als Band 21 dieser Reihe erschienen.

liche Weise ist nicht nur quantitativ. Ohne Zuhilfenahme der EDV wird üblicherweise ein Untersuchungsraum (einzelne Städte, Herrschaften, Ämter) ausgewählt, dessen Quellenüberlieferung relativ gut und dessen Datenumfang zu bewältigen ist. Aufgrund der detaillierten Untersuchung dieses Raumes werden dann allgemeine Aussagen für einen größeren Raum getroffen. Auf diese Weise kann es geschehen, daß Aussagen über Entwicklungsabläufe und -zusammenhänge mit dem Charakter von Gesetzesaussagen aus der Analyse recht begrenzter Teilgebiete abgeleitet werden.

Dieser Art der induktiven Schlußfolgerung haftet eine grundlegende Fehlermöglichkeit an: Es wird die Homogenität des Gesamtraumes, über den Aussagen gemacht werden, in bezug auf alle wesentlichen Struktur- und Entwicklungszusammenhänge angenommen. Das trifft aber in der Regel nicht zu. Relativ homogen ist selbst ein Raum von der Größe eines mittleren Territoriums im Gebiet des spätfeudalen Reiches nur in bezug auf das Wesen und die Ausprägung der Produktionsverhältnisse und in bezug auf das Stadium der Entwicklung der Produktivkräfte. Im Rahmen dieser wesentlichen Bestimmung treten Varianten der Struktur und der Entwicklungsabläufe auf, die, wenn von ihnen direkt auf allgemeinere Struktur- und Entwicklungszusammenhänge geschlossen wird, zu Verzerrungen der Gesetzeserkenntnis führen müssen.
Als Beispiel sei in der Tabelle 1 die unterschiedliche Entwicklung des Landhandwerks in den zehn mecklenburgischen Ämtergruppen angeführt.

Tabelle 1
Wachstum der Landhandwerkerdichte in Mecklenburg (1703= 100)

Ämtergruppe		1800	1849
1	(Neustadt, Grabow-Eldena, Dömitz)	178	197
2	(Wittenburg, Walsmühlen, Boizenburg, Zarrentin, Lübtheen)	349	436
3	(Gadebusch, Rehna, Grevesmühlen)	201	205
4	(Mecklenburg-Redentin, Poel, Bukow, Doberan)	281	359
5	(Sternberg, Neukloster, Warin-Tempzin, Bützow-Rühn)	105	186
6	(Schwaan, Güstrow-Rossewitz)	236	289
7	(Schwerin, Crivitz, Hagenow–Toddin–Bakendorf)	266	262
8	(Dobbertin, Malchow, Lübz, Plau, Goldberg, Marnitz)	137	188
9	(Ribnitz, Dargun–Gnoien–Neukalen)	158	153
10	(Stavenhagen, Wredenhagen)	178	151
Gesamtdurchschnitt		191	196

Es ist offensichtlich, daß bei einer Konzentration der Untersuchung auf die Ämtergruppen 2, 4 und 6 die Entwicklung überschätzt worden wäre, bei der ausschließlichen Untersuchung der Ämtergruppen 9 und 10 dagegen eine Unterschätzung des Prozesses eingetreten wäre. Wären bei einer Untersuchung die Ämtergruppen 1, 3, 7, 9 und 10 herausgegriffen worden, würde man den Zeitraum des Wachstums auf das 18. Jahrhundert einengen; bei einer Untersuchung der Ämtergruppen 2, 4, 5 und 8 dagegen bekäme das Wachstum in der ersten Hälfte des 19. Jahrhunderts zu großes Gewicht. Im ersteren Falle müßte man das Wachstum des Landhandwerks ganz und gar in Zusammenhang mit dem Ausbau der Gutsherrschaft im 18. Jahrhundert bringen, im letzteren Falle vor allem eine Auswirkung der „kapitalistischen Bauernbefreiung“ darin sehen. Das wären doch recht beträchtliche Unterschiede in der Bewertung und in der theoretischen Einordnung dieses Prozesses!

Wenn das Datenmaterial nicht repräsentativ ist, bietet uns auch eine tiefgründige theoretische Hypothese nicht die Gewähr, den historischen Prozeß richtig widerzuspiegeln. Die Forderung, daß das Material repräsentativ sei, setzt aber fast immer eine sehr große Zahl von Daten voraus, die nach den in der Statistik ausgearbeiteten Stichprobenverfahren gewonnen sein sollten, da eine Totalerhebung in der Regel nicht möglich ist.[7] Für viele unserer ungelösten Fragen ist das Problem nicht die Quellenlage, sondern deren Aufarbeitung. Auch für die sozialökonomischen Prozesse der Übergangsepoche vom Feudalismus zum Kapitalismus warten wertvolle Massenquellen auf eine Auswertung. Die modernen Techniken der EDV geben uns ein Mittel in die Hand, das Dilemma zu überwinden, das sich bisher aus dem Widerspruch zwischen unserer handwerksmäßigen Untersuchungsmethodik und dem Streben nach gültigen Gesetzesaussagen ergab.

2. Datenerfassung

Im vorliegenden Falle geschah die Codierung in folgender, recht einfacher Weise (siehe Tabelle 2).

Tabelle 2

Codierungsbeispiel für das spätfeudale Landhandwerk (auf der Basis des Ortes)

Spaltengruppe	Spalte	Bedeutung	Codierungsbeispiel
1	1– 4	Jahr	1800
2	5– 8	Amt	2536 (Schwerin)
3	9–12	Ort	944 (Görries)
4	13	Grundherr	2 (Landesherr)
5	14	Siedlungsart	1 (Dorf)
6	15–19	Einwohnerzahl	48
7	20–21	Bauern- und Kossatenstellen	4
8	22...	Handwerker	
	z. B.: 22–23	Schmiedemeister	1
	24	Schmiedegesellen	1
	25–26	selbst. Leineweber	2
	27	Webergesellen u. -gehilfen	1

Nur die in den Spaltengruppen 1 und 6 bis 8 stehenden Ziffern haben eine Bedeutung als Meßwert, sie geben also die Jahreszahl, die Zahl der Einwohner oder der Handwerker in den einzelnen Berufen im Dorf an. Ihre Bedeutung ist jeweils durch die Spalte, in der sie erscheinen, eindeutig bestimmt, so standen in den Spalten 40/41 die Schuster vermerkt, in den Spalten 42/43 die Schustergesellen, in den Spalten 48/49 die Rademacher usw. Wegen der großen Zahl vorkommender Handwerksberufe wurden zwei Blätter gebraucht.

[7] Siehe *Donda, Arno/Herrde, Eva/Kuhn, Otfried/Struck, Richard*, Statistik. Lehrbuch, Berlin 1978, S. 245–271; *Fischer, Peter/Göttner, Reinhard/Krieg, Reinhard*, Was ist – was kann Statistik? (Mathematische Schülerbücherei Nr. 86), Leipzig/Jena/Berlin 1975, S. 145–148.

In den Spaltengruppen 2 bis 5 bezeichnen die Ziffern qualitative Merkmale. Die Ortsnamen wurden z. B. fortlaufend in der Reihenfolge des Alphabets verschlüsselt, da so eine leichte wechselseitige Identifizierung von Nummern und Namen möglich war. Die verschiedenen Arten feudaler Eigentümer – Landesherr (Domanium), Ritterschaft, Städte, Klöster und Mischbesitz – wurden mit den Ziffern 1 bis 9 gekennzeichnet. Eine Codierung qualitativer Merkmale ist auf diese Weise problemlos und unbegrenzt möglich, damit auch deren Einbeziehung in die EDV und die Zuordnung der gemessenen Daten. Ein ausgezeichnetes Beispiel für die praktischen Möglichkeiten, die in der Codierung qualitativer Merkmale liegen, bietet der Quellenkataster des ungarischen Zunfthandwerks.[8] Ein ganz anderes Problem ist die *Messung* qualitativer Merkmale. Die sowjetischen Historiker widmen dieser zentralen Frage der Quantifizierung in der Geschichtswissenschaft große Aufmerksamkeit und sind z. B. der Messung der Intensität des Klassenkampfes näher gekommen.[9]

Der Codierung und Erfassung geht naturgemäß die Auswahl der Kennziffern voraus, der Merkmale, auf die sich die Untersuchung erstrecken soll. Es liegt auf der Hand, daß dies in erster Linie ein theoretisches Problem ist und unmittelbar mit der Fragestellung, also mit der theoretischen Konzeption der Untersuchung verknüpft ist. Im Idealfall müssen die Kennziffern alle für den Untersuchungsgegenstand wesentlichen Merkmale erfassen. Dieses Ziel wäre mit möglichst wenigen Kennziffern zu erreichen, d. h. es sind solche Kennziffern auszuscheiden, die mit anderen so eng verknüpft sind, daß sie keine zusätzliche Information über den zu untersuchenden Prozeß mehr enthalten. Das Problem bestand bei der Untersuchung des Landhandwerks wie fast immer bei der Untersuchung von Prozessen der vorkapitalistischen Gesellschaftsordnung nicht in der Vielzahl, sondern in dem Mangel an Kennziffern. Wie das Beispiel zeigt, konnten solche Kennziffern aufgenommen werden, die die Analyse der zeitlichen Entwicklung, der räumlichen Verteilung, der Berufsstruktur und die Analyse der Beziehungen zu verschiedenen Formen der spätfeudalen Grundherrschaft, zur Verteilung und Entwicklung der Bevölkerung und der ländlichen Sozialstruktur ermöglichten. Ziel war es zu klären, ob die Ausweitung des Landhandwerks in die Übergangsepoche zum Kapitalismus hineingehört, welche Stufen der gesellschaftlichen Arbeitsteilung zwischen Landwirtschaft und Handwerk sich abzeichnen und welche Beziehungen es zu den unterschiedlichen Typen spätfeudaler agrarischer Produktionsverhältnisse gab. Die gewählten Kennziffern waren zur Beantwortung dieser Fragen geeignet, aber noch nicht hinreichend. Und selbst dieses Kennziffernminimum war nicht vom 16. Jahrhundert an durchgängig vorhanden.

Die Ebene der Datenerhebung, der einzelne Ort, war relativ hoch. Diese Ebene ermöglichte keine Aussagen über die soziale Struktur der Landhandwerker, über die Verteilung der Betriebsgrößen, die Rolle des landwirtschaftlichen Nebenerwerbs, die feudale Belastung etc. Eine Datenerfassung auf der Ebene des einzelnen Handwerksbetriebes könnte folgendermaßen aussehen (vgl. Tabelle 3).

[8] A magyarországi céhes kézmüipar forrásannyagának katasztere, (Quellenmaterial-Kataster des zünftigen Handwerks in Ungarn), 2 Bde., Budapest 1975.

[9] *Kahk/Kowaltschenko*, Quantitative Methoden, S. 126f.; *Kahk*, *Juhan*, On the Agrarian Policy in the Baltic Provinces in the 1840's. An Attempt at an Analytic Approach to Political Development, in: Studia Historica in honorem Hans Kruus, Hg. Eesti NSV Teaduste Akadeemia Ajaloo Instituut, Tallinn 1971, S. 315–339; *Vassar, A.*, Über einige methodische Probleme der Bauernbewegungsforschung (nach Angaben der zweiten Hälfte des 19. Jahrhunderts in Estland), in: Ebenda, S. 363–366.

Tabelle 3

Codierungsbeispiel für das spätfeudale Landhandwerk (auf der Basis des Handwerksbetriebes)

Spaltengruppe	Spalte	Bedeutung	Codierungsbeispiel
1	1– 4	Jahr	1800
2	5– 8	Amt	2536 (Schwerin)
3	9–12	Ort	944 (Görries)
4	13	Grundherr	2 (Landesherr)
5	14	Siedlungsart	1 (Dorf)
6	15–19	Einwohnerzahl	48
7	20–21	Bauern- und Kossatenstellen	4
8	22–23	Beruf	16 (Müller)
9	24	Gesellen	1
10	25	Lehrjungen	0
11	26	Knechte	1
12	27	Mägde	2
13	28	davon Familienangehörige	1
14	29–31	Acker (Scheffel Aussaat)	20
15	32–33	Weide (Fuder Heu)	4
16	34	Pferde	2
17	35–36	Stück Rindvieh	8
18	37	Schafe	2
19	38–41	Pacht Rtl./Jahr	600
	42–43	Pacht s.	24
20	44–45	Steuer Rtl./Jahr	6
	46–47	Steuer s.	0
21	48–50	Arbeitsrente: Spanndiensttage/Jahr	0
22	51–53	Arbeitsrente: Handdiensttage/Jahr	0

Kahk und Koval'čenko sagen zu den Problemen, die mit der Wahl der Ebene für die Erhebung verbunden sind: „So können zum Beispiel verschiedene Seiten der gutsherrlichen oder der bäuerlichen Wirtschaft auf dem Niveau einzelner Wirtschaften oder aber auf dem gemittelten Niveau kleinerer Kreise und größerer Verwaltungseinheiten gemessen werden. Dabei wird die gegenseitige Verbundenheit der Kennzeichen umso stabiler, je größer die statistischen Ausgangseinheiten sind, da nämlich die Bildung von Durchschnittswerten den zu Abweichungen führenden Einfluß zufälliger Faktoren ausschließen wird. Bei der Erforschung von Prozessen wird der Charakter der Dynamik ebenfalls umso deutlicher, je länger die verglichenen Perioden gewählt sind (einzelne Jahre, Jahrfünfte, Jahrzehnte usw.). Zugleich gibt das Operieren mit Ausgangseinheiten von Erscheinungen und Prozessen (mit den gleichen bäuerlichen und gutsherrlichen Wirtschaften als solchen) eine konkretere und detailliertere Vorstellung von ihrem Wesen."[10]

Aufgrund der EDV-Auswertung konnten Tabellen errechnet und zusammengestellt werden, die Umfang, Dichte und Gliederung des Landhandwerks in Mecklenburg für alle Querschnitte, Ämtergruppen und die unterschiedlichen feudalen Eigentumskomplexe

[10] *Kahk/Kowaltschenko*, Quantitative Methoden, S. 127f.

auswiesen. Das Ergebnis sind 71 Tabellen mit rund 4000 Daten. Das Problem der Quantifizierung war damit nicht gelöst, sondern erst aufgeworfen. Eine solche Datenmasse muß mathematisch und theoretisch bewältigt, ihr Informationsgehalt verdichtet und damit erkennbar gemacht werden.

3. Verteilung

Diese Aufgabe ist mit der Untersuchung des einen Territoriums nicht zu lösen gewesen. Aus dem Vergleich mit anderen Gebieten mußte der Maßstab für die Bewertung der Entwicklung des mecklenburgischen Landhandwerks gewonnen werden. In diesem Vergleich konnte wiederum die Analyse des Einzelterritoriums zur Erkenntnis der Gesetzmäßigkeiten beitragen, die die Entwicklung der gewerblichen kleinen Warenproduktion auf dem Lande während der Übergangsepoche generell bestimmen. Die Literatur und die zeitgenössische Statistik ermöglichten einen genügend umfangreichen Vergleich nur für das Ende der Übergangsepoche um 1800.

Trägt man die Handwerkerdichte, d. h. die Zahl der Meister pro 1000 ländliche Einwohner, von zwanzig Territorien der Größe nach geordnet in ein Koordinatensystem ein, so zeigt sich eine Steigerung von Ostpreußen bis nach Baden und Württemberg auf das Sechsfache (vgl. Abb. 1). Faßt man nun die Territorien nach der Handwerkerdichte

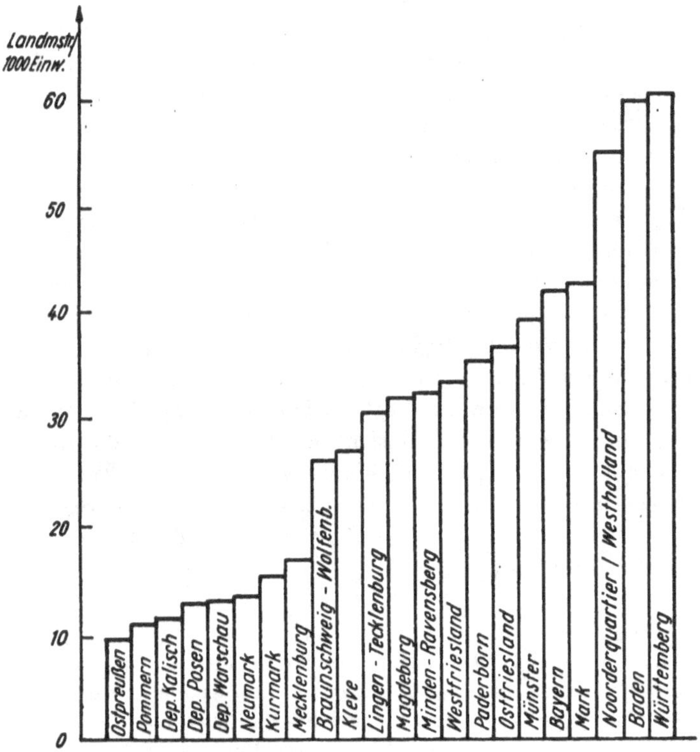

Abb. 1
Landhandwerkerdichte (Meister pro 1000 Landbewohner) um 1800

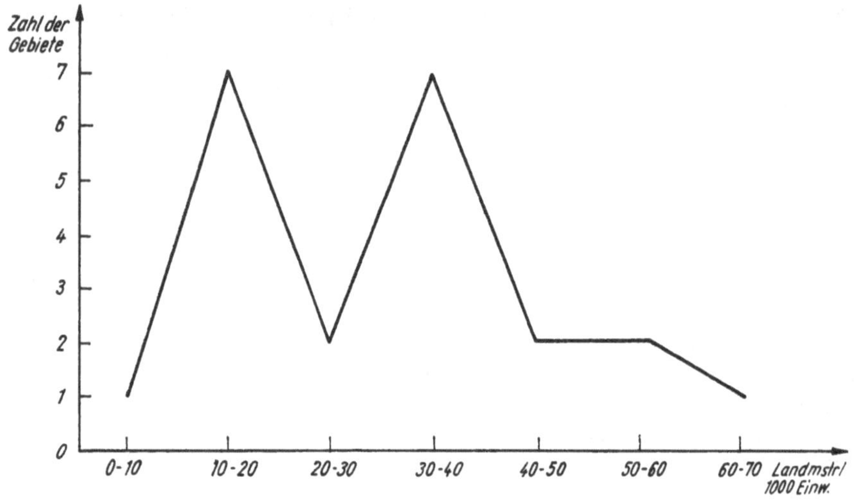

Abb. 2
Häufigkeitsverteilung der Landhandwerkerdichte um 1800

in Gruppen (0–10, 10–20, 20–30 usw. Handwerker pro 1000 Einwohner) zusammen, ergibt sich ein Häufigkeitspolygon, wie die Abb. 2 zeigt. Die Verteilung ist deutlich zweigipflig. Diese Tatsache stimmt gut mit allen anderen Erkenntnissen über das Landhandwerk im Spätfeudalismus überein, denn im linken Teil des Polygons sind die gutsherrschaftlichen, im rechten Teil die Territorien mit grundherrschaftlicher Agrarverfassung zu finden. Man kann die Hypothese aufstellen, daß hier zwei Verteilungen vorliegen, eine für den gutsherrlichen Bereich, eine für den Bereich grundherrschaftlicher Agrarstruktur, die beide möglicherweise der Normalverteilung angenähert sind und sich überschneiden. Eine dritte Häufung im Bereich der Handwerkerdichte von 50–70 pro 1000 Einwohner deutet sich möglicherweise an. Diese Hypothese ließe sich aber erst mit statistischen Verfahren prüfen und also verifizieren, wenn man die drei- bis fünffache Zahl von Werten hätte.[11]

Häufigkeitspolygone sind nützlich für die Wahl des Untersuchungsraumes, sie helfen, die Aussagefähigkeit des gewählten Gebietes zu beurteilen. Offenkundig sind solche Gebiete, deren Werte nahe den Endpunkten des Polygons liegen, weit weniger aussagekräftig für das Gesamtproblem, als die, deren Werte im Bereich der Gipfelpunkte zu finden sind. Die Landhandwerkerdichte Mecklenburg-Schwerins liegt auf dem linken Gipfel der Häufigkeitsverteilung. Mecklenburg kann also in dieser Hinsicht als Normalfall für die Region der spätfeudalen Gutsherrschaft östlich der Elbe-Saale-Linie angesehen und die Ergebnisse können in Grenzen verallgemeinert werden. Für den anderen „Normalfall" im Bereich der Handwerkerdichte von 30–40 Meistern pro ländliche Einwohner (1000) kann die von H. Harnisch untersuchte Magdeburger Börde stehen.[12]

[11] *Fischer/Göttner/Krieg*, Was ist, was kann Statistik, S. 32ff., S. 175f.

[12] *Harnisch, Hartmut*, Produktivkräfte und Produktionsverhältnisse in der Landwirtschaft der Magdeburger Börde von der Mitte des 18. Jh. bis zum Beginn des Zuckerrübenanbaus in der Mitte der dreißiger Jahre des 19. Jh., in: Landwirtschaft und Kapitalismus. Zur Entwicklung der ökonomischen und sozialen Verhältnisse in der Magdeburger Börde vom Ausgang des 18. Jahrhunderts bis zum Ende des ersten Weltkriegs, 1. Halbbd., Berlin 1978, darin zum Landhandwerk: S. 124–135.

Die Unterschiede in der ländlichen Gewerbeentwicklung verschiedener Gebiete lassen sich aber nicht nur durch die Gegenüberstellung der Dichtewerte erfassen, man kann sie auch als unterschiedliche Konzentration der Landhandwerker in bezug zur Bevölkerung messen und darstellen. Die Abbildung erfolgt durch Lorenz-Kurven, aus denen eine einzige Maßzahl, das Konzentrationsmaß, zu gewinnen ist. Dieses Konzentrationsmaß bedeutet eine erhebliche Verdichtung der Information gegenüber den Dichtewerten der 23 Gebiete, die für diesen Zweck herangezogen wurden (siehe Tabelle 4).

Tabelle 4

Berechnung des Konzentrationsmaßes (am Beispiel der Landhandwerksdichte in Promille)

Gebiet	d_j	x_j	y_j	X_i	Y_i	$Y_{i+1}-Y_{i-1}$	$X_i(Y_{i+1}-Y_{i-1})$
(0)	(1)	(2)	(3)	(4)	(5)	(6)	(7)
Ostpreußen	9,4	415400	3905	415400	3905	8073	3353524200
Pommern	10,9	382400	4168	797800	8073	8074	6441437200
Kalisch	11,3	345700	3906	1143500	11979	7071	8085688500
Warschau	12,998	243500	3165	1387000	15144	8670	12025290000
Posen	12,999	423500	5505	1810500	20649	8553	15485206500
Neumark	13,3	229200	3048	2039700	23697	10059	20517342300
Kurmark	15,6	449400	7011	2489100	30708	10908	27151102800
Mecklenburg	17,0	206200	3897	2695300	34605	6132	16527579600
Braunschweig	26,3	85000	2235	2780300	36840	3018	8390945400
Kleve	26,8	29200	783	2809500	37623	2012	5652714000
Lingen-Tecklbg.	30,9	39800	1229	2849300	38852	5984	17050211200
Magdeburg	32,2	147700	4755	2997000	43607	8988	26937036000
Minden-Ravensbg.	32,8	129000	4233	3126000	47840	7389	23098014000
Westfriesland	33,4	94500	3156	3220500	50996	5603	18044461500
Paderborn	35,5	68900	2447	3289400	53443	5505	18108147000
Börde	36,0	84900	3058	3374300	56501	6267	21146738100
Ostfriesland	36,8	87200	3209	3461500	59710	6744	23344356000
Münster	39,2	90200	3535	3551700	63245	19195	68174881500
Bayern	42,3	370200	15660	3921900	78905	19643	77037881700
Mark	42,6	93500	3983	4015400	82888	5496	22068638000
Norderquartier	54,9	44800	2513	4060200	85401	3407	13833101400
Baden	60,1	14900	895	4075100	86295	6831	27837008100
Württemberg	60,3	98400	5936	4173500	92232	−86295	−360152182500
Durchschnitt bzw. Summe	22,1	4173500	92232				120161122500

$$K=\frac{1}{X_n Y_n}\sum_{i=1}^{n} X_i(Y_{i+1}-Y_{i-1}) \quad \text{mit} \quad Y_0=Y_{n+1}=0$$

Konzentrationsmaß für das Landhandwerk insgesamt: $K=\dfrac{120161122500}{4173500\times 92232}=0{,}312163$

Bei der Berechnung des Konzentrationsmaßes gehen wir folgendermaßen vor. Im ersten Schritt werden die Dichten des jeweiligen Handwerkszweigs in den einzelnen Gebieten berechnet, und zwar als Zahl der Meister auf tausend Einwohner. Bezeichnen wir die

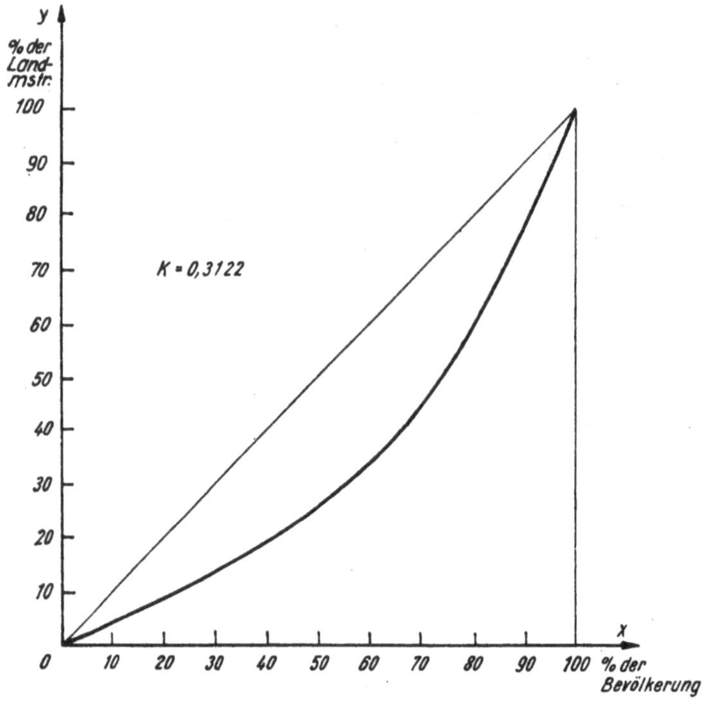

Abb. 3
Konzentration der Landhandwerker im Untersuchungsraum um 1800
(bezogen auf die Bevölkerung)

Einwohnerzahlen mit x_j und die Meisterzahlen mit y_j, dann ist die Handwerksdichte

$$d_j = 1\,000\ y_j/x_j$$

In einem zweiten Schritt werden die Gebiete so geordnet, daß die Gebiete mit der geringsten Handwerksdichte am Anfang und die mit der höchsten Handwerksdichte am Ende der Reihe stehen (vgl. Spalte 1 der Tabelle 4).

$$d_{\min} = d_1 < d_2 < \cdots < d_n = d_{\max}$$

Den so geordneten Handwerksdichten werden die entsprechenden Bevölkerungszahlen (Spalte 2) und Handwerkerzahlen (Spalte 3) zugeordnet. Diese Daten werden kumuliert

$$X_i = \sum_{j=1}^{i} x_j \quad Y_i = \sum_{j=1}^{i} y_i$$

und in die Spalten (4) und (5) eingetragen. Tragen wir die X_i, Y_i in ein Koordinatensystem ein und verbinden wir sie untereinander durch Geraden, so erhalten wir den in der Abbildung 3 dargestellten Polygonzug. Wäre überhaupt keine Konzentration vorhanden, so würden alle Punkte auf einer Strecke mit dem Anfangspunkt P_0 (0; 0) und dem Endpunkt P_n (X_n; Y_n) liegen. Je stärker sich der Polygonzug von dieser Geraden entfernt und sich der X-Achse nähert, desto höher ist die Konzentration. Wir berechnen zunächst die Fläche des Dreiecks, das von den Punkten (0; 0), (X_n; 0), (X_n; Y_n) durch wechselseitige Verbindung untereinander gebildet wird. Da dieses Dreieck ein rechtwinkliges ist, ist seine Fläche

$$F_0 = X_n Y_n/2$$

Nun müssen wir die Fläche berechnen, die durch den Polygonzug, die X-Achse und die Strecke $(X_n; 0)$, $(X_n; Y_n)$ begrenzt ist. Wir werden sie stückweise berechnen. Das erste Segment des Polygons ist ein rechtwinkliges Dreieck mit den Eckpunkten $(0; 0)$, $(X_1; 0)$, $(X_1; Y_1)$, dessen Fläche dementsprechend

$$F_1 = X_1 Y_1/2$$

ist. Das zweite Segment ist ein Viereck mit den Eckpunkten $(X_1; 0)$, $(X_2; 0)$, $(X_2; Y_2)$, $(X_1; Y_1)$. Dieses Viereck zerlegen wir so, daß ein Rechteck mit den Eckpunkten $(X_1; 0)$, $(X_2; 0)$, $(X_2; Y_1)$, $(X_1; Y_1)$ und ein Dreieck mit den Eckpunkten $(Y_1; Y_1)$, $(X_2; Y_1)$ $(X_2; Y_2)$ entsteht. Die Fläche dieses Vierecks ist dann

$$\begin{aligned} F_2 &= Y_1 (X_2 - X_1) + (Y_2 - Y_1)(X_2 - X_1)/2 \\ &= (Y_2 + Y_1)(X_2 - X_1)/2 \end{aligned}$$

Allgemein gilt für die Berechnung der Fläche des i-ten Vierecks die Formel

$$F_i = (Y_i + Y_{i-1})(X_i - X_{i-1})/2$$

Vereinbaren wir, daß $X_0 = Y_0 = 0$ ist, dann ist die Gesamtfläche des Polygons

$$\sum_{i=1}^{n} F_i = \sum_{i=1}^{n} (X_i - X_{i-1})(Y_i + Y_{i-1})/2$$

Die Differenz zwischen F_0 und der Gesamtfläche des Polygons ist dann

$$F = X_n Y_n/2 - \sum_{i=1}^{n} (X_i - X_{i-1})(Y_i + Y_{i-1})/2$$

Dieser Flächeninhalt ist ein Maß für die absolute Konzentration. Um verschiedene Flächeninhalte miteinander vergleichbar zu machen (beispielsweise die Konzentration im Bäcker- und im Schmiedehandwerk), dividieren wir F durch F_0 und erhalten als Maß der (relativen) Konzentration

$$K = 1 - \frac{1}{X_n Y_n} \sum_{i=1}^{n} (X_i - X_{i-1})(Y_i + Y_{i-1}).$$

Dasselbe Ergebnis hätten wir erhalten, wenn wir von vornherein nicht mit den Absolutdaten x_j, y_j, sondern mit den Anteilen x_j/X_n, y_j/Y_n gerechnet hätten.

Die soeben gegebene Formel zur Berechnung von K ist besonders gut geeignet, wenn dem Historiker ein Computer und das dazugehörige Rechenprogramm zur Verfügung steht. Häufig jedoch lohnt ein derartiger Aufwand nicht, weil die Zahl der Daten zu gering ist. In diesem Falle wird der Historiker zum Taschenrechner greifen, wobei es zweckmäßig ist, dafür die obige Formel etwas zu vereinfachen. Es gilt nämlich:

$$\begin{aligned} K &= 1 - \frac{1}{X_n Y_n} \sum_{i=1}^{n} (X_i - X_{i-1})(Y_i + Y_{i-1}) \\ &= 1 - \sum_{i=1}^{n} X_i Y_i/X_n Y_n + \sum_{i=1}^{n} X_{i-1} Y_1/X_n Y_n - \sum_{i=1}^{n} X_i Y_{i-1}/X_n Y_n \\ &\quad + \sum_{i=1}^{n} X_{i-1} Y_i/X_n Y_n \end{aligned}$$

Nun ist aber

$$1-\sum_{i=1}^{n} X_iY_i/X_nY_n+\sum_{i=1}^{n} X_{i-1}Y_{i-1}/X_nY_n$$
$$=1-\sum_{i=1}^{n} X_iY_i/X_nY_n+\sum_{i=0}^{n-1} X_iY_i/X_nY_n=0,$$

so daß

$$K=\frac{1}{X_nY_n}\sum_{i=1}^{n}(X_{i-1}Y_i-X_iY_{i-1})$$
$$=\frac{1}{X_nY_n}\sum_{i=0}^{n-1}X_iY_{i+1}-\frac{1}{X_nY_n}\sum_{i=0}^{n}X_iY_{i-1}$$
$$=\frac{1}{X_nY_n}\sum_{i=1}^{n-1}X_i(Y_{i+1}-Y_{i-1})-Y_{n-1}/Y_n$$

Vereinbaren wir nun noch, daß $Y_{n+1}=0$ ist, dann erhalten wir die Formel

$$K=\frac{1}{X_nY_n}\sum_{i=1}^{n}X_i(Y_{i+1}-Y_{i-1}),$$

die sich bequem auf jedem Taschenrechner realisieren läßt.[13]

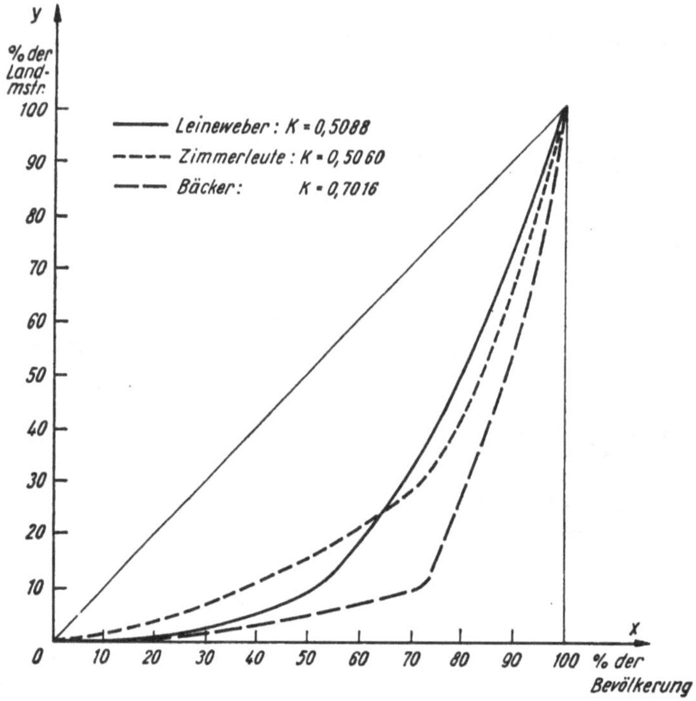

Abb. 4
Konzentration einzelner ländlicher Handwerksberufe um 1800

[13] Th. Kuczynski arbeitete die Methode in Korrektur des ursprünglich von mir genutzten, falsch vereinfachenden Verfahrens von Karl Schwarz aus. (Demographische Grundlagen der Raumforschung und Landesplanung. Veröffentlichungen der Akademie für Raumforschung und Landesplanung, Abhandl., Bd. 64, Hannover 1972, S. 113ff.). Ich danke ihm, daß er mir die Beschreibung zur Verfügung stellte und auch die Berechnungen ausführte.

Das Konzentrationsmaß mißt also den Anteil, den die Fläche zwischen der Kurve und der 45°-Linie an der Gesamtfläche zwischen 45°-Linie und x-Achse hat. Es kann dementsprechend Werte zwischen 0 und 1 annehmen. Die Konzentration der einzelnen ländlichen Handwerke weicht von dem für das Gesamthandwerk errechneten Wert

$$K = 0{,}3122$$

zum Teil erheblich ab (vgl. auch Abb. 4). Es ergaben sich folgende Maße:

Bäcker: $K = 0{,}7016$
Weber: $K = 0{,}5088$
Tischler: $K = 0{,}4050$
Schneider: $K = 0{,}3354$
Schuster: $K = 0{,}2653$
Müller: $K = 0{,}2194$
Schmiede: $K = 0{,}1284$

Man kann hieran die Hypothese knüpfen, daß die Landhandwerker um so gleichmäßiger verteilt sind, je „älter" sie sind, d. h. je früher sie sich im Prozeß der gesellschaftlichen Arbeitsteilung zwischen Landwirtschaft und Handwerk aus der bäuerlichen Hauswirtschaft herausgelöst haben.

Nach diesem Muster wurden auch die Konzentrationsmaße für die mecklenburgischen Ämtergruppen in den Jahren 1703, 1800 und 1849 berechnet. Dabei konnten nicht die absoluten Bevölkerungs- und Handwerkerzahlen verwandt werden, sondern deren prozentuale Anteile.

Tabelle 5

Berechnung des Konzentrationsmaßes mit Anteilwerten (am Beispiel des mecklenburgischen Landhandwerks 1703)

Ämtergruppe (0)	Handwerker 1000 Einwohner d_0 (1)	Einwohner x_0 (2)	Handwerker y_0 (3)	Einwohner % x_j (4)	Handwerker % y_j (5)	Einwohner % kumulativ x_i (6)	Handwerker % kumulativ y_i (7)	$y_{i+1}-y_{i-1}$ (8)	$x_i(y_{i+1}-y_{i-1})$ (9)
1	6,41	10770	69	9,80	6,68	9,80	6,68	16,26	159,3480
4	6,895	14358	99	13,07	9,58	22,87	16,26	17,81	407,3147
2	6,904	12312	85	11,20	8,23	34,07	24,49	19,56	666,4092
7	7,32	15973	117	14,53	11,33	48,60	35,82	15,01	729,4860
6	7,61	4993	38	4,54	3,68	53,14	39,50	19,75	1049,5150
9	10,98	15121	166	13,76	16,07	66,90	55,57	30,69	2053,1610
10	12,07	12513	151	11,39	14,62	78,29	70,19	26,04	2038,6716
3	12,40	9515	118	8,66	11,42	86,95	81,61	27,39	2381,5605
8	13,05	12647	165	11,51	15,97	98,46	97,58	18,39	1810,6794
5	14,78	1692	25	1,54	2,42	100,00	100,00	−97,58	−9758,0000
Summe		109894	1033						1538,1450

Konzentrationsmaß $K = \frac{1538{,}145}{10000} = 0{,}1538145$

Die Spalten 4 bis 7 der Tabelle 5 entsprechen also den Spalten 2 bis 5 der Tabelle 4. Die Rechnung mit prozentualen Anteilen erfordert zwar zwei Spalten mehr in der Rechentabelle, man muß aber nicht mit mehr als achtstelligen Zahlen operieren, und der Faktor $\frac{1}{X_n \cdot Y_n}$ in der angegebenen Formel ist stets $\frac{1}{10000}$, da X_n und Y_n jeweils gleich 100 Prozent sind.

Die Konzentrationsmaße für die Verteilung des Landhandwerks auf die zehn mecklenburgischen Ämtergruppen sind:

1703: $K = 0{,}1538$

1800: $K = 0{,}1119$

1849: $K = 0{,}1330$

Das Konzentrationsmaß ist in allen betrachteten Querschnitten gering, und es wächst keinesfalls. Verglichen mit den Verteilungsunterschieden im Raum der 23 Territorien ($K = 0{,}3122$) befand sich das Landhandwerk in den mecklenburgischen Ämtern auf einem qualitativ gleichen Niveau der Dichte.

Das Konzentrationsmaß bringt mit der Informationsverdichtung auch eine stärkere Abstraktion. Es ist dimensionslos, und wir können keine konkreteren Interpretationen daran knüpfen als die des Verhältnisses von Flächen in einem Koordinatensystem. Wieviel anschaulicher und einprägsamer ist demgegenüber eine kartographische Darstellung wie sie die Abbildungen 5 bis 7 zeigen! Aber diese Kartogramme enthalten eine abweichende Aussage. Hier erscheint das Landhandwerk zu Beginn des 18. Jahrhunderts viel gleichmäßiger verteilt, nur zwei der sechs Dichtestufen treten auf, während es 1849 anscheinend viel stärker in einigen, vor allem den westlichen und mittleren Ämtergruppen

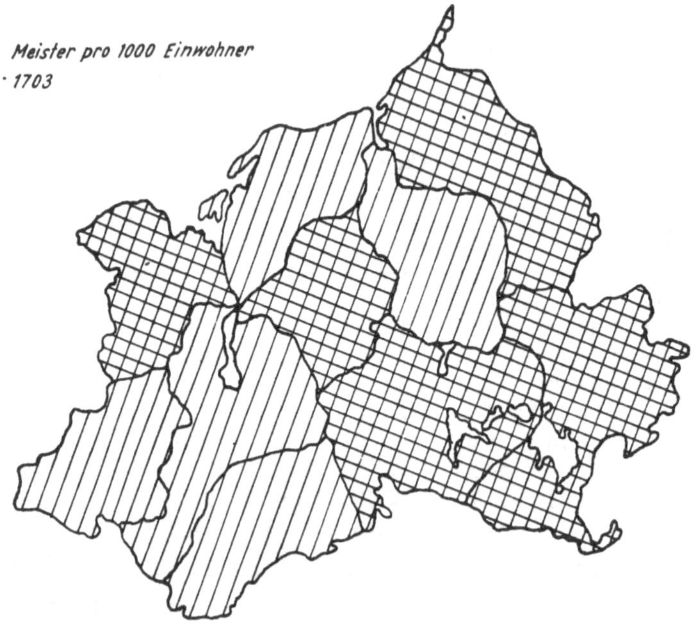

Abb. 5
Landhandwerkerdichte in den mecklenburgischen Ämtergruppen im Jahre 1703

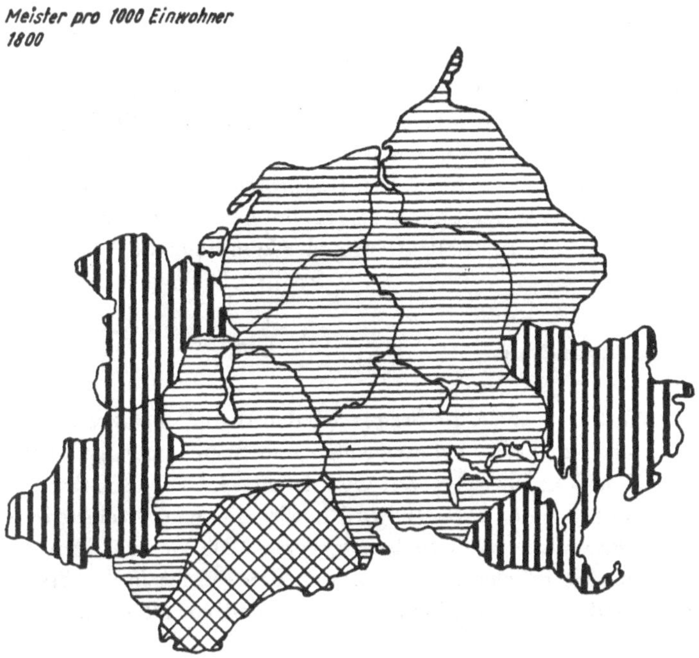

Abb. 6
Landhandwerkerdichte in den mecklenburgischen Ämtergruppen im Jahre 1800

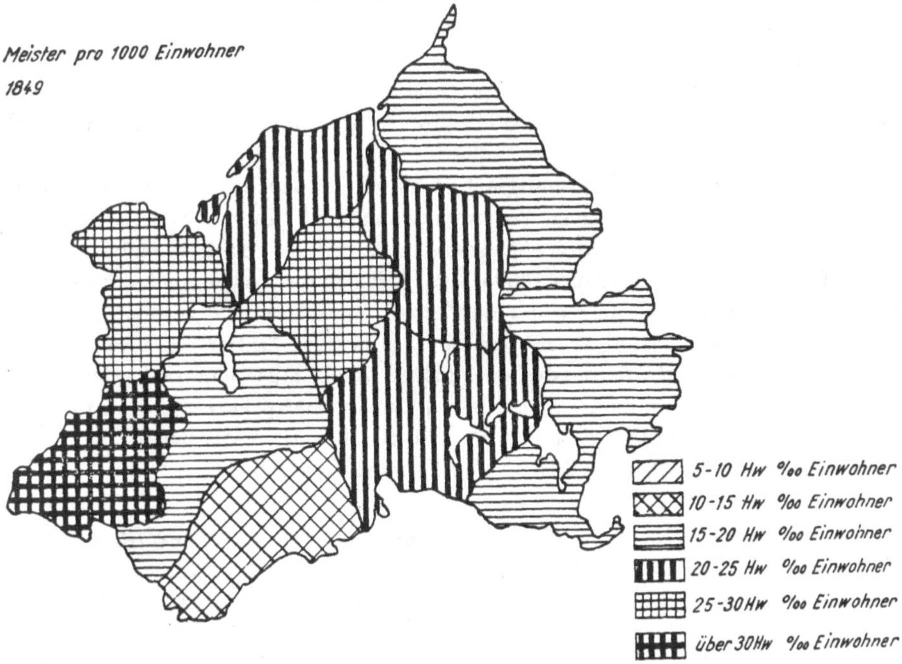

Abb. 7
Landhandwerkerdichte in den mecklenburgischen Ämtergruppen im Jahre 1849

konzentriert war. Zu diesem Zeitpunkt begegnen uns fünf Dichtestufen. – Die Aussage der Konzentrationsmaße ist zweifellos die richtige, weil objektive, von der Entscheidung des Forschers über Stufenbildung unabhängige. Die Einteilung der Dichtestufen muß offensichtlich korrigiert werden. Beide Aussagen stimmen überein, wenn nur drei Stufen, etwa von 0 bis 10 Handwerkern pro 1000 Einwohner, von 10 bis 25 und von 25 bis 35 Handwerkern pro 1000 Landbewohner gebildet werden. Der Historiker wird also am besten beide Methoden nutzen und die Anschaulichkeit der kartographischen Darstellung mit der Eindeutigkeit und Unbestechlichkeit des Konzentrationsmaßes kombinieren.

4. Regressions- und Korrelationsanalyse

Die Feststellung der Ungleich-Verteilung zieht die Frage nach den Bedingungen nach sich, die diese Unterschiede bewirkt haben, nach begünstigenden und hemmenden Faktoren, nach Wechselwirkungen und Kausalbeziehungen. Zur Quantifizierung von Beziehungen zwischen historischen Erscheinungen und Prozessen wird häufig die Regressionsanalyse und die Berechnung des Korrelationskoeffizienten herangezogen. Die Bedingungen der Anwendung dieser Verfahren und die Probleme der Interpretation werden in den Handbüchern der Angewandten Statistik ausführlich behandelt.[14] Es sind vor allem zwei Probleme, die für den Historiker wichtig sind:

1. Als mathematisches Verfahren mißt die Regressions- bzw. die Korrelationsanalyse die Gleich- bzw. Gegenläufigkeit von Erscheinungen und Prozessen, nicht deren Kausalverknüpfung. Der Regressionskoeffizient drückt aus, wie groß die Veränderungen einer Größe y sind, die mit der Zunahme der Größe x um eine Einheit einhergehen. Ob diesem „Einhergehen" auch ein „Bewirktwerden" entspricht, muß der Historiker mit außermathematischen Methoden klären. Alle in der Zeit wachsenden Erscheinungen, also z. B. auch eine Vielzahl historischer Entwicklungsprozesse, sind aus diesem Grunde miteinander korreliert, ohne daß ein tatsächlicher historischer Kausalzusammenhang oder eine Wechselwirkung bestehen müssen.

In der Praxis der historischen Forschungsarbeit täuscht man sich aber viel seltener über das Vorhandensein eines bedeutsamen Zusammenhanges, als über dessen Stärke. Sehr häufig wird die Stärke des Zusammenhanges von Erscheinungen überschätzt. Kahk/Koval'čenko führen als eindrucksvolles Beispiel an, daß sich der Zusammenhang zwischen der Zahl der Streiks und dem Steigen der Lebenshaltungskosten in den kapitalistischen Ländern in der Korrelationsanalyse als recht gering erwies. Andere Faktoren wie die Tätigkeit der politischen Parteien und der ideologische Kampf müssen in die Erklärung der Streikaktivität einbezogen werden.[15] Es ist deshalb von großer praktischer und theoretischer Bedeutung für die Forschungsarbeit, mit Hilfe dieser mathematischen Verfahren die Stärke von historischen Zusammenhängen quantifizieren zu können.

[14] Siehe *Fischer/Göttner/Krieg*, Was ist, was kann Statistik, S. 77–113; *Donda/Herrde/Kuhn/Struck*, Statistik, S. 147–174; *Böventer, Edwin v.*, Regressionsanalyse, in: Methoden der empirischen Raumforschung, 1. T., Forschungsber. d. Arbeitskr. „Methoden der empirischen Regionalforschung" d. Akad. f. Raumforschung u. Landesplanung, Veröffentlichungen der Akademie für Raumforschung und Landesplanung, Forschungs- u. Sitzungsber., Bd. 87, Hannover 1973, S. 53–83.

[15] *Kahk/Kowaltschenko*, Quantitative Methoden, S. 132.

2. Die Regressionsanalyse ist ein statistisches Schätzverfahren aus dem Gebiet der Wahrscheinlichkeitsrechnung. Der Regressionskoeffizient gibt dementsprechend nicht darüber Auskunft, welche Veränderung der Größe y mit einem Wachstum der Größe x *tatsächlich* einhergeht, sondern darüber, welche Veränderungen in y einhergehend mit dem Wachstum von x den *vorliegenden Werten am besten entsprechen.* Der Regressionskoeffizient ist also umso zuverlässiger, je mehr die Daten, auf deren Grundlage er errechnet wird, einer repräsentativen Stichprobe nahekommen, d. h. je mehr Werte zugrunde liegen und je stärker zufällig die Auswahl sein konnte.

Diese Einschränkungen mindern den Wert der Regressionsanalyse nicht. Die Beachtung dieser Einschränkungen ermöglicht dem Historiker eine genauere Bewertung historischer Zusammenhänge, wobei der Zuwachs an Präzision oft gerade in größerer Vorsicht und Eingrenzung der Aussagen Ausdruck finden wird.[16]

Als Beispiel sei im folgenden die Regressionsanalyse von Landhandwerkerdichte und Bevölkerungsdichte angeführt. In der Handwerkerdichte ist ein Indikator der gesellschaftlichen Arbeitsteilung zwischen Landwirtschaft und Handwerk auf dem Lande gegeben. Es kann eine kausale Abhängigkeit des Niveaus dieser Arbeitsteilung vom Entwicklungsstand der Produktivkräfte während des Übergangs von der feudalen zur kapitalistischen Produktionsweise angenommen werden. Die Bevölkerungsdichte eines Gebietes, d. h. die gesamte Bevölkerung in Stadt und Land bezogen auf die Fläche, erscheint in dieser Epoche als ein recht geeigneter Indikator für das Entwicklungsniveau der Produktivkräfte. K. Marx spricht in den „Grundrissen zur Kritik der Politischen Ökonomie" von der „Populationsentwicklung, worin sich die Entwicklung aller Produktivkräfte resumiert".[17] Die Einbeziehung der Stadt- *und* Landbevölkerung in die Berechnung der Bevölkerungsdichte ist dabei äußerst wichtig, da die Dichte des Städtenetzes und die Stärke des Städtebürgertums ein sehr bedeutsamer Faktor der Produktivkraftentwicklung war. Die Dichte des Landhandwerks kann nur auf die Landbevölkerung bezogen werden. Über die historische Bedeutsamkeit und den Kausalcharakter der Beziehung zwischen beiden Größen wurde also auf Grund theoretischer Überlegungen und auf Grund hier nicht resumierter historischer Untersuchungen Klarheit gewonnen. Auch die Richtung des Zusammenhangs kann festgelegt werden. Es soll die Wirkung der Bevölkerungsdichte auf die Dichte des Landhandwerks untersucht werden, es ist darum die Bevölkerungsdichte die „unabhängige Variable" x, die Landhandwerkerdichte die „abhängige Variable" y.

Verwendet man zur Berechnung des Regressionskoeffizienten b folgende Formel:[18]

$$b=\frac{\overline{xy}-\bar{x}\cdot\bar{y}}{\overline{x^2}-\bar{x}^2},$$

so sind die Summen $\sum x$, $\sum y$ und die Durchschnitte $\bar{x}$, $\bar{y}$, die Summe und der Durchschnitt der Quadrate x^2, und die Summe und Durchschnitt der Produkte $x \cdot y$ zu berechnen, wie das in der Rechentabelle Tab. 6 vorgeführt ist.

Für einen nicht zu großen Umfang des Datengutes ($n \leqq 50$) ist das mit einem Taschen-

[16] *Kuczynski, Thomas*, Spectral Analysis and Cluster Analysis as Mathematical Methods for the Periodization of Historical Processes — a Comparison of Results Based on Data about the Development of Production and Innovation in the History of Capitalism, in: Proceedings of the 7th International Economic History Congress, Edinburgh 1978, Bd. 2, S. 79ff.

[17] *Marx, Karl*, Grundrisse zur Kritik der Politischen Ökonomie (Rohentwurf), Berlin 1974, S. 498.

[18] *Donda/Herrde/Kuhn/Struck*, Statistik, S. 165.

Tabelle 6

Berechnung des Regressionskoeffizienten (am Beispiel der Abhängigkeit der Landhandwerkerdichte von der Einwohnerdichte um 1800)

Gebiet (0)	Einw./km² x_i (1)	Handw./1000 E. y_i (2)	$x_i \cdot y_i$ (3)	x_i^2 (4)	y_i^2 (5)
Württemberg	71,0	60,3	4281,30	5041,00	3636,09
Baden	56,1	60,0	3366,00	3147,21	3600,00
Gf. Mark	55,8	42,6	2377,08	3113,64	1814,76
Lingen-Teckl.	54,6	30,9	1687,14	2981,16	954,81
Minden-Rav.	50,2	32,8	1646,56	2520,04	1075,84
Hztm. Magdebg.	49,0	32,2	1577,80	2401,00	1036,84
Kleve	45,5	26,8	1219,40	2070,25	718,24
Braunschw.-W.	44,0	26,3	1157,20	1936,00	691,69
Ostfriesland	39,2	36,8	1442,56	1536,64	1354,24
Münster	38,6	39,2	1513,12	1489,96	1536,64
Paderborn	32,6	35,5	1157,30	1062,76	1260,25
Kurmark	33,3	15,6	519,48	1108,89	243,36
Dep. Warschau	30,5	13,0	396,50	930,25	169,00
Neumark	28,0	13,3	372,40	784,00	176,89
Schleswig	27,8	18,0	500,40	772,84	324,00
Dep. Posen	26,9	13,0	349,70	723,61	169,00
Ostpreußen	24,6	9,4	231,24	605,16	88,36
Meckl.-Schw.	23,1	17,0	392,70	533,61	289,00
Dep. Kalisch	22,9	11,3	258,77	524,41	127,69
Pommern	18,4	10,9	200,56	338,56	118,81
Summe	772,1	544,9	24647,21	33620,99	19385,51
Durchschnitt	38,61	27,25	1232,36	1681,05	

$$b = \frac{\overline{xy} - \bar{x} \cdot \bar{y}}{\overline{x^2} - \bar{x}^2} = \frac{1232{,}36 - 38{,}61 \cdot 27{,}25}{1681{,}05 - 1490{,}73} = 0{,}947$$

rechner und vertretbarem Arbeitsaufwand zu bewältigen. Um anschließend auch den Korrelationskoeffizienten berechnen zu können, sind in der Rechentabelle auch y^2-Werte mit der $\sum y^2$ enthalten. Der Regressionskoeffizient beträgt $b = 0{,}947$. Einem Unterschied der Bevölkerungsdichte verschiedener Gebiete von einem Einwohner pro km² entsprach also ein Unterschied der Landhandwerkerdichte von 0,947 Meistern pro 1000 ländliche Einwohner.

Dieser Regressionskoeffizient stellt den Anstieg einer Geraden in einem x, y-Koordinatensystem dar, es handelt sich um einen linearen Regressionskoeffizienten. Bei der Wahl dieses Regressionskoeffizienten wurde unterstellt, daß y im Verhältnis zu x gleichförmig und nicht etwa bei steigenden x-Werten beschleunigt wächst. Von der Berechtigung dieser Annahme überzeugt man sich zu Beginn der Regressionsanalyse durch Eintragung der Werte in ein Koordinatensystem. Die Form der Punktwolke deutet dann den Funktionstyp der Regression an. Die Regressionsanalyse nicht-linearer Zusammenhänge ist rechnerisch komplizierter.

Wenn man nun den Schnittpunkt mit der y-Achse (a) bestimmt, ist die Funktion der Regressionsgeraden bekannt:

$$\hat{Y} = a + bx\ .$$
$$a = \bar{y} - b\bar{x}$$
$$= 27{,}25 - 0{,}947 \cdot 38{,}61$$
$$a = -9{,}314$$
$$\hat{Y} = 0{,}947x - 9{,}314$$

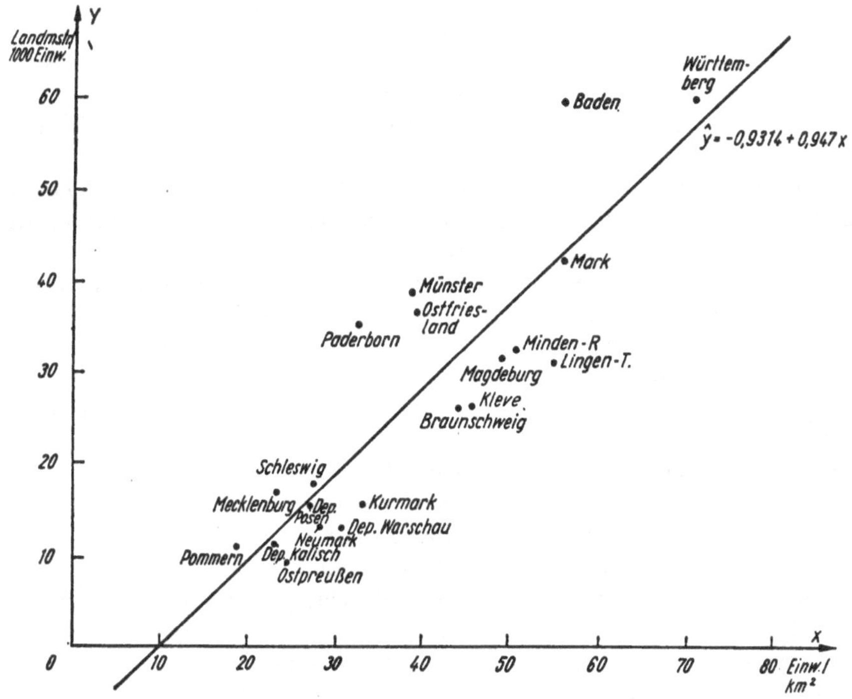

Abb. 8
Einfluß der Bevölkerungsdichte (Einw./km²) auf die Handwerkerdichte (Landmeister pro 1000 Landbewohner) – Regressionsanalyse –

Die Abbildung 8 zeigt das Bild der erhaltenen Regressionsfunktion und die empirischen Werte der zwanzig Territorien. Diese Gerade enthält die Schätzwerte $\hat{Y}$ zu beliebigen x-Werten. Man kann also Aussagen über den wahrscheinlichen Wert von y machen, der einem bestimmten x-Wert entspricht. Solche Aussagen sind aber nur im Bereich der beobachteten Werte sinnvoll, d. h. in diesem Falle zwischen der Bevölkerungsdichte von Pommern (18,4 Einw./km²) und der Bevölkerungsdichte von Württemberg (72,2 Einw./km²). Die Unsinnigkeit der Extrapolation über den empirischen Wertebereich hinaus wird schon dadurch klar, daß einer Bevölkerungsdichte unter 9,8 Einw./km² negative Werte der Handwerkerdichte auf dem Lande entsprechen müßten.

Die Möglichkeit der „Voraussage“ ist nicht eine abstrakt mathematisch-statistische. Sie hat ihre Begründung in dem objektiven und zugleich statistischen Charakter der gesellschaftlichen Gesetzmäßigkeiten, die den konkreten historischen Erscheinungen zugrunde liegen. In den subjektiven Handlungen der Menschen, die als zufällig erscheinen, setzen sich die objektiven, notwendigen historischen Gesetze durch. In diesem Sinne zitierte und kommentierte K. Marx die Untersuchungen von A. Quetélet zur Kriminalität: „,Wir können voraussagen, wie viele Individuen ihre Hände mit dem Blute ihrer Mitmenschen besudeln werden, wie viele Fälscher, wie viele Giftmischer zu verzeichnen sein werden, fast ebenso, wie man im voraus die Geburten und Todesfälle angeben kann.' Und Quetélet sagt in einer Wahrscheinlichkeitsberechnung der Verbrechen, die er im Jahre 1829 veröffentlichte, mit erstaunlicher Sicherheit nicht nur die Zahl, sondern auch alle die verschiedenen Arten der Verbrechen voraus, die in Frankreich im Jahre 1830 begangen wurden. Daß es nicht so sehr die besonderen politischen Einrichtungen eines Landes sind als vielmehr die grundlegenden Bedingungen der modernen bürgerlichen Gesellschaft im ganzen, die eine durchschnittliche Anzahl Verbrechen in einem gegebenen nationalen Teil der Gesellschaft hervorbringen, das zeigt die ... Tabelle, die Quetélet für die Jahre 1822 bis 1824 mitteilt".[19]

Marx nennt hier eine weitere wesentliche Voraussetzung für die Schätzung unbekannter y-Werte: Das Wirken bestimmter notwendiger Zusammenhänge ist an die Existenz jeweils bestimmter grundlegender Bedingungen gebunden, hier die Häufigkeit und Art der Verbrechen an die grundlegenden Bedingungen der bürgerlichen Gesellschaft. Und zwar an die Bedingungen der bürgerlichen Gesellschaft während der Periode des Kapitalismus der freien Konkurrenz, wird man hinzufügen müssen; denn Art und Umfang der Verbrechen haben in der gegenwärtigen imperialistischen Welt eine Eskalation erfahren, die Quetélet nicht vorausberechnen konnte. – Man muß also nicht nur im Rahmen der empirischen Werte bleiben, wenn man die abhängige Größe schätzen will, man darf auch nicht von dem historischen Rahmen etwa der bestimmten ökonomischen Gesellschaftsformation absehen. Es wäre deshalb ganz unzulässig, mit Hilfe der errechneten Regressionsfunktion z. B. auf die Beziehung von Bevölkerungsdichte und ländlichem Gewerbe in einem gegenwärtigen Entwicklungsstand oder in einem kapitalistischen Land am Ende des vorigen Jahrhunderts schließen zu wollen. Die Beziehung ist im weitesten Falle eingegrenzt auf die Übergangsepoche vom Feudalismus zum Kapitalismus in Europa.

An einem Beispiel soll die Schätzung unbekannter y-Werte deutlich gemacht werden. Die Landhandwerkerdichte Bayerns um 1800 ist nicht genau bekannt, von E. Schremmer wurden für 1771 42,3 Handwerker pro 1000 Einwohner auf dem Lande genannt, worin offensichtlich die Gesellen eingeschlossen sind.[20] Um 1800 hatte Bayern eine Bevölkerungsdichte von 43,0 Einw./km².[21] Der Schätzwert wäre dann:

$$\hat{Y} = 0{,}947 \cdot 43{,}0 - 0{,}9314$$
$$\hat{Y} = 31{,}407$$

Man kann nun aber keineswegs erwarten, daß der Wert der bayrischen Landhandwerkerdichte genau auf der Regressionslinie liegt, also genau 31,4 Meister pro 1000 Einwohner beträgt, jedoch mit gewünschter Wahrscheinlichkeit das Intervall bestimmen, in dem der

[19] *Marx, Karl/Engels, Friedrich,* Werke (im folgenden: MEW), Bd. 8, Berlin 1960, S. 508; Vgl.: *Quetélet, Lambert-Adolphe-Jacques.*

[20] *Schremmer, Eckart,* Standortausweitung der Warenproduktion im langfristigen Wirtschaftswachstum, in: Vierteljahresschrift f. Sozial- und Wirtschaftsgesch., Bd. 59, 1972, H. 1, S. 27.

[21] *Gaspari, A./Hassel, G./Cannabich, J. G. F.,* Handbuch der neuesten Erdbeschreibung, 1. Abt., 4. Bd., Weimar 1819, S. 7, S. 25.

tatsächliche Wert liegt. Der Toleranzbereich der Regressionsfunktion ist von der Streuung der empirischen Werte um die Regressionslinie abhängig und wird auch umso geringer, je umfangreicher und also repräsentativer das Datengut ist. Außerdem hängt die Größe des Intervalls natürlich von der vorgegebenen Sicherheit der Schätzung ab.[22] Wenn wir eine Wahrscheinlichkeit von 95 Prozent fordern, die allgemein für ausreichend erachtet wird, beträgt an der Stelle $x=43{,}0$ der Toleranzbereich unserer Funktion $\pm 15{,}78$. Die Landhandwerkerdichte Bayerns um 1800 hat also mit 95 prozentiger Sicherheit zwischen 15,63 und 47,19 Meistern pro 1000 Einwohnern gelegen. Verringern wir die geforderte Sicherheit, wird auch der Toleranzbereich enger. Mit 90prozentiger Sicherheit hat sich die Dichte des bayrischen Landhandwerks zwischen 18,39 und 44,43 ‰, mit nur 68prozentiger Wahrscheinlichkeit zwischen 23,52 und 39,30 ‰ bewegt. Diese Schätzungen stimmen sehr gut mit den Ergebnissen E. Schremmers überein. Seine Angaben lassen den tatsächlichen Wert in großer Nähe des Schätzwertes $\hat{Y}$ vermuten und geben ausreichenden Grund, sich mit der geringen Sicherheit von 68 Prozent zu begnügen und mit dem kleinsten Intervall zu operieren.

Der Korrelationskoeffizient gibt Auskunft darüber, wie gut die Regressionsfunktion den empirischen Werten angepaßt ist, wie zuverlässig deren Aussagen über die Gleichläufigkeit von x und y sind.

Der Korrelationskoeffizient wäre am größten, die Abhängigkeit wäre streng linear, wenn alle empirischen Werte auf einer Geraden, der Regressionsgeraden, liegen würden. Es bestünde dann eine eindeutige, von keinen anderen notwendigen oder zufälligen Einflüssen „gestörte“ Abhängigkeit der y-Werte von den x-Werten. Der Korrelationskoeffizient hätte dann den Wert 1 oder -1. Der Wert wäre $+1$, wenn die zunehmenden x-Werte mit einem linearen Wachsen der y-Werte einhergingen, er wäre -1, wenn die y-Werte mit steigenden x-Werten linear fallen würden. Angesichts des statistischen Charakters der gesellschaftlichen Gesetze kommen diese Extremfälle nicht vor, der Korrelationskoeffizient liegt zwischen -1 und $+1$. Definitionsgemäß ist bei einem Wert nahe 0 auf mathematisch-statistischem Wege kein Zusammenhang nachweisbar. Aber hier dürfen wir nicht ohne weitere Prüfung von der mathematisch-statistischen Beschreibung des Zusammenhangs auf dessen Wesen schließen. Ein tatsächlich bestehender Einfluß kann durch das Wirken von Gegentendenzen verdeckt sein.

Die Berechnung des Korrelationskoeffizienten r erfolgt mit Hilfe der Tabelle, die bei der Regressionsanalyse verwandt wurde. Wir benötigen jetzt auch die y^2-Werte, wenn wir die folgende Formel benutzen:[23]

$$r=b\cdot\sqrt{\frac{\sum x^2-n\bar{x}^2}{\sum y^2-n\bar{y}^2}}$$

$$r=0{,}947\cdot\sqrt{\frac{33620{,}99-29814{,}64}{19385{,}51-14851{,}25}}$$

$$r=0{,}947\cdot\sqrt{\frac{3806{,}35}{4534{,}26}}$$

$$r=0{,}868$$

22 *Donda/Herrde/Kuhn/Struck*, Statistik, S. 166f.

23 Ebenda, S. 171.

Mit diesem Korrelationskoeffizienten wird mathematisch erhärtet, daß ein deutlicher positiver Zusammenhang zwischen dem Niveau der Bevölkerungsdichte und dem Niveau der Arbeitsteilung zwischen Landwirtschaft und Handwerk bestand.

Aber es gibt einen gewichtigen Grund anzunehmen, daß mit diesen Parametern der direkte Einfluß der Bevölkerungsdichte auf die Dichte des Landhandwerks überschätzt wird. Es ist nämlich eigentlich eine strenge Forderung der Regressionsanalyse, daß neben der unabhängigen Variablen x *nur Zufallseinflüsse* auf die abhängige Variable y wirken. Insbesondere soll die Variable x, will man ihren Einfluß exakt abschätzen, nicht ihrerseits mit anderen Faktoren korreliert sein, die von Bedeutung für die Entwicklung von y sind. Im anderen Falle gehen die Einflüsse dieser anderen, nicht-zufälligen, sondern notwendigen und mit x korrelierten Faktoren in die Berechnung der Koeffizienten mit ein.[24]

Diese Forderung ist nicht erfüllt. Die Entwicklung des Landhandwerks hängt nicht nur von der Dichte der Bevölkerung ab, sondern ebenso vom Umfang der bäuerlichen Marktproduktion, der wiederum im umgekehrten Verhältnis zur feudalen Belastung mit Arbeitsrente steht und also von der konkreten Gestaltung der spätfeudalen Produktionsverhältnisse bestimmt wird. Die Entwicklung des Landhandwerks hängt weiter ab von der sozialen Differenzierung auf dem Lande, vor allem von der Herausbildung der Landarmut, die Konsumenten und Produzenten der gewerblichen Güter stellte. Diese Faktoren sind untereinander eng korreliert. Die spätfeudale Gutsherrschaft mit Teilbetriebscharakter und hoher Arbeitsrentenbelastung hemmte nicht nur die bäuerliche Marktproduktion, sondern auch die soziale Differenzierung und das Bevölkerungswachstum auf dem Lande. Die Entwicklung der landwirtschaftlichen Lohnarbeit und des Gewerbes beschleunigen das Bevölkerungswachstum.[25]

Es gibt Verfahren der Mehrfachregression, die es bei Vorliegen entsprechender Daten gestatten, den anteiligen Einfluß von mehreren Variablen ungefähr abzuschätzen.[26] Im vorliegenden Falle wären als zusätzliche Variable möglicherweise die Differenzierung der Landbevölkerung (gemessen am Anteil der Landarmut) und der Umfang der bäuerlichen Marktproduktion, bzw. – negativ – die Höhe der feudalen Arbeitsrentenbelastung heranzuziehen. Ausreichende Werte für diese Größen liegen nicht vor. Es ist also nicht möglich, den Einfluß des demographischen Faktors an sich zu isolieren oder den Einfluß dieser anderen Faktoren isoliert zu messen. Aber es ist die Frage, ob das überhaupt notwendig ist. Bei der Wahl der Bevölkerungsdichte als bedeutsame Kennziffer für die Klärung von Kausalzusammenhängen interessierte diese Größe ja gerade wegen ihrer Verknüpfung mit anderen wesentlichen Größen, wir sahen die Bevölkerungsentwicklung mit Marx als Indikator, „worin sich die Entwicklung aller Produktivkräfte resumiert."[27] Der Regressionskoeffizient mißt also nicht das Wachstum der Landhandwerkerdichte, das von der Zunahme der Bevölkerungsdichte *bewirkt* wird, sondern das Wachstum der Landhandwerkerdichte, das mit der Zunahme der Bevölkerungsdichte *einhergeht und sowohl von der wachsenden Bevölkerungsdichte als auch von anderen für die Entwicklung der Produktivkräfte relevanten Faktoren bewirkt wird.*

[24] *Böventer*, Regressionsanalyse, S. 62ff.

[25] *Harnisch, Hartmut*, Bevölkerung und Wirtschaft. Über die Zusammenhänge zwischen sozialökonomischer Struktur und demographischer Entwicklung im Spätfeudalismus, in: Jb. Wirtsch. Gesch., 1975, T. 2, S. 57ff.

[26] *Böventer*, Regressionsanalyse, S. 68–83.

[27] *Marx*, Grundrisse, S. 498.

Die Zusammenhänge zwischen der Bevölkerungsdichte und der Dichte der einzelnen Handwerksberufe auf dem Lande sind recht unterschiedlich, wie die Tabelle 7 ausweist.

Tabelle 7
Regressions- und Korrelationskoeffizienten für die Abhängigkeit der Dichte einzelner Landhandwerke von der Bevölkerungsdichte

Beruf	Regressions-koeffizient b	Korrelations-koeffizient r
Müller	−0,02	−0,32
Rademacher	0,01	0,27
Schmiede	0,04	0,27
Schuster	0,06	0,39
Böttcher	0,02	0,42
Tischler	0,03	0,49
Maurer	0,04	0,56
Bäcker	0,04	0,59
Schneider	0,09	0,59
Leineweber	0,21	0,61
Zimmerleute	0,12	0,64

Die Regressionskoeffizienten können summiert den Regressionskoeffizienten für das gesamte ländliche Gewerbe nicht überschreiten, der in sich ja die Einzelanstiege enthält. Die Korrelationskoeffizienten sind auch durchweg niedriger; denn die Entwicklung der Teilbereiche wird natürlich stärker und in unterschiedlichem Maße von Gegentendenzen und anderen Einflüssen berührt, die im Hinblick auf die Gesamtentwicklung zufälligen Charakter tragen. Die Handwerke, die unmittelbar der landwirtschaftlichen Produktion und nicht dem individuellen Konsum der Landbevölkerung dienten, sind am wenigsten mit der Bevölkerungsdichte korreliert. Auffallend niedrig ist der Korrelationskoeffizient der Schuster. Bei den Müllern existierte ein negativer Zusammenhang, d. h. mit größerer Bevölkerungsdichte nahm die Zahl der Müller pro 1000 ländliche Einwohner ab; diese Abnahme war allerdings geringfügig und der negative Zusammenhang nicht stark. Hier kann man wohl Zusammenhänge zur Siedlungsstruktur vermuten. In den dünner besiedelten Gebieten mit kleineren und weiter auseinander liegenden Dörfern waren zur Versorgung einer gleichen Bevölkerungszahl mehr Mühlen notwendig.

Das Problem des Zusammenhangs von Gesetzmäßigkeit, Notwendigkeit und Zufall tritt nicht nur beim Übergang der Untersuchung vom Gesamtbereich des Landhandwerks zu den Teilbereichen der Einzelhandwerke auf, es begegnet in ähnlicher Weise beim Übergang zur Analyse eines Einzelgebietes, des Territoriums Mecklenburg–Schwerin. Erscheinungen, die unter den Bedingungen des Gesamtraumes zufällig sind, können diesen Zufallscharakter unter anderen Bedingungen verlieren.

Der Zusammenhang zwischen der Bevölkerungsentwicklung und der Entwicklung des Landhandwerks war in Mecklenburg–Schwerin offenbar anders, als nach den grundlegenden Ergebnissen anzunehmen wäre. Es wurde die Korrelation zwischen dem Bevölkerungswachstum, gemessen an der wachsenden Zahl der Einwohner pro Ort, und dem Wachstum der Handwerkerdichte in den einzelnen Ämtergruppen berechnet. Dieser Zusammenhang war für den Zeitraum von 1703 bis 1800 klar negativ, wie der Koeffizient $r = -0{,}74$ ausweist! Das heißt, nicht die Ämtergruppen machten die größten Fortschritte in der Handwerkerdichte und damit auch in der Vertiefung der gesellschaftlichen Arbeitsteilung zwischen Landwirtschaft und Handwerk, in denen die Bevölkerung am raschesten wuchs. Den Extremwert stellt die Gruppe 5, deren Bevölkerung sich während des 18. Jahrhunderts um 142,2 Prozent, also auf das Zweieinhalbfache vermehrte, deren Handwerkerdichte aber nur um 4,7 Prozent anstieg. Dieser scheinbar paradoxe Zusammenhang wird noch durch eine andere Beziehung gestützt. Eine Berechnung der Korrelation zwischen der Handwerkerdichte und der durchschnittlichen Einwohnerzahl pro Ort in den einzelnen Ämtergruppen für das Jahr 1703 ergab ebenfalls einen negativen Zusammenhang. Die Korrelation ist mit $r = -0{,}81$ recht deutlich. Die Zahl der Handwerker pro 1000 ländliche Einwohner war also um so höher, je kleiner die ländlichen Orte in den Ämtergruppen im Durchschnitt waren.

Wie ist das zu erklären? Um 1703 verharrte das Landhandwerk in Mecklenburg noch auf einem ziemlich gleichmäßig niedrigen Entwicklungsstand. Die vorhandenen Unterschiede gehen nicht auf einen unterschiedlichen Stand der Entwicklung der Produktivkräfte, sondern auf Unterschiede in der Siedlungsstruktur zurück, also auf einen zweitrangigen Faktor. Bei kleinen Orten sind auf gleich niedrigem Niveau der Arbeitsteilung mehr Handwerker erforderlich, um den Bedarf zu befriedigen, während die stärkere Siedlungskonzentration bei gleichem Bedarf weniger Handwerker nötig macht, da die vorhandenen dann stärker ausgelastet sind.

Im Verlaufe der Entwicklung veränderten sich diese Zusammenhänge. Die negative Korrelation zwischen der Handwerkerdichte und der Siedlungsgröße wurde schwächer, sie betrug im Jahre 1800 noch $r = -0{,}56$. Wenn man die beiden Extreme herausnimmt, wo jeweils besondere Bedingungen herrschten, dann war der Zusammenhang schwach positiv: $r = +0{,}17$. Auch die Korrelation zwischen dem Bevölkerungswachstum und der Veränderung der Handwerkerdichte war während der ersten Hälfte des 19. Jahrhunderts leicht positiv: $r = +0{,}28$. Die Gesetzmäßigkeiten der Wirtschaftsentwicklung in der Übergangsepoche zum Kapitalismus wurden recht spät auch innerhalb dieses Territoriums gegenüber den sekundären, im Gesamtrahmen zufälligen Einflüssen deutlicher sichtbar.

5. Trendfunktionen

Die Analyse von Entwicklungsprozessen ist ein zentrales Anliegen des Historikers. Den quantitativen Aspekt dieser Prozesse, Wachstum oder Schrumpfung, kann man auf unterschiedliche Weise erfassen. Bewährt sind die viel genutzten Indexreihen. Einprägsam ist auch die graphische Darstellung auf der Grundlage gleitender Durchschnitte.[28] Wenn man aber nicht nur den Verlauf der Entwicklung quantitativ beschreiben, sondern die dem innewohnende Gesetzmäßigkeit quantifizieren will, sind diese Methoden weniger geeignet. Den „Trend", die „große Linie" einer Zeitreihe, die weitgehend von den zufälligen, kurzzeitigen Schwankungen abstrahiert, kann man als Ausdruck des Wirkens von Gesetzmäßigkeiten interpretieren. Man quantifiziert den Trend am besten durch eine Funktion. Eine solche Gleichung hat auch den großen Vorzug der komprimierten Information. Zwei bis drei

[28] *Fischer/Göttner/Krieg*, Was ist, was kann Statistik, S. 183–191.

Parameter bestimmen den Verlauf der Trendkurve, während Indexreihen und gleitende Mittel nahezu genauso viele Werte enthalten wie die Ausgangsdaten.

Die Gewinnung von Trendfunktionen ist ein Spezialfall der Regressionsanalyse, die „unabhängige Variable“ x ist in diesem Falle die Zeit (t). Die Entwicklungsprozesse werden also in reine Beziehung zur Zeit gesetzt, wobei der Historiker sich wohl bewußt ist, daß die Zeitabhängigkeit der Prozesse nicht einfach Ausdruck innerer, nur aus dem untersuchten System selbst sich speisender Wachstumsvorgänge ist, sondern Ausdruck des Zusammenhangs mit anderen, ihrerseits im Zeitablauf sich vollziehenden Prozessen.

Die Trendfunktion stellt ein mathematisches Modell für den untersuchten Entwicklungsprozeß dar. Bei der Wahl einer Trendfunktion muß sowohl von den empirischen Werten ausgegangen werden, als auch von dem theoretischen Modell, das wir auf der Grundlage unseres gesamten Wissens über den untersuchten Prozeß erarbeitet haben.[29] Entwicklungsprozesse in Natur und Gesellschaft haben, wenn man sie über einen langen Zeitraum oder gar über ihren gesamten Verlauf hinweg betrachtet, häufig nicht die Gestalt einer gleichmäßig ansteigenden Geraden, entsprechen nicht dem mathematischen Modell einer linearen Funktion. Sie haben zumeist die Gestalt einer Kurve, die zu Beginn langsam ansteigt, dann sehr rasch wächst, an einem Wendepunkt das Wachstum wieder verlangsamt und einem Sättigungsniveau zustrebt.[30]

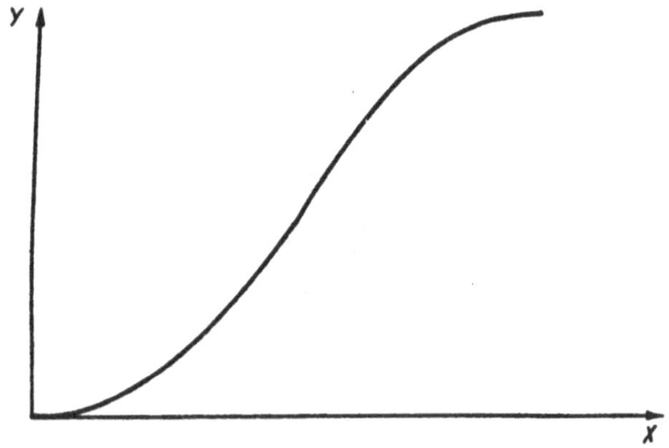

Abb. 9
Funktion mit Sättigungsniveau

Das trifft auf so globale Prozesse wie die Entwicklung der Produktivkräfte im Rahmen bestimmter ökonomischer Gesellschaftsformationen ebenso zu wie auf Prozesse geringerer zeitlicher und räumlicher Dimension, beispielsweise auf die Stadtentstehung im Übergang zum vollentfalteten Feudalismus in Mitteleuropa. Betrachtet man Ausschnitte aus der Gesamtentwicklung einer historischen Erscheinung, so wird der Trend angenähert das Bild einer linearen Funktion zeigen. Trends für Entwicklungsabschnitte können auch einer quadratischen oder anderen nicht-linearen Funktion entsprechen.

Die Konstanten a und b der linearen Trendfunktion

$$\hat{Y} = a + bt$$

29 *Kuczynski*, Mathematische Methoden, S. 169f.

30 *Hofer, Eberhard*, Angewandte Statistik. Grundgedanken und Methoden der Statistik in der klinischen und experimentellen Medizin, Berlin 1974, S. 151.

können nach Formeln berechnet werden, die gegenüber der allgemeinen linearen Funktion vereinfacht sind.[31] Bei der Betrachtung langfristiger, insbesondere eine ganze Epoche umfassender Entwicklungen kann das mathematische Modell eine logistische Funktion sein,

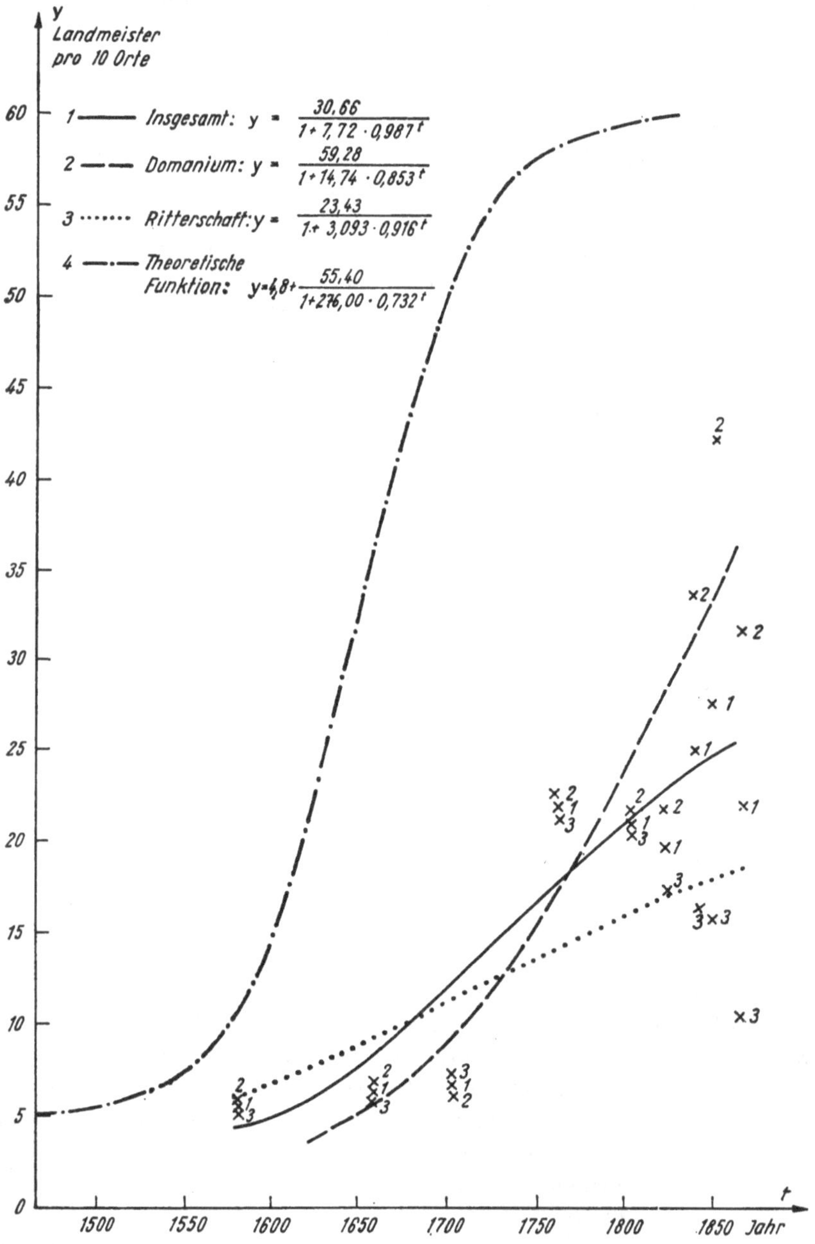

Abb. 10
Entwicklung des Landhandwerks in Mecklenburg vom Ende des 16. bis zur Mitte des 19. Jahrhunderts

[31] *Fischer/Göttner/Krieg*, Was ist, was kann Statistik, S. 194–196.

die auf der Grundlage entsprechender Daten zu einer Kurve mit Wendepunkt und Sättigungsniveau führt. Die logistische Trendfunktion hat allgemein die Gestalt

$$y = \frac{a}{1 + bc^t}.$$

Sie enthält drei Parameter (a, b, c), die folgende Bedeutung haben: a gibt das Sättigungsniveau der Funktion an, b enthält das Maß des Anstiegs, c die Veränderung des Anstiegs.

Da entsprechend dem theoretischen Modell das Wachstum des Landhandwerks mit der Übergangsepoche vom Feudalismus zum Kapitalismus verbunden ist, liegt es nahe, für die Beschreibung des Wachstums vom 16. bis zum Beginn des 19. Jahrhunderts eine logistische Trendfunktion zu wählen. Diese Hypothese kann aber gegenwärtig kaum am empirischen Material überprüft werden. Der Versuch wurde für das Untersuchungsgebiet Mecklenburg–Schwerin gemacht.

Die Berechnung der Trendfunktionen erfolgte nach einer etwas anderen Formel für logistische Funktionen mit Hilfe eines Computers, wie das im allgemeinen für solche komplizierteren Funktionen ratsam ist.[32] Dies geschah für die Funktionen 1 und 3, die in der Abb. 10 gezeigt sind. Näherungsweise kann man die Parameter auch mit einem Taschenrechner ermitteln. Das Vorgehen ist in der Tabelle 8 zu ersehen, die die Berechnung der Kurve für das mecklenburgische Domanium (Funktion 2 in Abb. 10) enthält. Fehlende Werte für die frühen Zeitabschnitte mußten dabei allerdings durch Interpolation gewonnen werden, denn es ist eine durch drei teilbare, gleichmäßig über den Gesamtzeitraum verteilte Anzahl von Werten erforderlich.

Zuerst werden die reziproken Werte von y $\left(\frac{1}{y}\right)$ errechnet und in drei Teilabschnitten zu den Summen S_1, S_2 und S_3 zusammengefaßt. Die Parameter a, b und c werden dann nach folgenden Formeln errechnet:

$$c = \sqrt[n-1]{\frac{S_2 - S_3}{S_1 - S_2}}; \tag{1}$$

$$b = \frac{(n-1)\,(1-c)\,(S_1 - S_2)^3}{c\,(S_2^2 - S_1S_3)\,(2\,S_2 - S_1 - S_3)}; \tag{2}$$

$$a = (n-1) \cdot \frac{2\,S_2 - S_1 - S_3}{S_2^2 - S_1S_3}. \tag{3}$$

Die Anzahl der Werte für jeden Teilabschnitt ist n, im Beispiel also $n = 7$.[33]

Die Kurve der erhaltenen Funktion für das mecklenburgische Landhandwerk insgesamt weist zwischen 1580 und 1865 nur eine schwache Krümmung auf (vgl. Abb. 10). Das liegt vor allem daran, daß die Werte am Ende des Untersuchungszeitraumes deutlich unter dem angestrebten Sättigungsniveau von 30,66 Handwerkern pro 10 Orte bleiben. Man kann den Kurvenverlauf durchaus historisch interpretieren. Infolge der Ausbildung der ostelbischen Gutsherrschaft mit hoher Arbeitsrentenbelastung und geringer Marktproduktion der Bauern setzte die Ausbreitung des Landhandwerks erst spät ein, nach dem Abschluß des Wiederaufbaus im Gefolge des Dreißigjährigen Krieges, und gesellschaftliche Arbeitsteilung

32 Diese Anregung und das Computerprogramm für die Errechnung der Funktionswerte verdanke ich Th. Kuczynski.

33 *Haustein, Heinz-Dieter*, Prognoseverfahren in der sozialistischen Wirtschaft, Berlin 1970, S. 69ff.

Tabelle 8
*Berechnung der logistischen Trendfunktion am Beispiel der Landhandwerkerdichte (Meister pro 10 Orte) im mecklenburgischen Domanium**

Jahr	t	y_t	$\frac{1}{y_t}$	$Y=\frac{a}{1+bc^t}$
1625	0	5,0	0,2000	3,77
1637	1	(5,6)	0,1786	4,37
1649	2	(6,2)	0,1613	5,06
1661	3	6,7	0,1493	5,84
1673	4	(6,7)	0,1493	6,73
1685	5	(6,6)	0,1515	7,74
1697	6	(6,6)	0,1515	8,88
S_1			1,1415	
1709	7	6,6	0,1515	10,14
1721	8	(10,6)	0,0943	11,55
1733	9	(14,6)	0,0685	13,10
1745	10	(18,6)	0,0538	14,80
1757	11	(22,5)	0,0444	16,63
1769	12	22,5	0,0444	18,60
1781	13	(22,1)	0,0452	20,69
S_2			0,5021	
1793	14	(21,6)	0,0463	22,89
1805	15	21,6	0,0463	25,15
1817	16	22,0	0,0455	27,47
1829	17	(28,3)	0,0353	29,82
1841	18	36,5	0,0274	32,17
1853	19	42,7	0,0234	34,49
1865	20	31,7	0,0315	36,75
S_3			0,2557	

$a=59{,}28$; $b=14{,}74$; $c=0{,}853$

* interpolierte Werte in Klammern

und innerer Markt erreichten nicht den innerhalb der feudalen Gesellschaftsformation möglichen Entwicklungsstand.

Interessant ist die getrennte Betrachtung der beiden großen Teilbereiche, des domanialen (landesherrlichen) und des ritterschaftlichen Teils von Mecklenburg. Deutlich verbergen sich zwei ganz unterschiedliche Entwicklungen hinter der eben betrachteten Kurve für das Landhandwerk des Territoriums.

Die Entwicklung im ritterschaftlichen Bereich ist durch eine Sättigungsfunktion nicht darstellbar. Die errechnete Kurve, die das Bild eines fast linearen Trends mit flachem Anstieg zeigt, hat nur ein Bestimmtheitsmaß von 0,52, ist also kaum zur Beschreibung geeignet. Die Entwicklung im ritterschaftlichen Bereich unterschied sich bis etwa zum Jahre

1800 praktisch nicht von der Gesamtentwicklung des Landhandwerks in Mecklenburg. Auch hier hatte sich vor allem in der ersten Hälfte des 18. Jahrhunderts die Entwicklung der gewerblichen kleinen Warenproduktion auf dem Lande Bahn gebrochen, weil es sich um eine gesetzmäßige Erscheinung der Übergangsperiode handelte, obwohl ihr die Refeudalisierung in Gestalt der Gutsherrschaft als kräftige Gegentendenz begegnete. Um 1800 gibt es dann im ritterschaftlichen Bereich einen klaren Trendbruch. Das Landhandwerk geht rasch und kontinuierlich zurück. Besonderen Anteil hatten daran die Bekleidungshandwerke. Um 1860 gleicht das Handwerk in Umfang und Struktur wieder mehr dem Ausgangsniveau um 1580 als dem Entwicklungsstand am Ende des 18. Jahrhunderts. Die Gründe liegen in der Entwicklung der Produktionsverhältnisse. Im Bereich der mecklenburgischen Ritterschaft wurde die gesamtgesellschaftlich negativste Variante des Übergangs zu kapitalistischen Produktionsverhältnissen in der Landwirtschaft verwirklicht. Massenweises Bauernlegen war verbunden mit einer negativen Bevölkerungsentwicklung und mit einer langdauernden Verelendung der ländlichen Bevölkerung. Diese Variante des „preußischen Weges" der „kapitalistischen Bauernbefreiung" führte zu einer drastischen Einschränkung des inneren Marktes und hatte daher gesamtgesellschaftliche Wirkungen, die weit über das normale Maß der Hemmnisse hinausreichten, die sonst von dem „preußischen Weg" ausgingen.

Ein ganz anderes Bild bietet die Entwicklung im domanialen Bereich. Auch hier bleibt die Kurve weit unter dem angestrebten Sättigungsniveau von 59,28 Handwerkern pro 10 ländliche Siedlungen, sie stellt nur den unteren Teil einer Sättigungsfunktion dar. Die Stagnation der Handwerkerzahlen zwischen 1769 und 1817 bremst den ansonsten steilen Anstieg der Kurve. Wo liegen die historischen Ursachen? Im domanialen Bereich war auf die rasche Entwicklung bis 1760 eine Abnahme der Bekleidungshandwerker erfolgt, die nicht in erster Linie und vordergründig durch die restriktive Gewerbepolitik zu erklären ist. Schwerwiegender war auch im landesherrlichen Gebiet der volle Ausbau der Gutsherrschaft, die die Bauernwirtschaften in der Marktproduktion behinderte und die Konsumtion der Landbewohner einschränkte. Nach 1820 setzte aber dann noch einmal ein sehr starkes Wachstum des Landhandwerks ein, das in der ganz anderen Variante des „preußischen Weges" seine Erklärung findet. Um 1800 begann im domanialen Bereich zögernd die Umwandlung von Arbeitsrenten in Geldrenten und schließlich die Verwandlung der Bauern in Erbpächter. Das Bauernlegen hatte im Vergleich zur Ritterschaft nur geringen Umfang. Es kam zu einer Entwicklung der Marktproduktion, zum Wachstum und zur Differenzierung der ländlichen Bevölkerung. Eigentlich spätfeudale Stadien der Ausbildung des inneren Marktes und der Ausweitung des Landhandwerks wurden auf diese Weise während der Zeit der „kapitalistischen Bauernbefreiung" und der industriellen Revolution nachgeholt. Parallele Erscheinungen registrierte H. Harnisch für die mittleren und östlichen Provinzen Preußens.[34]

Natürlich brach diese Entwicklung mit dem Fortschreiten der industriellen Revolution ab. Die in der Sättigungsfunktion angedeuteten Möglichkeiten wurden nicht verwirklicht. Dies weist noch einmal darauf hin, daß eine Extrapolation aufgrund solcher Trendfunktionen über den Untersuchungszeitraum hinaus historisch unzulässig, wenn auch mathema-

[34] *Harnisch, Hartmut,* Die Bedeutung der kapitalistischen Agrarreform für die Herausbildung des inneren Marktes und die Industrielle Revolution in den östlichen Provinzen Preußens in der ersten Hälfte des 19. Jahrhunderts, in: Jb. f. Wirtsch. Gesch., 1977, T. 4, S. 63–82.

tisch möglich ist. Die Trendfunktion gilt nur im Rahmen der grundlegenden Bedingungen, die die empirischen Werte bestimmen. Wird dieser Rahmen verlassen, in unserem Beispiel die Schwelle der industriellen Revolution und des Übergangs zu kapitalistischen Produktionsverhältnissen überschritten, bringt eine Extrapolation unsinnige Werte.

Im Rahmen des Untersuchungszeitraumes und der im Untersuchungsraum wirkenden Grundbedingungen aber ist es möglich, Wahrscheinlichkeitsaussagen zu treffen, die Funktionswerte als Schätzwerte zu nutzen. Es scheint auch nicht unsinnig, solche Trendfunktionen zum Aufbau eines Alternativmodells zu nutzen, gewissermaßen eine theoretische Kurve zu konstruieren. Diese theoretische Funktion kann zeigen, welche Entwicklung des Landhandwerks möglich gewesen wäre, wenn es nicht zum Ausbau der ostelbischen Gutsherrschaft gekommen wäre, wenn alle damit verbundenen Refeudalisierungstendenzen gefehlt hätten.[35] Wenn wir für die Konstruktion dieser theoretischen Kurve folgende Annahmen machen:

– Die beschleunigte Entwicklung des Landhandwerks soll mit der Übergangsepoche vom Feudalismus zum Kapitalismus, also um 1470, einsetzen. Das Jahr 1470 ist also der Zeitpunkt t_0. Der Wert y_0 zum Zeitpunkt t_0 wird mit 5,0 Landhandwerkern pro 10 Orte angenommen.
– Die Entwicklung soll zu Beginn der industriellen Revolution ein Sättigungsniveau von 60 Handwerkern pro 10 Orte erreichen, wie das im Raum mit der stärksten Handwerksentwicklung, dem Südwesten, der Fall war. Das Sättigungsniveau wird dementsprechend mit 60,0 festgelegt, d. h. der Wert y_{35} zum Zeitpunkt t_{35}, dem Jahre 1830, beträgt 60 Landhandwerker pro 10 Orte.

Mit diesen Prämissen läßt sich folgende Funktion errechnen:

$$y = 4{,}8 + \frac{55{,}4}{1 + 276 \cdot 0{,}732}\,.$$

Der Kurvenverlauf ist in Abb. 10 dargestellt (4. Funktion). Er liegt weit über den Entwicklungslinien für das mecklenburgische Landhandwerk. Der Raum zwischen der theoretischen Funktion und den Kurven, die auf Grund der empirischen Werte für Mecklenburg gewonnen wurden, ließe sich als Maß für den Umfang der Refeudalisierungstendenzen interpretieren. Man kann diese theoretische Funktion als hypothetische Kurve für den Verlauf des Prozesses in solchen Gebieten nutzen, in denen Refeudalisierungsprozesse weniger wirksam waren. Es wäre notwendig, die Entwicklung des Landhandwerks in grundherrschaftlich bestimmten Gebieten, die Entwicklung des anderen „Normalfalles“ also, an diesem Modell zu messen und das Modell entsprechend zu vervollkommnen.

6. Zusammenfassung

Ziel dieses Aufsatzes war es, möglichst einfache Wege zu einer stärkeren Quantifizierung in der Geschichtswissenschaft zu zeigen, ohne das Problem zu vereinfachen. Es wird deutlich geworden sein, daß die Kompliziertheit nicht so sehr in den mathematisch-statistischen Methoden an sich liegt, sondern in der Verbindung von historisch-theoretischer und mathematischer Durchdringung der historischen Erscheinungen. Für eine erfolgreiche Anwendung der mathematischen Methoden erscheint die Meisterung der historischen Theorie

[35] *Kowaltschenko/Siwatschow*, Strukturalismus, S. 88.

noch unerläßlicher als die Meisterung möglichst vieler und möglichst komplizierter mathematischer Verfahren. Koval'čenko unterscheidet in diesem Sinne zwei Etappen der historischen Modellierung, die substantiell-qualitative und die formal-quantitative. Er stellt fest: „Die sowjetischen Historiker gehen davon aus, daß im Modell Vollständigkeit und Tiefe der Wiedergabe des Wesens der Erscheinung in erster Linie durch die substantiell-qualitative Analyse gewährleistet werden.

Dabei muß bedacht werden, daß eine gute Beherrschung der allgemeinen Theorie und Methodologie noch bei weitem nicht automatisch zum einwandfreien Aufbau eines substantiell-qualitativen Modells und überhaupt zur richtigen Analyse der Erscheinung führt. Es bedarf erheblicher Anstrengungen, um das Forschungsobjekt zu meistern, seine Stellung und Rolle im historischen Entwicklungsgang der Epoche voll zu ergründen usw. Dies muß deshalb unterstrichen werden, weil sich weniger erfahrene Historiker mitunter der Illusion hingeben, daß ihnen die Anwendung neuester Forschungsmethoden die Rohuntersuchung der Phänomene und Prozesse erleichtern und verkürzen könnte. Die Praxis beweist das Gegenteil. Zu einer erfolgreichen Verwertung moderner Methoden bedarf es sogar größerer Forschungsanstrengungen als bei einem gewöhnlichen Herangehen, und das ist durchaus gesetzmäßig."[36]

Wir müssen uns diesen größeren Forschungsanstrengungen unterziehen, um ein immer vollständigeres, richtigeres Bild vom Wesen der historischen Erscheinungen zeichnen zu können.

[36] Ebenda, S. 88/89.

I. N. Kiselev/V. A. Ustinov/Ju. A. Poljakov

Die nationale Zusammensetzung der Bevölkerung der UdSSR im Oktober 1917. Ein Berechnungsversuch

Die Geschichte der Großen Sozialistischen Oktoberrevolution ist ein Thema, das immer wieder die Aufmerksamkeit sowjetischer und ausländischer Historiker auf sich lenkt. Ständig wird nach neuem Material gesucht, werden verschiedene Aspekte dieser Thematik gründlicher erforscht und neue Probleme in Angriff genommen. Unter den Problemen, die mit der Geschichte der Oktoberrevolution zusammenhängen, nimmt die Zahl und die Zusammensetzung der Bevölkerung Rußlands zu jener Zeit einen bedeutsamen Platz ein. Denn ohne soziale, demographische und ethnographische Informationen können Untersuchungen weder eine umfassende und wissenschaftlich begründete Analyse der historischen Ereignisse liefern, noch die ökonomische Situation, die Verteilung der Klassenkräfte, die militärische Lage des Landes u. a. m. erschöpfend darstellen. Und wenn in der Forschung die Bevölkerungsfrage bisher kaum berührt oder bestenfalls erwähnt wurde, so liegt dies sicherlich nicht daran, daß solches Wissen keine Bedeutung hätte, sondern viel eher an der Unzuverlässigkeit der konkreten Informationen, auf die der Historiker zurückgreifen kann. Wenden wir uns der Hauptkennziffer, der Bevölkerung Rußlands in den Jahren unmittelbar nach der Revolution zu, und beschränken wir uns bei der Durchsicht des Materials lediglich auf ernst zu nehmende Veröffentlichungen: der bekannte Statistiker B. A. Guchman nennt in seiner Arbeit über die Dynamik von Bevölkerungsgröße und Beschäftigungsstruktur in der UdSSR für den 1. Januar 1917 die Zahl 141,7 Millionen;[1] in einer Veröffentlichung der Zentralverwaltung für Volkswirtschaftliche Berichterstattung der Staatlichen Plankommission der UdSSR[2] finden wir zu der uns hier interessierenden Frage zwei Zahlen: für den 1. Januar 1914 139,3 Millionen und für den 1. Januar 1918 142,6 Millionen; das „Jahrbuch der Zentralverwaltung für Statistik 1962"[3] bietet neuere Daten: für den 1. Januar 1917 143,5 Millionen; ein spezielles demographisches Nachschlagewerk[4] enthält lediglich die Zahl für 1913 (159,2 Millionen) und die chronologisch auf 1913 folgende Größe, und in einem der letzten Jahrbücher „Die UdSSR in Zahlen – 1977"[5] finden wir die gleiche Ziffer für das Jahr 1939 und erfahren außerdem, daß sich die Bevölkerung Rußlands Anfang 1917 auf 163 Millionen belief. Der Historiker kann also wählen. Weiß er nun nicht, welche Ziffer er nehmen soll, so helfen ihm zahlreiche Anmerkungen wie „in den Grenzen vor dem 17. September 1939", „in den heutigen Grenzen", „Rechenwerte", „ohne Chiwa und Buchara"

[1] Planovoe chozjajstvo, Nr. 8, Moskau 1926, S. 248.
[2] SSSR v cifrach, Moskau 1935, S. 201.
[3] Eżegodnik Central'nogo Statističeskogo Upravlenija za 1962 g., Moskau 1963.
[4] Naselenie SSSR. Spravočnik, Moskau 1974, S. 7.
[5] SSSR v cifrach v 1977 godu, Moskau 1978, S. 7.

usw. usf. weiter. Die weit divergierenden Werte und die Vielzahl der Anmerkungen lassen erkennen, daß der Berechnung der Bevölkerungsgröße fast jedes Mal ein völlig anderes Territorium zugrundegelegt wurde, so daß die einzelnen Zahlen in ihrer Aussage nicht vergleichbar sind. So sehen also im wesentlichen die Ergebnisse aus, die uns Historiker und Demographen mit ihren Berechnungen geliefert haben.[6] Solche Zahlen sind lediglich dazu bestimmt, mit Angaben verglichen zu werden, die für die gleichen Territorien entweder später, das heißt 1939 und 1959, oder aber früher, das heißt 1897 und 1914, gewonnen wurden. Sie sollen die Bevölkerungsbewegung in der UdSSR verfolgen und dynamische demographische und auch ökonomische Kennziffern für unterschiedliche sozialökonomische Bedingungen abgeben, um Pro-Kopf-Angaben über diese Zeiträume miteinander vergleichen zu können. Sie sind indessen weit weniger geeignet, die demographischen Prozesse im Zeitraum der Revolution zu erforschen. Und natürlich können diese Angaben nicht, und sie sollen dies auch gar nicht, den Bedürfnissen der Historiker gerecht werden, die sich mit der Oktoberrevolution befassen. Schließlich hat sich die Oktoberrevolution nicht innerhalb der heutigen Grenzen der Sowjetunion entfaltet, und auch nicht innerhalb der Grenzen, die bis 1939 existierten, sondern genau auf dem Gebiet, das der russische Staat im Jahre 1917 kontrollierte. Also muß der Historiker die Bevölkerungsgröße eben für dieses Territorium kennen, was bedeutet, die Gebiete auszusondern, die im Herbst 1917 von den österreichungarischen und deutschen Truppen besetzt waren. Juristisch gehörten sie zwar zum Bestand des Russischen Reiches, aber faktisch war ihre Bevölkerung, da sie sich auf der anderen Seite der Frontlinie befand, vom wirtschaftlichen und politischen Geschehen in Rußland, und damit auch vom gesamtrussischen revolutionären Prozeß abgeschnitten. Der Frontverlauf ließ sich leicht rekonstruieren, so daß die Gebiete, die im Herbst 1917 tatsächlich von Rußland kontrolliert wurden, ohne prinzipielle Schwierigkeiten bestimmt werden konnten. Um zu ermitteln, wieviele Menschen auf diesem Territorium 1917 lebten, mußten wir die Ergebnisse der Volkszählungen von 1916 und 1917 heranziehen. Natürlich war dabei zu berücksichtigen, daß die Ergebnisse der Volkszählung von 1917 durchaus nicht frei von Mängeln sind, zumal sie sich über einen Zeitraum von drei Monaten erstreckte und eine gewisse Anzahl von Orten nicht erfaßt wurde. Desweiteren haben wir uns bei unseren Berechnungen auf Angaben über die Personen gestützt, die in die Gouvernements des Landesinneren geflohen waren sowie auf Angaben über die militärischen Verluste an der Front. Auf diese Weise konnte der erste Teil der hier gestellten Aufgabe gelöst werden, nämlich die Bevölkerungszahl für das Territorium zu bestimmen, auf dem die Revolution tatsächlich stattfand. Der zweite Teil unserer Aufgabe bestand darin, die nationale Zusammensetzung dieser Bevölkerung für das Jahr 1917 zu bestimmen.

Bei der Lösung dieser Frage konnten wir nicht auf statistisches Material aus dem vorrevolutionären Rußland zurückgreifen, da bis zur ersten in der Sowjetperiode durchgeführten Zählung von 1920 die Nationalität der Bewohner Rußlands nach dem Kriterium der Muttersprache bestimmt wurde, und zwar entgegen den Empfehlungen des Petersburger Internationalen Kongresses von 1872, auf dem gefordert wurde, in den Volkszählungsformularen direkt nach der Nationalität zu fragen. Das Kriterium „Muttersprache" mußte zwangs-

[6] Vgl. *Gaponenko, L. S./Kabuzan, V. M.*, Materialy sel'skochozjajstvennych perepisej 1916 i 1917 gg. kak istočnik opredelenija čislennosti naselenija Rossii nakanune Oktjabr'skoj revoljucii, in: Istorija SSSR, Nr. 6 1961; *Urlanis, B. C.*, Dinamika naselenija Rossii nakanune Oktjabr'ja, in: Učenye zapiski Vsesojuznogo zaočnogo energetičeskogo instituta, vyp. 2, Moskau 1957.

läufig für Russen und andere große Völkerschaften eine zu große Bevölkerungszahl ausweisen.[7]

Aufgrund der genannten Umstände schien es deshalb nur natürlich zu sein, die nationale Zusammensetzung der Bevölkerung für 1917 anhand der Ergebnisse von Volkszählungen zu bestimmen, die nach der Revolution durchgeführt worden waren. Die erste von einer ganzen Reihe solcher Zählungen fand 1920 statt. In der entsprechenden Rubrik des Zählungsbogens stand die Frage „Zu welcher Nationalität zählen Sie sich?“ Diese Volkszählung konnte zwar in methodologischer Hinsicht befriedigen, wenngleich es die Bedingungen des Bürgerkrieges unmöglich machten, das gesamte Territorium des Landes zu erfassen. Und außerdem ging ein Teil der Ausgangsdaten verloren. Die nächste vollständige Zählung der Bevölkerung fand im Dezember 1926 statt. Die durch die Aufbereitung der Ausgangsdaten gewonnenen Ergebnisse können durchaus bereits als eine absolut zuverlässige Quelle angesehen werden, und dies betrifft sowohl die vollständige Erfassung der Bevölkerung als auch die wissenschaftliche Grundlage der Befragung (im Fragebogen stand die Frage „Zu welcher Nationalität zählen Sie sich?“).

Die Ergebnisse dieser Allgemeinen Volkszählung vom 27. Dezember 1926 bildeten nun die Grundlage für die Berechnung der nationalen Zusammensetzung der Bevölkerung Rußlands zur Zeit der Großen Sozialistischen Oktoberrevolution.

Zunächst wurde das Gesamtterritorium der UdSSR (Stand 1926) in sieben Regionen unterteilt:

1. Zentrum des europäischen Teils der RSFSR und Belorußland
2. Norden des europäischen Teils der RSFSR
3. Wolgagebiet, Dongebiet und Ural
4. Ukraine und Krim
5. Sibirien und Ferner Osten
6. Kaukasus
7. Kasachstan und Zentralasien.

(Die territorial-administrative Gliederung dieser sieben Regionen – Stand 1917 und 1926 – ist im Anhang enthalten.) Die Berechnungen wurden für jede Region getrennt durchgeführt, und zwar mit Ausnahme der beiden zuletzt genannten Gebiete stets nach der gleichen Methodik.

Die Berechnungen erfolgten in zwei Etappen. In der ersten Etappe wurde die natürliche Bewegung der Wohnbevölkerung des jeweiligen Gebietes (Geburtenentwicklung, Sterblichkeit, Bevölkerungsgröße) für den Zeitraum von 1917 bis 1926 bestimmt, wobei wir uns in den grundlegenden Zügen an die Methodik von A. Ja. Bojarskij hielten, wie er sie in seinen Berechnungen zu 41 Gouvernements des europäischen Rußlands angewandt hat.[8]

In der zweiten Etappe bestimmten wir dann die natürliche Bewegung der nationalen Bevölkerungsgruppen der jeweiligen Region über den gleichen Zeitraum. Im folgenden wollen wir nun etwas genauer auf die Rechenmethodik sowie auf einige den eigentlichen Berechnungen zugrundegelegten Annahmen eingehen. Es war sicherlich angebracht, das Gesamtterritorium des Landes in mehrere Regionen zu unterteilen, da dieses Herangehen genauere Ergebnisse liefert. Die Unterteilung war auch deshalb erforderlich, weil zwischen

[7] *Kozlov, V. I.*, Nacional'nosti SSSR, Moskau 1975, S. 32.

[8] *Bojarskij, A. Ja.*, K voprosu o estestvennom dviženii naselenija v Rossii i v SSSR v 1915 do 1923 gg., in: Učenye zapiski Moskovskogo ekonomiko-statističeskogo instituta, Bd. I, Moskau 1948.

den verschiedenen Landesteilen gewaltige Unterschiede in den sozialökonomischen Bedingungen, in den nationalen demographischen Traditionen und in anderen die Bevölkerungsreproduktion bestimmenden Momenten bestanden. Eine gebietsweise Lösung unserer Aufgabe verdeutlichte außerdem den Einfluß, den destabilisierende Faktoren (destabilisierend im demographischen Sinne) auf die Bevölkerungsentwicklung ausübten, derer es im Untersuchungszeitraum so viele gab. Charakter und Ausprägung dieser Faktoren unterlagen von Gebiet zu Gebiet beträchtlichen Schwankungen. Außerdem mußten wir in unseren Berechnungen, wenn die statistischen Angaben nur Teile der von uns untersuchten Gebiete abdeckten, mit unvollständigen Informationen auskommen. Je kleiner die nichterfaßten Gebiete waren, desto aussagekräftiger waren die verfügbaren Angaben und desto größer war die Grundlage für die Extrapolation der Stichprobenkennziffern der Bevölkerungsbewegung auf das jeweilige Gesamtgebiet.

Andererseits durften die Gebiete auch nicht zu klein gewählt werden. Einmal mußten für jedes Gebiet die Teilangaben in einem festgelegten Umfang vorliegen, und zum anderen, und dies war der eigentliche Grund, hätten bei einer größeren Anzahl von Gebieten geringerer Größe die vielfältigen überregionalen Wanderungsbewegungen berücksichtigt werden müssen. Dies wiederum hätte die Berechnungen wesentlich erschwert und weniger genaue Ergebnisse geliefert, und sicherlich hätten sich in einer Reihe von Fällen, da die Quellen keine Informationen enthielten, überhaupt keine Berechnungen anstellen lassen.

Unsere Berechnungen enthalten die überregionalen Wanderungsbewegungen nicht explizit, was jedoch nicht bedeutet, daß sie nicht in das Modell eingegangen sind. Sie wurden in der Aufstellung einer ausgeglichenen dynamischen Reihe der Bevölkerungsgröße zwischen den beiden Bezugszeitpunkten 1917 und 1926, mit berücksichtigt. Außerdem äußert sich die Migration in verdeckter Form in den jährlichen Geburten- und Sterbeziffern.

Für den ersten Teil unserer Berechnungen, das heißt für die Ermittlung der natürlichen Bevölkerungsbewegung zwischen 1917 und 1926 wurde weiterhin die Annahme getroffen, daß die Überlebenswahrscheinlichkeiten für die Altersgruppe 2–12 Jahre unverändert geblieben sind.

Die folgende Gruppe von Bedingungen bezieht sich auf die Berechnung der natürlichen Bevölkerungsbewegung innerhalb der einzelnen ethnischen Gruppen über unseren Untersuchungszeitraum. Um unsere Berechnungen durchführen zu können, mußten die Relationen zwischen den einzelnen Nationalitäten hinsichtlich der Geburten- und Sterblichkeitsentwicklung für jedes einzelne Jahr unseres Untersuchungszeitraumes bekannt sein. Mit den uns zur Verfügung stehenden Angaben ließen sich diese Größen jedoch nur für zwei Jahre berechnen. Nachdem wir also diese Reihen durch Berechnung ermittelt hatten, setzten wir sie für den gesamten Untersuchungszeitraum als unverändert an. Natürlich mußte diese Reihe von Verhältnisgrößen für jede der oben genannten Regionen getrennt errechnet werden. Die Reihe der Geburtenziffern enthält folgende Aussage: die Geburtenziffer bei Russen ist n Mal größer als bei Ukrainern und m Mal kleiner als bei Tataren usw. Und die auf die gleiche Art und Weise berechnete Reihe der Sterbeziffern enthält die analogen Aussagen für Sterbefälle.

Danach konnten wir die natürliche Bevölkerungsbewegung für jede einzelne Nationalität getrennt berechnen. Ein solches Herangehen bedeutete jedoch nicht, wie dies auf den ersten Blick scheinen mag, daß die einzelnen nationalen Gruppen als demographisch geschlossene Einheiten betrachtet wurden. Vielmehr haben Ehen zwischen Angehörigen unterschiedlicher Nationalitäten die Geburten- und Sterbeziffern beider Nationalitäten beeinflußt. Wir gingen nun implizit davon aus, daß der Anteil der in solchen „Mischehen" Geborenen an der Gesamtgeborenenzahl konstant ist. Übrigens ist dies keine allzu strenge Bedingung, zumal „Mischehen" lediglich die nationale Zugehörigkeit der Kinder beeinflussen, die zum Zeitpunkt der Volkszählung von 1926 noch nicht das zehnte Lebensjahr erreicht hatten. Was ihren Anteil an der Gesamtbevölkerung betrifft, so ist dieser wegen der niedrigen Geburtenzahl und der hohen Kindersterblichkeit im Untersuchungszeitraum ohnehin gering.

Anhand der Region 1 wollen wir nun auf die von uns angewandte Rechenmethodik etwas genauer eingehen. Sie umfaßte im Jahre 1926 den zentralen europäischen Teil der RSFSR und Belorußland. Wie bereits oben ausgeführt, befassen wir uns in der ersten Rechenetappe mit der Rekonstruktion der natürlichen Bevölkerungsbewegung (Geburtenentwicklung und Sterblichkeit) dieser Region zwischen 1917 und 1926. Zunächst wollen wir die Geburtenentwicklung berechnen. Als Ausgangsinformation verwenden wir die altersmäßige Zusammensetzung der Bevölkerung, wie sie in der Volkszählung vom 17. Dezember 1926 ausgewiesen wird. Da uns die Geburtenziffern für die Jahre von 1917 bis 1926 interessieren, wählen wir aus der „Bevölkerungspyramide" die Altersgruppen Einjährige, Zweijährige ... Neunjährige. Diese Angaben, vorsummiert über die Gouvernements unseres Untersuchungsgebietes, sind in Tabelle 1 zusammengestellt. (In dieser und in sämtlichen nachfolgenden Tabellen werden die demographischen Angaben in Tausend gegeben.)

Tabelle 1
Geburtenziffer (in 1000) für die Jahre 1917–1926 in Region 1

Jahrgang	Jungen	Mädchen	Jahrgang	Jungen	Mädchen
1926	770,8	747,6	1921	525,5	513,1
1925	660,3	648,9	1920	439,5	445,2
1924	624,4	639,6	1919	421,5	439,8
1923	656,1	652,7	1918	467,7	469,8
1922	577,0	580,6	1917	329,6	333,1

Diese Angaben können aber nicht die wirkliche altersmäßige Zusammensetzung dieses Teiles der Bevölkerung widerspiegeln, da die Altersgruppe der Zehnjährigen einen altersmäßigen kumulativen Effekt zu verzeichnen hat: ein Teil der Neunjährigen und ein Teil der Elfjährigen haben sich als Zehnjährige bezeichnet. Für uns ist lediglich der Umstand von Bedeutung, daß zum Zeitpunkt der Volkszählung ein Teil der Neunjährigen unter die Zehnjährigen fiel. Um diesen kumulativen Effekt zu eleminieren, braucht man lediglich die Angehörigen einiger Altersgruppen ein wenig umzuverteilen. Zu diesem Zweck müssen wir jedoch die Altersgruppen bis zu den Dreizehnjährigen weiterführen, das heißt bis zum Jahrgang 1913, da die Zehnjährigen neben einem gewissen Anteil der Neunjährigen auch einen Teil der Elfjährigen aufgenommen haben, und diese wiederum zusammen mit den Dreizehnjährigen ihr Scherflein zur Bildung der Altersgruppe der Zwölfjährigen beigetragen haben. Und im „runden Dutzend" wird die kumulative Wirkung noch größer als bei zehn. So sind also an dieser Umverteilung die Neunjährigen, Zehnjährigen, Elfjährigen, Zwölfjährigen und Dreizehnjährigen beteiligt. Wir sind also hier von der Annahme ausgegangen, daß die Zehn- und Zwölfjährigen aus den jeweils angrenzenden Altersgruppen Anteile aufgenommen haben und so einen kumulativen Effekt zu verzeichnen haben. Um einen Schätzwert dieses kumulativen Effekts zu gewinnen, greifen wir auf die Angaben der Volkszählung von 1920 zurück.[9] Wir entnehmen dieser Volkszählung die Größen der Altersgruppen,

[9] Itogi perepisi naselenija 1920 g., Moskau 1928, S. 24, 32, 40, 48, 56.

die im Jahre 1926 die Zehn- bis Dreizehnjährigen waren, das heißt die Jahrgänge 1913 bis 1917. Setzen wir nun das Verhältnis der Altersgruppen gleicher Jahrgänge als konstant an und nehmen eine Korrektur der Altersgruppengrößen zum Stichjahr 1926 vor, so beträgt der Anteil der Neunjährigen, die in der Volkszählung von 1926 als Zehnjährige eingestuft wurden, 3,5 Prozent der als Zehnjährige Ausgewiesenen. Diese tatsächliche altersmäßige Zusammensetzung kann Tabelle 1 entnommen werden, doch müssen die Angaben für den Jahrgang 1917 wie folgt abgeändert werden: Jungen 357800 und Mädchen 362200. Dieser Eliminierung des altersmäßigen kumulativen Effekts liegen offensichtlich drei Annahmen implizit zugrunde: Erstens stellt die Volkszählung von 1920, obwohl sie unvollständig ist, dennoch eine gleichmäßig repräsentative Stichprobe der vorhandenen Bevölkerung dar. Zweitens, und diese Annahme verwenden wir weiter unten noch einmal, ist die Linie, die die Wahrscheinlichkeit ausdrückt, daß ein Alter von 7, 8, . . . 13 Jahren erreicht wird, als linear vorausgesetzt. Und drittens sind wir davon ausgegangen, daß sich unsere Berechnungen auf ein und dieselbe Bevölkerung beziehen, das heißt, es wurden keine wesentlichen Migrationsströme von Angehörigen der hier untersuchten Altersgruppen über die Grenzen der einzelnen Gebiete hinaus angenommen bzw. es wurde davon ausgegangen, daß sich solche Ströme gegenseitig aufheben.

Nun wollen wir die Geburtenziffern für jedes Jahr unseres Untersuchungszeitraums berechnen. Dafür brauchen wir die Wahrscheinlichkeit für das Erreichen eines Alters von 1, 2, 3, . . . 9 Jahren. Dieser Koeffizient drückt aus, wieviele von 1000 Neugeborenen das entsprechende Alter erreichen. Natürlich hängen diese Koeffizienten von den konkreten sozialökonomischen Bedingungen ab, die in einem bestimmten Zeitraum in einem bestimmten Gebiet geherrscht haben. Uns stehen die Geburtenzahlen für die einzelnen Gouvernements unseres Untersuchungsgebietes für die Jahre 1924 bis 1926 zur Verfügung.[10] Für das Gebiet insgesamt ergeben sich folgende Werte:

Jahrgang	Jungen	Mädchen
1926	921,8	867,9
1925	967,6	910,1
1924	906,7	851,1

Diese Angaben machen es überflüssig, die Überlebenswahrscheinlichkeiten für die Altersgruppen 0 bis 1 zu berechnen, und die Berechnungen für die Altersgruppen 2 bis 9 sind recht unkompliziert. Es lassen sich die Überlebenswahrscheinlichkeiten für diese Altersgruppen mit hinreichender Genauigkeit in linearer Abhängigkeit vom schon erreichten Lebensalter approximieren. Um nun den Verlauf dieser Geraden angeben zu können, brauchen wir mindestens zwei Punkte, die auf ihr liegen. Und um diese beiden Punkte vorgeben zu können, brauchen wir die exakten Angaben über die Geburten in einem bestimmten Jahr, und wir müssen wissen, wieviele davon das entsprechende Alter erreicht haben. Deshalb verwenden wir als ersten Bezugspunkt die Wahrscheinlichkeit für das Erreichen eines Alters von 2 Jahren und als zweiten Bezugspunkt den, der der Altersgruppe von 9 Jahren am nächsten liegt, das heißt den Punkt für die Altersgruppe der Vierzehnjährigen (Jahrgang 1912). Dieser Punkt liegt deshalb der Altersgruppe der Neunjährigen am nächsten, weil für die Altersgruppen der Neunjährigen, Zehnjährigen, . . . Zwölfjährigen keine vollen Geburtenzahlen

[10] Estestvennoe dviženie naselenija Sojuza SSR. 1923–1925, Moskau 1928, S. 2–7; Estestvennoe dviženie naselenija RSFSR za 1926 g., Moskau 1928, S. 10–16.

vorliegen und die Gruppe der Dreizehnjährigen noch vom oben erwähnten kumulativen Effekt betroffen ist. Somit ergeben sich für das Jahr 1926 die folgenden Werte:[11]

Zweijährige		Vierzehnjährige	
Jungen	Mädchen	Jungen	Mädchen
624,4	639,6	530,1	543,2

1924 wurden 906700 Jungen und 851000 Mädchen geboren,[12] und 1912 waren es 973400 Jungen und 916500 Mädchen.[13] Es ist jedoch, soweit dies möglich ist, der Umstand zu berücksichtigen, daß unser Untersuchungsgebiet während des Krieges eine große Anzahl von Flüchtlingen aufgenommen hat. Für sie geben wir für Mitte 1916 einen Schätzwert von 998000 an. Gehen wir weiterhin davon aus, daß ihre altersmäßige Zusammensetzung keine groben Abweichungen von der für diese Zeit üblichen Zusammensetzung aufweist, so ergibt sich für den Anteil der Vierjährigen, das heißt Jahrgang 1912, die Zahl 24900, und zwar bezogen auf die Gesamtzahl der Flüchtlinge. Unter Berücksichtigung dieses Umstandes erhalten wir folgende Überlebenswahrscheinlichkeiten: für Jungen von 0 bis 2 Jahren 709 und von 0 bis 14 Jahren 537, für Mädchen von 0 bis 2 Jahren 751 und von 0 bis 14 Jahren 585 (siehe Tabelle 2).

Tabelle 2
Überlebenswahrscheinlichkeit (in ‰) und Geburtenzahl (in 1000) für die Jahre 1917–1926 in Region 1

Jahrgang	Überlebens-wahrscheinlichkeit		Geburtenzahl	
	Jungen	Mädchen	Jungen	Mädchen
1926			921,8	867,9
1925			967,6	910,1
1924	709	751	906,7	851,4
1923	695	737	944,0	885,6
1922	680	823	848,5	803,0
1921	666	710	789,0	722,9
1920	652	696	673,9	629,7
1919	638	682	660,7	644,9
1918	623	668	750,7	703,3
1917	609	654	587,5	553,8

Da uns die Bevölkerungsgröße zum Oktober 1917 interessiert, nehmen wir nicht alle Geburten des Jahres, sondern nur die vom Ende des Jahres. Dabei gehen wir von einer gleichmäßigen Verteilung der Geburten über die einzelnen Monate aus. Auf diese Weise erhalten wir für Ende 1917 146900 männliche und 138500 weibliche Geburten. Nun reproduzieren wir die Zahl der Sterbefälle für unsere Untersuchungsregion. Direkte Angaben stehen

[11] Vsesojuznaja perepis' naselenija 1926, Moskau 1928.
[12] Estestvennoe dviženie naselenija Sojuza SSR. 1923–1925 gg., S. 2–7.
[13] Otčet o sostojanii narodnogo zdravija i organizacii vračebnoj pomošči v Rossii, Sankt Petersburg 1914, S. 2–3, 66–67.

uns wiederum nur für die Jahre 1924 bis 1926 zur Verfügung[14]; sie können der Tabelle 2 entnommen werden. Bei der Berechnung stützen wir uns auf die Tatsache, daß unter gleichen demographischen Bedingungen das Verhältnis von Geburtenzahl und Zahl der Sterbefälle (der Koeffizient von Pokrovski) eine konstante Größe ist. Und da wir in sozialökonomischer Hinsicht unser Gebiet als homogen betrachten können, verallgemeinern wir die Schlußfolgerungen aus den Angaben einiger Gouvernements für das gesamte Untersuchungsgebiet. Verfügbar für die Jahre 1920 bis 1922 sind Angaben über die folgenden 13 Gouvernements: Brjansk, Vladimir, Kaluga, Kostroma, Moskau, Nižnij Novgorod (heute: Gorkij), Novgorod, Orel, Pskov, Smolensk, Tver, Tula, Jaroslavl.[15] Für diese Gouvernements ergeben sich folgende summierte Angaben:

	1920	1921	1922
Geburtenzahl	584,7	625,6	760,4
Zahl der Sterbefälle	662,7	484,7	511,0

Für das Jahr 1923 ist die Stichprobe noch größer. Vorher konnten wir die Angaben der Standesämter für 1923, da die Bevölkerung statistisch nur sehr unvollständig erfaßt war, nicht verwenden. Jetzt ziehen wir sie indessen als eine repräsentative Stichprobe für unsere Berechnungen heran. Was den Zeitraum 1917 bis 1919 betrifft, so berechnen wir für 1917[16] diese Kennziffern für sechs Gouvernements Zentralrußlands sowie für Moskau und Petro-

Tabelle 3
Zahl der Sterbefälle (in 1000) von 1917 bis 1926 in Region 1

Jahr	männlich	weiblich
1926	444,0	391,1
1925	501,9	455,5
1924	488,5	442,9
1923	460,2	418,0
1922	585,4	518,0
1921	605,8	555,7
1920	778,6	701,4
1919	909,7	839,8
1918	877,1	809,5
1917	149,2	137,8

14 Estestvennoe dviženie naselenija Sojuza SSR. 1923–1925, S. 2–7; Estestvennoe dviženie naselenija RSFSR za 1926 g., S. 10–16.

15 Sbornik statističeskich svedenij po Sojuzu SSR. 1918–1923, in: Trudy Central'nogo statističeskogo upravlenija, Bd. XVIII, Moskau 1924, S. 40–41; Statističeskij sbornik Orlovskoj gubernii za 1920–1923 gg., Vyp. I, Orel 1924, S. 118–125; *Kurkin, P. I./Čertov, A. A.*, Estestvennoe dviženie naselenija g. Moskvy i Moskovskoj gubernii, Vyp. I, Moskau 1927, S. 15, 24; für 1923 vgl. Estestvennoe dviženie naselenija Sojuza SSR. 1923–1925 gg.

16 *Novose'lskij, S. A.*, Vlijanie vojny na estestvennoe dviženie naselenija, in: Trudy komissii po obsledovaniju sanitarnych posledstvij vojny 1914–1920 gg., Vyp. I, Moskau/Leningrad 1923, S. 113.

grad und führen dann, nach der Normierung der Geburtenzahl, Interpolationen zwischen 1917 und 1920 durch. In den Fällen, in denen wir die Sterbefälle nicht getrennt nach Geschlechtern kennen, teilen wir die Gesamtsterbezahl im Verhältnis 52:48 auf. Dies führt zu den Ergebnissen der Tabelle 3.

Nun müssen wir eine ausgeglichene Reihe aufstellen, die die Gesamtbevölkerungszahl der Untersuchungsregion für jedes einzelne Jahr ausweist. Als Ausgangspunkt und zugleich echte Anfangszählpunkte dienen uns die Angaben der Volkszählungen von 1926 und 1917. 1917 lebten auf dem Territorium dieser Region 45629500 registrierte Einwohner, davon waren 22449700 männlichen und 23179800 weiblichen Geschlechts. Diese Einwohnerzahl von 1917 enthält jedoch auch die zeitweilig abwesenden Personen, das heißt im wesentlichen zur Armee Einberufene. Entsprechend den Angaben der Volkszählung waren dies 3936900 Personen, das heißt 8,6 Prozent der Bevölkerung. Bedenkt man die Ziele der Volkszählung von 1917 – die Beschaffung exakter demographischer Angaben für die Durchführung der Bodenreform –, so besteht Grund zu der Annahme, daß der Zahl der vorübergehend Abwesenden auch die Kriegsgefangenen und „Vermißten" zugerechnet wurden. Aus diesem Grunde ist bei der Anzahl der zur Armee Einberufenen eine Korrektur vorzunehmen, die allerdings kaum hinreichend genau ausfallen wird. Schließlich sind fast ausnahmslos alle Forscher der Ansicht, daß die Verlustangaben der russischen Armee zu niedrig sind. Eigene Berechnungen gehen aber sehr weit auseinander. B. C. Urlanis führt eine ganze Liste unterschiedlicher Schätzwerte für die tatsächlichen Verluste der russischen Armee an.[17] Es handelt sich um zwölf unterschiedliche Größen, der niedrigste Wert beträgt 775000 und der höchste 5350000. Die Berechnungen des Autors fügen dem einen dreizehnten Wert von 1811000 Personen hinzu.[18]

Genauere Berechnungen könnten möglicherweise durchgeführt werden, wenn man von den Angaben der Stichtagerhebung ausgeht, die am 25. Oktober 1917 von der Armee durchgeführt wurde. Doch gibt es keinerlei Angaben über die Verteilung von Verwundeten und Kranken über die einzelnen Jahre.

Wir gehen deshalb von tatsächlichen Gesamtverlusten in Höhe von 2 Millionen Personen aus, was etwa 15 Prozent der im Verlaufe des Krieges zur Armee Einberufenen entspricht. Es sei hier vermerkt, daß die Verluste bis zum 1. September 1917 775400 Tote betrugen[19], was offensichtlich besagt, daß nicht mehr als 800000 Gefallene beerdigt wurden.

Aufgrund dieser ungenauen Erfassung der „Zur Armee Einberufenen" ist in der Volkszählung von 1917 der Anteil der männlichen Bevölkerung zu hoch angegeben. Als zweiter Umstand kommt unseres Erachtens hinzu, daß die Rubrik „Zur Armee Einberufene" auch die Kriegsgefangenen enthält. Vergleichen wir nun Angaben über russische Kriegsgefangene in Deutschland, Österreich–Ungarn, der Türkei und Bulgarien mit der Anzahl der zur Armee einberufenen Personen, so stellen wir fest, daß etwa 30 Prozent der einberufenen Personen in Kriegsgefangenschaft geraten sein müssen. Aus den Angaben der Volkszählung kennen wir den Anteil der männlichen Bevölkerung, der zur Armee eingezogen war, das heißt die männlichen Personen unseres Gebietes, die als „Zur Armee Einberufene" ausgewiesen sind. Wir kommen zu dem Ergebnis, daß von der gesamten männlichen Bevölkerung, die in der Volkszählung als „Zur Armee Einberufene" geführt werden, 12,7 Prozent fielen

[17] *Urlanis, B. C.*, Vojny i narodonaselenie Evropy, Moskau 1960, S. 374–377.
[18] Ebenda, S. 381.
[19] *Binštok, V. I.*, Voennye poteri Rossii v vojnu 1914–1918 gg., in: Trudy komissii po obsledovaniju sanitarnych posledstvij vojny 1914–1918, Vyp. I, Moskau/Petrograd 1923, S. 149.

und 31,9 Prozent in Kriegsgefangenschaft gerieten. Das führt uns zu dem Endergebnis, daß im Herbst 1917 auf dem Territorium unseres Gebietes insgesamt 43873800 Einwohner lebten, davon 20693000 männlichen Geschlechts und 23179800 weiblichen Geschlechts.

Nach unseren Berechnungen wurden in dieser Region zwischen 1917 und 1926 7609800 Jungen und 7167100 Mädchen geboren, und es starben 5800400 Personen männlichen Geschlechts und 5269700 Personen weiblichen Geschlechts. Somit ergibt sich, daß es bei männlichen Sterbefällen eine Diskrepanz (Nichterfassung) von 2252800 gibt und bei weiblichen Sterbefällen von 2330600. Da wir die Kriegsverluste berechnet haben und beide Zahlen einander recht nahe kommen, ist es nur natürlich, die festgestellte Diskrepanz den Epidemien ansteckender Krankheiten zuzuschreiben, die in diesem Gebiet zwischen 1918 und 1920 grassierten. Infolge der spärlichen und zudem unzuverlässigen Angaben läßt sich die Anzahl der aus Kriegsgefangenschaft zurückgekehrten und in Kriegsgefangenschaft umgekommenen männlichen Personen nicht berechnen. Auch für den Emigrantenstrom läßt sich kein in irgendeiner Hinsicht zufriedenstellender Schätzwert nennen. Deshalb führen wir die Annahme ein, daß sich alle diese Erscheinungen auf demographischer Seite gegenseitig aufgehoben haben, wofür übrigens auch die gleichen Größen unberücksichtigter männlicher und weiblicher Sterbefälle sprechen. Und so können wir die Todesfälle infolge Krankheit nach der Epidemiestatistik verteilen.[20] Im Ergebnis dessen erhalten wir eine ausgeglichene dynamische Reihe der Bevölkerung dieser Region für den Anfang eines jeden Jahres (mit Ausnahme von 1917, wo der Bevölkerungsstand für den Monat Oktober ausgewiesen wird – vgl. Tabelle 4).

Tabelle 4
Bevölkerungsentwicklung 1917–1927 in Region 1

Jahr	männlich	weiblich	insgesamt
1927	20250,5	22746,6	42997,1
1926	19772,7	22269,8	42042,5
1925	19307,0	21815,2	41122,2
1924	18888,8	21406,7	40295,5
1923	18405,0	20939,1	39344,1
1922	18831,2	21366,7	40197,9
1921	18871,0	21430,4	40301,4
1920	19816,0	22361,4	42177,4
1919	20533,6	23041,1	43574,7
1918	20691,6	23179,9	43871,5
1917	20693,9	23179,8	43873,7

Jetzt können wir, da uns dynamische Reihen der Sterbe- und Geburtenzahlen und eine dynamische Reihe der Bevölkerungsgröße zur Verfügung stehen, an die Lösung unserer Grundaufgabe herangehen und die Bewegung der nationalen Gruppen über den Untersuchungszeitraum berechnen.

Zunächst berechnen wir die Geburtenziffern und die Sterbeziffern (pro Tausend der Be-

[20] *Sysin, A.*, Epidemii v Rossii v 1914–1922 godach, in: Vračebnaja gazeta, Nr. 10/11, 1922, S. 265–266; *Tarasevič, L. A.*, Epidemii poslednich let v Rossii, in: Obščestvennyj vrač, 1/1922, S. 45–46; Dviženie ostrozaraznych zabolevanij v Rossii v 1923 godu, Moskau 1924, S. 2–3.

völkerung) für die Region insgesamt für jedes einzelne Jahr des Untersuchungszeitraumes, und dann normieren wir diese Ziffern, indem wir den Wert der beiden Ziffern für das Jahr 1926 gleich Eins setzen (siehe Tabelle 5).

Tabelle 5
Geburten- und Sterberaten (in ‰) 1917–1926 in Region 1

1	1926	1925	1924	1923	1922	1921	1920	1919	1918	1917
2	42,6	45,7	43,6	46,5	41,4	37,8	31,3	30,0	33,1	27,4
3	19,9	23,3	23,1	22,3	55,3	40,4	79,5	65,5	39,9	27,4
4	1	1,07	1,02	1,09	0,97	0,89	0,73	0,70	0,78	0,62
5	1	1,17	1,16	1,12	2,78	2,03	3,99	3,29	2,01	1,33

Zeile 2 enthält die Geburtenziffer;
Zeile 3 enthält die Sterbeziffer;
Zeile 4 gibt an, um wieviele Male die Geburtenziffer eines Jahres größer oder kleiner als die Geburtenziffer von 1926 ist;
Zeile 5 gibt an, um wieviele Male die Sterbeziffer eines Jahres größer oder kleiner ist als die Sterbeziffer von 1926.

Als nächstes benötigen wir die jährlichen Geburten- und Sterbeziffern für die einzelnen nationalen Gruppen der Untersuchungsregion. Wir bestimmen zunächst die nationalen Gruppen, deren natürliche Bevölkerungsbewegung wir berechnen wollen. Sie müssen in ihrer absoluten Größe hinreichend groß sein, da sich nur unter dieser Voraussetzung die langzeitigen ethnischen Faktoren berechnen lassen, die zusammen mit anderen Faktoren in der betreffenden nationalen Gruppe die Geburtenziffer bestimmen. Wir wenden uns also der nationalen Zusammensetzung der Bevölkerung dieser Region zu, wie sie sich in der Volkszählung von 1926 niedergeschlagen hat.

Als kritischen Wert für die Größe einer nationalen Gruppe geben wir 0,2 Prozent der Gesamtbevölkerung der Region vor, was einer Größenordnung von 100000 Personen gleichkommt. Unter dieser Voraussetzung erhalten wir in der Tabelle 6 folgende Verteilung der nationalen Gruppen.

Tabelle 6
Verteilung der nationalen Gruppen im Jahre 1926 in Region 1

Nationalität	männlich	weiblich	insgesamt	In Prozent der Gesamtbevölkerung der Region
1. Russen	16616,6	18920,2	35536,8	82,6
2. Ukrainer	900,1	963,6	1863,7	4,3
3. Weißrussen	2021,7	2114,1	4135,8	9,6
4. Juden	333,0	363,8	698,8	1,6
5. Polen	70,1	79,2	149,3	0,3
6. Mordwinen	42,8	46,5	89,3	0,2
7. Tataren	67,3	66,5	133,8	0,3
Insgesamt	20051,6	22553,9	42607,5	99,1

Wir haben also in unserer Untersuchungsregion die natürliche Bewegung von sieben nationalen Gruppen zu verfolgen, die im Jahre 1926 zusammen 99,1 Prozent der Bevölkerung dieser Region ausmachten. Diesen sieben Gruppen müßten eigentlich noch die Karelen hinzugefügt werden, die in der Gesamtbevölkerung des Gebietes 1926 mit 0,3 Prozent vertreten waren. Es stehen jedoch keinerlei Angaben über die Geburten- und Sterbezahlen dieser Bevölkerungsgruppe für unsere Region und unseren Untersuchungszeitraum zur Verfügung.

Die Geburten- und Sterbeziffern für das Jahr 1926 können wir für jede dieser sieben nationalen Gruppen direkt berechnen. Die laufende Statistik[21] liefert uns Informationen, die den größten Teil der zu untersuchenden Region abdecken: das Westgebiet, das Industriegebiet Zentralrußlands (ohne die Gouvernements Ivanovo-Vosnessensk und Kaluga), das Schwarzerdegebiet Zentralrußlands und Belorußland. Somit können wir die uns interessierenden Ziffern relativ leicht berechnen. Als erstes bestimmen wir nach den Angaben der Volkszählung die Gesamtbevölkerung für das genannte Gebiet für Ende 1926 und ermitteln dann, indem wir die Geborenenzahlen von 1926 abziehen und die Sterbefälle addieren, die vorhandene nationale Zusammensetzung dieser Unterregion für Ende 1925. Für diese Ausgangsgröße berechnen wir dann die Geburten- und die Sterbeziffern. Die Ergebnisse sind in Tabelle 7 zusammengefaßt.

Tabelle 7
Die Bevölkerungsbewegung der nationalen Gruppen von 1925 bis 1926 in Region 1

Nationalität	Wohnbevölkerung 1926	Geburten	Sterbefälle	Wohnbevölkerung 1925	G	S
1. Russen	29780,1	1259,7	600,9	29121,3	43,3	20,6
2. Ukrainer	1854,5	58,6	21,9	1817,8	32,2	12,0
3. Weißrussen	4094,5	158,8	57,6	3993,3	39,3	14,4
4. Polen	196,8	4,0	1,7	126,4	31,6	13,4
5. Juden	669,7	14,7	5,6	660,6	22,3	8,5
6. Mordwinen	88,7	4,1	1,7	86,3	47,5	19,7
7. Tataren	128,5	6,0	2,3	124,8	48,1	18,4
Insgesamt	37075,1	1524,2	710,9	36261,8	42,0	19,6

G ist die Geburtenziffer (in Promille) und S ist die Sterbeziffer (in Promille) für 1926.

Der Umstand, daß die summierten, oder genauer gesagt, die mittleren gewogenen Geburten- und Sterbeziffern praktisch mit den entsprechenden Ziffern für die ganze Region (siehe Tabelle 5) zusammenfallen, spricht dafür, daß die nationalen Gruppen für die Unterregion, für welche hier diese Ziffern berechnet wurden, repräsentativ sind, das heißt, repräsentativ auch im demographischen Sinne. Dies bedeutet aber seinerseits, daß die von uns gewonnenen Ziffern als zuverlässige und aussagekräftige Werte angesehen werden können. Nun verfügen wir über sämtliche Ausgangsdaten, die wir benötigen, um die natürliche Bewegung der ausgewählten nationalen Gruppen für die einzelnen Jahre unseres Untersuchungszeitraumes (1917 bis 1926) berechnen zu können. Wir kennen die Geburten- und die

[21] Estestvennoe dviženie naselenija RSFSR za 1926 god, S. 38–41, 44–47.

Tabelle 8
Die Bevölkerungsentwicklung der nationalen Gruppen von 1917 bis 1927 in Region 1

Nationalität	1927	1926	1925	1924	1923	1922	1921	1920	1919	1918	1917
1. Russen	35536,8	34748,0	33993,3	33317,0	32533,0	33038,4	33147,9	34914,6	36274,9	36552,7	36563,7
2. Ukrainer	1863,7	1826,8	1790,1	1756,9	1719,6	1723,4	1716,0	1758,9	1789,3	1787,6	1786,1
3. Weißrussen	4135,8	4035,3	3935,7	3845,7	3745,7	3752,8	3731,2	3841,8	3919,8	3911,6	3907,3
4. Polen	149,3	146,6	144,0	141,6	138,9	139,8	139,7	144,1	147,3	147,7	147,6
5. Juden	696,8	687,3	677,8	669,2	659,4	660,7	659,1	670,9	679,3	679,1	678,8
6. Mordwinen	89,3	86,9	84,5	82,4	80,0	80,7	80,5	84,2	87,0	87,2	37,1
7. Tataren	133,8	129,9	126,1	122,7	118,9	118,4	118,8	123,5	126,9	126,9	126,7

Sterbeziffern für die einzelnen nationalen Gruppen (Tabelle 7) für das Jahr 1926, die Veränderung dieser Ziffern über die einzelnen Jahre (Tabelle 5) und aus der Volkszählung von 1926 (Tabelle 6) auch die Größe der einzelnen nationalen Gruppen innerhalb der Gesamtbevölkerung der Region. Deshalb können wir jetzt folgende Werte bestimmen: die Geburten- und die Sterbeziffern für jedes einzelne Jahr des Untersuchungszeitraums, die absoluten Anzahlen der Geburten und Sterbefälle für jedes einzelne Jahr und die tatsächliche Wohnbevölkerung zu Anfang eines jeden Jahres. Letztere Kennziffer ist, unterschieden nach Nationalitäten und geordnet nach Jahren, in Tabelle 8 enthalten.

Wie aus dem Gang unserer Berechnungen hervorgeht, beziehen sich die für 1917 gewonnenen Ergebnisse auf den Teil der Region, der 1926 zur UdSSR gehörte. Es ist jedoch auch die nationale Zusammensetzung in den Gebieten zu berücksichtigen, die zwischen 1917 und 1926 abgetrennt waren. Das läßt sich jedoch nur bewerkstelligen, wenn man auf Informationen über die ethnische Zusammensetzung der Bevölkerung aus der vorrevolutionären Zeit zurückgreift. Werden diese Angaben über die abgetrennten Gebiete unseres Untersuchungsgebiets summiert und auf das Jahr 1917 bezogen, wobei von der gleichen ethnischen Zusammensetzung auszugehen ist, so erhält man folgende Größen (in Tausend):

Russen	308
Ukrainer	1
Weißrussen	821
Polen	159
Juden	227
Esten	989,4
Letten	521,4

Insgesamt lebten also im Jahre 1917 auf diesen abgetrennten Gebieten der Untersuchungsregion 3077000 Personen.

Die Angaben über die ethnische Zusammensetzung der Bevölkerung, die aus der vorrevolutionären Zeit stammen, können jedoch nicht als hinreichend genau angesehen werden, zumal die Verteilung der einzelnen Völkerschaften nach dem Kriterium „Muttersprache“ ausgewiesen ist. So muß noch einmal betont werden, daß wir leider keine andere Möglichkeit sehen, die nationale Zusammensetzung der Bevölkerung dieser abgetrennten Gebiete zu berechnen. Für den Herbst 1917

Tabelle 9
Die nationale Zusammensetzung der Bevölkerung von Region 1 im Herbst 1917

Nationalität	Absolut	Prozent
1. Russen	35573,7	78,3
2. Ukrainer	1723,7	3,8
3. Weißrussen	4589,6	10,1
4. Polen	294,4	0,6
5. Juden	881,7	1,9
6. Mordwinen	84,0	0,2
7. Tataren	122,2	0,3
8. Letten	521,4	1,1
9. Esten	989,4	2,2
Insgesamt	45434,6	100,0
Berücksichtigt	44780,1	98,6

erhalten wir für die einzelnen Nationalitäten der Untersuchungsregion folgenden Bestand (siehe Tabelle 9).

Die Bevölkerungszahlen der Regionen 2 bis 5 wurden nach derselben Methodik berechnet wie die der Region 1. Deshalb führen wir für sie lediglich die Endergebnisse in der Tabelle 10 an, um die natürliche Bewegung der wichtigen nationalen Gruppen in diesen Regionen über die einzelnen Jahre darzustellen.

Für Kasachstan und Zentralasien konnten wir leider keinerlei statistisches Material ausfindig machen, das einer Berechnung für diese Region hätte zugrundegelegt werden können. Die verfügbaren Stichprobenangaben[22] zeigen zudem, daß dieses Gebiet, was die natürliche Bevölkerungsbewegung betrifft, sehr heterogen ist, so daß diese Angaben nicht als repräsentativ angesehen werden können. Und dies bedeutet wiederum, daß es keine Möglichkeit gibt, das Gesamtterritorium dieses Gebietes in relativ homogene Unterbezirke zu gliedern, für die dann erforderliches statistisches Material vorliegen würde. Deshalb haben wir uns hier mit einem ungefähren Schätzwert der nationalen Zusammensetzung der Bevölkerung für das Jahr 1917 begnügt. Dabei haben wir die Territorien des ehemaligen Chiva und Buchara ausgesondert und dann für den verbleibenden Teil des Gesamtgebietes die Verteilung der Nationalitäten für den Stand von 1926 vorgenommen. Die Territorien des ehemaligen Chiva und Buchara wurde als Summe folgender territorial-administrativer Einheiten bestimmt: Bezirk (okrug) Choresm, Bezirk Tamaus, ein kleinerer Teil des Bezirkes Poltorack, Bezirk Čardžou, Bezirk Kungrad, ein großer Teil des Bezirkes Kerki, Bezirk Buchara, Bezirk Seravšan, Bezirk Kaška-Darja, Bezirk Kenimech, Bezirk Surchan-Darja, Vilajet Garm, Vilajet Gissar, Vilajet Kuljab sowie die Städte: Djušambe, Garm, Gissar, Džilikul, Karatag und Kuljab. Danach haben wir die Größe von 8 nationalen Gruppen für 1917 berechnet, wobei eine unveränderte prozentuale nationale Zusammensetzung angenommen wurde.

Ebenso wie für Kasachstan und Mittelasien konnte auch für den Kaukasus wegen der sporadischen Angaben und der ungewöhnlich heterogenen demographischen Bedingungen

[22] Vgl. z. B. *Divnogorcev, D.*, Estestvennoe dviženie naselenija na okrainach Sojuza SSR v 1926 g., in: Statističeskoe obozrenie, 4/1928, Moskau 1928, S. 99–100.

Tabelle 10
Die Entwicklung der Bevölkerung und ihrer nationalen Zusammensetzung von 1917 bis 1927 in den Regionen 2–5

Region bzw. Nationalität	1927	1926	1925	1924	1923	1922	1921	1920	1919	1918	1917
Region 2: Norden des europäischen Teils der RSFSR											
1. Russen	4889,8	4789,7	4725,9	4672,6	4661,9	4854,6	4902,2	5235,1	5462,9	5484,9	5408,0
2. Syrjänen (Komi)	196,3	190,4	186,2	182,6	180,8	187,4	188,1	200,7	209,1	209,9	205,9
3. Juden	88,8	88,0	87,6	82,2	87,1	88,7	89,1	91,6	93,4	93,5	99,2
4. Finnen	129,9	127,6	126,3	125,2	125,5	132,1	134,2	145,3	153,1	154,2	152,2
5. Karelen	101,2	99,1	98,0	97,1	97,4	103,1	105,7	116,5	124,1	125,3	123,8
Region 3: Wolgagebiet, Dongebiet und Ural											
1. Russen	21795,3	21249,2	20810,1	20362,1	19908,2	20925,2	22126,7	22661,5	22876,5	23021,6	23005,5
2. Ukrainer	1744,9	1695,2	1650,7	1607,6	1564,1	1588,4	1618,0	1623,5	1615,8	1602,6	1598,3
3. Weißrussen	117,6	113,9	110,6	107,4	104,3	106,4	108,9	109,5	109,0	108,1	107,8
4. Deutsche	503,8	487,2	473,0	459,0	446,7	462,2	480,6	487,0	489,7	487,9	476,8
5. Juden	80,9	80,2	79,6	79,0	78,4	79,3	80,3	80,8	80,9	80,9	80,8
6. Wotjaken (Udmurten)	496,4	586,6	480,4	473,2	465,9	511,0	565,9	594,5	610,8	626,1	627,2
7. Mari	422,5	413,3	407,1	400,2	393,1	428,8	472,1	494,1	506,2	517,3	518,0
8. Mordwinen	1105,4	1081,8	1062,5	1042,8	1022,8	1062,1	1108,0	1127,8	1135,0	1150,8	1149,8
9. Tschuwaschen	1060,5	1042,5	1030,5	1017,0	1003,1	1075,6	1161,7	1205,5	1129,7	1251,9	1253,4
10. Tataren	2321,6	2242,0	2175,0	2108,8	2042,4	2138,4	2252,6	2297,7	2307,8	2308,1	2303,5
11. Baschkiren	709,6	689,9	672,6	655,7	678,7	652,9	669,8	674,8	673,5	669,9	668,3
12. Kalmyken	117,9	118,8	113,9	112,1	110,2	113,6	117,5	119,1	119,7	119,9	119,9
Region 4: Ukraine und Krim											
1. Russen	2978,6	2921,9	2868,3	2813,7	2767,2	2759,5	2762,0	2815,5	2875,8	2932,7	2993,3
2. Ukrainer	23296,3	22714,8	22169,4	21616,1	2150,7	21081,2	21117,1	21683,0	22326,0	22936,1	22943,0
3. Weißrussen	79,7	77,8	75,9	74,1	72,4	71,8	71,4	72,4	73,5	74,5	74,5
4. Juden	1620,3	1595,1	1571,1	1546,8	1524,8	1517,8	1514,7	1530,4	1548,7	1563,3	1564,8
5. Polen	480,9	570,9	460,1	450,6	442,5	441,1	441,6	451,0	461,7	471,8	471,9
6. Deutsche	437,6	424,0	411,2	398,5	386,7	381,7	378,0	382,2	387,6	392,1	391,6
7. Moldauer	258,4	252,1	246,1	240,1	235,1	234,5	235,2	241,8	249,3	256,5	256,6

(Fortsetzung Tabelle 10)

Region bzw. Nationalität	1927	1926	1925	1924	1923	1922	1921	1920	1919	1918	1917
Region 5: Sibirien und Ferner Osten											
1. Russen	6993,9	6812,0	6653,0	6502,8	6351,6	6282,5	6200,7	6138,7	6078,5	5984,5	5960,1
2. Ukrainer	988,2	956,2	927,9	900,3	871,8	852,2	832,1	814,6	797,5	776,7	772,2
3. Weißrussen	276,1	267,4	259,7	252,2	244,6	239,3	234,0	229,4	224,8	219,3	218,0
4. Tataren	87,6	84,6	80,3	77,8	75,3	73,9	72,3	71,1	70,0	68,3	67,9
5. Mordwinen	96,5	94,2	92,2	90,4	88,5	87,5	86,4	85,5	84,7	83,4	83,1

keine reguläre Berechnung der natürlichen Bevölkerungsbewegung und der ethnischen Zusammensetzung der Bevölkerung durchgeführt werden. Auch hier haben wir uns darauf beschränkt, einen ungefähren Schätzwert für die Größe der einzelnen Nationalitäten – Stand 1917 – anzugeben, indem wir die ethnische Struktur der Region aus der Volkszählung von 1926 auf das Jahr 1917 übertragen haben. Wir haben jedoch insofern eine Korrektur vorgenommen, als wir für das Jahr 1917 auch die an die Türkei gegangenen Gebiete mit einbezogen haben. Zur ethnischen Zusammensetzung dieses Territoriums haben wir, da keine anderen Informationen zur Verfügung standen, Angaben aus der vorrevolutionären Statistik entnommen.

Die in diesem Beitrag vorgeschlagene Methodik und die vorgelegten Ergebnisse sind erste Schritte in der Erforschung eines wichtigen und bislang von der Geschichtswissenschaft nur wenig erforschten Problems. Und natürlich stellt sich die Frage, ob man nicht weiter ins Detail gehen und den Ergebnissen dieser Arbeit größere Genauigkeit und Zuverlässigkeit verleihen sollte. Zu dieser Seite des Problems wollen wir einige abschließende Bemerkungen machen.

Der einfachste, aber zugleich auch der am wenigsten wahrscheinliche Weg bestünde darin, die unbekannten Fakten aus der demographischen und medizinischen Statistik zu erschließen und sie als Quellen in die Berechnungen mit einzubeziehen. Der Historiker wird den Gedanken daran niemals völlig fallenlassen. Doch sollten gestellte Erwartungen eher durch die Suche nach neuen Wegen erfüllt werden. Die Autoren sind nun der Ansicht, daß die bessere regionale Untergliederung des Landesgebietes ein solcher neuer Weg sein könnte. Tatsächlich lassen die einheitlichen Kennziffern der natürlichen Bevölkerungsbewegung des Gesamtgebietes einen hohen Grad von Homogenität in demographischer und folglich auch ökonomischer Hinsicht vermuten. Ein solches Herangehen erfordert jedoch eine gründliche Untersuchung der sozialökonomischen Umwälzungen, die im Untersuchungszeitraum stattgefunden haben. Dabei sind Territorien zu wählen, in denen diese Umwälzungen etwa den gleichen Verlauf aufgewiesen haben, und zwar den gleichen Verlauf in dem Sinne, daß von ihnen gleiche Einwirkungen auf die natürliche Bevölkerungsbewegung ausgingen. Bei der Lösung dieses Problems stellt sich eine Frage, die, soll die Methode hinreichend streng bleiben, einfach nicht umgangen werden kann. Es handelt sich darum, daß gerade in unserem Untersuchungszeitraum sehr umfassende territorial-administrative Neuordnungen vorgenommen wurden, die oftmals bis auf die Ebene der Amtsbezirke hinabreichten. Um nun, nachdem ein Gebiet nach dem Kriterium der Homogenität ausgesondert worden ist, mit Angaben aus verschiedenen Jahren operieren zu können, müssen alle diese Neuordnungen im Auge behalten werden.

Dies ist aber eine gewaltige Arbeit, schließlich gibt es allein im europäischen Teil an die 1000 Amtsbezirke, wenngleich Schwierigkeiten prinzipieller Art nicht entstehen dürften. Diese Arbeit wurde noch nicht geleistet. Sie wird jedoch unseres Erachtens nicht nur in der historischen Demographie, sondern auch in vielen anderen Gebieten der Geschichtswissenschaften als immer dringender empfunden. Das Ergebnis wird sein, daß die Gebiete kleiner gewählt werden können, was bisher deshalb nicht möglich war, weil selbst in den Fällen, in denen die statistischen Ausgangsdaten eine Untergliederung des Gesamtgebiets in Teilgebiete zuließen, die Grenzen dieser Teilgebiete nicht miteinander vergleichbar waren. So werden die Rechenergebnisse aus mindestens zwei Gründen beträchtlich an Genauigkeit gewinnen: erstens werden sich die Gebiete durch größere Homogenität auszeichnen – und dann können sie auch relativ groß gewählt werden –, und zweitens wird das Ausgangsmaterial repräsentativer sein. Hinzu kommt, daß Berechnungen für verschiedene, dabei aber hinreichend homogene Gebiete außerordentlich wichtig sind, um die erzielten Ergebnisse verifizieren zu können. Lassen sich indes auf Grund der Beschaffenheit der statistischen Angaben aus dem vorrevolutionären Rußland weder die Methodik noch die Ergebnisse direkt prüfen, so kann dieser Weg, die Zuverlässigkeit erhaltener Kennziffern zu bewerten, zum einzig möglichen werden, und er sollte deshalb nicht einfach übergangen werden.

Eine Aufbereitung der Volkszählungsangaben von 1920 sowie anderer Materialien, die die demographische Situation indirekt miterfassen, scheint ihre Perspektiven zu haben. Solche zusätzlichen Materialien sind beispielsweise Stichprobenerhebungen aus den Jahren 1921 bis 1923, örtliche Berufszählungen und Angaben zur industriellen Entwicklung. Sie können allesamt eine durchaus sinnvolle Ergänzung zur demographischen Statistik darstellen, die Migrationsströme im Untersuchungszeitraum besser beleuchten und zu neuen Aufgabenstellungen führen.

Anhang

Region 1: Zentrum des europäischen Teils der RSFSR und Belorußland

1. Bestand der Region 1 im Jahre 1917 unter Berücksichtigung des Frontverlaufs

1.	Gouvernement	Pskov
2.		Novgorod
3.		Kostroma
4.		Jaroslavl'
5.		Tver (heute: Kalinin)
6.		Smolensk
7.		Minsk (88,8 Prozent)
8.		Vitebsk
9.		Mogilev
10.		Viln'jus (26,2 Prozent)
11.		Livland (69,8 Prozent)
12.		Estland
13.		Kaluga
14.		Vladimir
15.		Moskau
16.		Nižnij Novgorod (heute: Gorki)
17.		Tula
18.		Rjazan
19.		Orel
20.		Kursk
21.		Tambov
22.		Voronež

2. Bestand der Region 1 im Jahre 1926

1.	Gouvernement	Pskov
2.		Novgorod
3.		Čerepovec
4.		Kostroma
5.		Ivanovo-Vosnessensk
6.		Jaroslavl'
7.		Tver (heute: Kalinin)
8.		Smolensk
9.		Gomel
10.		Brjansk
11.		Kaluga
12.		Vladimir
13.		Nižnij Novgorod (heute: Gorki)
14.		Tula
15.		Rjazan
16.		Moskau
17.		Orel
18.		Kursk
19.		Tambov
20.		Voronež
21.		Beloruss. SSR

3. Bestand der Region 1 im Jahre 1917 in dem mit 1926 vergleichbaren Territorium

1. Gouvernement	Pskov (mit Ausnahme von 17,8 Prozent des Landkreises Ostrov und 22,9 Prozent des Landkreises Pskov)
2.	Novgorod
3.	Kostroma
4.	Jaroslavl'
5.	Tver (Kalinin)
6.	Smolensk
7.	Vitebsk (mit Ausnahme der Landkreise Dvina, Ljudinovo und Ržev sowie 9,0 Prozent des Landkreises Drissa (heute: Verchnedvinsk)
8.	Minsk (mit Ausnahme der Landkreise Pinsk und Novogrudok sowie 43,0 Prozent des Landkreises Sluck, 28 Prozent des Landkreises Mozyr, 32,8 Prozent des Landkreises Minsk und 7 Prozent des Landkreises Borisov)
9.	Mogilev
10.	Landkreis Vilejka des Gouvernements Vil'njus
11.	Kaluga
12.	Vladimir
13.	Moskau
14.	Nižnij Novgorod (Gorki)
15.	Tula
16.	Rjazan
17.	Orel
18.	Kursk
19.	Tambov
20.	Voronež

Nationale Zusammensetzung der Region 1

Nationalität	1917*		1926		Abgetretene Gebiete	1917**	
	Mill.	Prozent	Mill.	Prozent	Mill.	Mill.	Prozent
1. Russen	35265,7	83,3	35536,8	82,6	308,0	35573,7	78,3
2. Ukrainer	1722,7	4,1	1863,7	4,3	1,0	1723,7	3,8
3. Weißrussen	3768,6	8,9	4135,8	9,6	821,0	4589,6	10,1
4. Polen	142,4	0,3	199,3	0,5	152,0	294,4	0,6
5. Juden	654,7	1,5	696,8	1,6	227,0	881,7	1,9
6. Mordwinen	84,0	0,2	89,3	0,2	–	84,0	0,2
7. Tataren	122,2	0,3	133,8	0,3	–	122,2	0,3
8. Letten	–	–	–	–	521,4	521,4	1,1
9. Esten	–	–	–	–	989,4	989,4	2,2
Insgesamt	42357,4	100,0	42997,1	100,0	3077,2	45434,6	100,0
Erfaßt	41760,3	98,6	42655,5	99,2	3020,2	44780,1	98,6

* Auf dem mit 1926 vergleichbaren Territorium
** Nach dem tatsächlichen Territorium

Region 2: Norden des europäischen Teils der RSFSR

1. Bestand 1917	2. Bestand 1917 vergleichbar mit 1926	Bestand 1926
1. Gouvernement Archangelsk 2. Olonec 3. Petrograd 4. Vologda	1. Archangelsk (ausgen. 10,3 Prozent des Landkreises Kola) 2. Olonec 3. Petrograd (ausgen. 2,8 Prozent des Landkreises Gdov und 28,8 Prozent des Landkreises Jamburg) 4. Vologda	1. Murmansk 2. Karelische ASSR 3. Archangelsk 4. Leningrad 5. Gouvernement Nördl. Dvina 6. Vologda 7. Autonomes Gebiet der Komi (Syrjänen)

Nationale Zusammensetzung der Region 2

Nationalität	1917 Absolut	Prozent	1926 Absolut	Prozent
1. Russen	5370,7	88,9	4889,8	89,7
2. Komi (Syrjänen)	204,5	3,4	196,3	3,6
3. Juden	91,5	1,5	88,8	1,6
4. Finnen	151,1	2,5	129,9	2,4
5. Karelen	122,9	2,0	101,2	1,9
Insgesamt	6042,7	100,0	5453,4	100,0
Erfaßt	5940,7	98,3	5406,0	99,1

Region 3: Wolgagebiet, Donaugebiet und Ural

Bestand der Region 1917		Bestand der Region 1926
1. Gouvernement	Kasan	1. Autonomes Gebiet der Mari
2.	Simbirsk (heute: Uljanovsk)	2. Autonomes Gebiet der Votjaken
3.	Pensa	3. Gouvernement Vjatka
4.	Vjatka	4. Gouvernement Orenburg
5.	Samara (heute: Kujbyšev)	5. Gouvernement Pensa
6.	Saratov	6. Gouvernement Samara (Kujbyšev)
7.	Astrachan	7. Autonome Soz. Sowjetrepublik d. Tataren
8.	Ufa	8. Gouvernement Uljanovsk
9.	Perm	9. Autonome Soz. Sowjetrepublik d. Čuvašen
10.	Orenburg	10. Gouvernement Astrachan
11.	Gebiet der Donarmee (großer Teil)	11. Autonomes Gebiet der Kalmyken
12.	Tobolsk	12. Autonome Soz. Sowjetrepublik d. Wolgadeutschen
		13. Gouvernement Saratov

Fortsetzung

Bestand der Region 1917	Bestand der Region 1926
	14. Gouvernement Stalingrad
	15. Autonome Soz. Sowjetrepublik d. Baschkiren
	16. Uralgebiet
	17. Bezirk der Tataren i. Gouv. Omsk
	18. Donecgebiet, Dongebiet, Gebiet Taganrog, Gebiet Šachtinski-Doneck (Nordkaukasus)

Nationale Zusammensetzung der Region 3

Nationalität	1917 Absolut	Prozent	1926 Absolut	Prozent
1. Russen	23005,5	68,3	21795,3	69,6
2. Ukrainer	1598,3	4,7	1774,9	5,6
3. Weißrussen	107,8	0,3	117,6	0,4
4. Deutsche	486,8	1,4	503,8	1,6
5. Juden	80,8	0,2	80,9	0,3
6. Wotjaken	627,2	1,9	496,4	1,6
7. Mari	518,0	1,5	422,5	1,3
8. Mordwinen	1149,8	3,4	1105,4	3,5
9. Tschuwaschen	1253,4	3,7	1060,5	3,4
10. Tataren	2303,5	6,8	2321,6	7,4
11. Baschkiren	668,3	2,0	709,6	2,3
12. Kalmyken	119,9	0,4	117,9	0,4
Insgesamt	33660,1	100,0	31306,3	100,0
Erfaßt	31919,3	94,8	30476,4	97,3

Region 4: Ukraine und Krim

1. Bestand der Region 1917	2. Bestand der Region 1917, im vergleichbaren Territorium mit 1926	3. Bestand der Region 1926
1. Gouvernement Černigov	1. Gouvernement Černigov	1. Gouvernement Volhynien
2. Kiev	2. Kiev	2. Černigov
3. Volhynien (großer Teil)	3. Volhynien[1]	3. Kiev
4. Podolsk	4. Podolsk	4. Podolsk
5. Poltava	5. Jekaterinoslav (heute: Dnepropetrovsk)	5. Poltava
6. Char'kov	6. Char'kov	6. Char'kov
7. Jekaterinoslav (heute: Dnepropetrovsk)	7. Poltava	7. Doneck
8. Gebiet der Donarmee (ein Teil)	8. Cherson	8. Jekaterinoslav (Dnepropetrovsk)

Fortsetzung

1. Bestand der Region 1917	2. Bestand der Region 1917, im vergleichbaren Territorium mit 1926	3. Bestand der Region 1926
9. Gouvernement Cherson	9. Krim	9. Autonome Soz. Sowjetrepublik der Moldauer (Moldauische ASSR)
10. Bessarabien	10. Gebiet der Donarmee	10. Gouvernement Odessa
11. Krim		11. Autonomes Gebiet der Krim

Mit Ausnahme der Landkreise (Ujezde) Vladimir-Volhynski, Dubno, Kovel Luck und Rovno sowie 92,0 Prozent des Landkreises Kremenec, 4,4 Prozent des Landkreises Novgorod-Severski, 4,5 Prozent des Landkreises Ovruč und 45 Prozent des Landkreises Ostromensk.

Nationale Zusammensetzung der Region 4

Nationalität	1917* Absolut	Prozent	1926 Absolut	Prozent	Abgetretene Gebiete	1917** Absolut	Prozent
1. Russen	2993,3	10,1	2978,6	10,0	158,0	3151,3	9,4
2. Ukrainer	22943,0	77,5	23296,3	78,4	1626,5	24569,5	73,1
3. Weißrussen	74,5	0,3	79,7	0,3	–	74,5	0,2
4. Juden	1564,8	5,3	1620,3	5,4	503,0	2067,8	6,2
5. Polen	471,9	1,6	480,9	1,6	150,0	621,9	1,9
6. Deutsche	391,6	1,3	437,6	1,5	148,0	539,6	1,6
7. Moldauer	256,6	0,9	258,4	0,9	1143,6	1400,2	4,2
Insgesamt	29613,5	100,0	29732,0	100,0	3993,8	33607,3	100,0
Erfaßt	28695,7	96,9	29151,8	98,0	3729,1	32424,8	96,5

* Auf dem mit 1926 vergleichbaren Territorium
** Auf dem tatsächlichen Territorium.

Region 5: Sibirien und Ferner Osten

1. Bestand der Region 1917	2. Bestand der Region 1926
1. Gouvernement Tomsk	1. Gouvernement Altai
2. Gebiet Transbaikal	2. Gouvernement Novonikolajevsk (heute: Novosibirsk)
3. Gouvernement Irkutsk	3. Gouvernement Omsk (ohne den Bez. Tara)
4. Gouvernement Jenisej	4. Autonomes Gebiet der Oiraten
5. Gebiet Jakutsk	5. Autonome Soz. Sowjetrepublik der Burjaten und Mongolen
6. Gebiet Kamčatka	6. Gouvernement Jenisej
7. Gebiet Primorie	7. Gouvernement Irkutsk
8. Gebiet Sachalin	8. Gouvernement Tomsk

Fortsetzung

1. Bestand der Region 1917	2. Bestand der Region 1926
9. Gouvernement Amur	9. Autonome Soz. Sowjetrepublik der Jakuten
10. Gouvernement Altai	10. Gouvernement Amur
	11. Gouvernement Transbaikal
	12. Gouvernement Kamčatka
	13. Gouvernement Primorie

Nationale Zusammensetzung der Region 5

Nationalität	1917 Absolut	Prozent	1926 Absolut	Prozent
1. Russen	5960,1	71,5	8036,8	72,6
2. Ukrainer	772,2	9,3	1135,6	10,3
3. Weißrussen	218,0	2,6	317,7	2,9
4. Tataren	67,9	0,8	101,5	0,9
5. Mordwinen	83,1	1,0	110,4	1,0
6. Burjaten	183,9	2,2	237,3	2,1
7. Jakuten	191,7	2,3	240,6	2,2
8. Koreaner			85,9	0,8
Insgesamt	8333,4	100,0	11072,1	100,0
Erfaßt	7476,9	89,7	10265,8	92,7

Region 6: Kaukasus

1. Bestand der Region 1917		2. Bestand der Region 1917 in dem mit 1926 vergleichbaren Territorium	
1. Gouvernement	Baku	1. Gouvernement	Baku
2. Gebiet	Batumi	2. Gebiet	Batumi
3. Gebiet	Dagestan	3. Gebiet	Dagestan
4. Gouvernement	Jelisavetpol (heute: Kirovabad)	4. Gouvernement	Jelisavetpol (Kirovabad)
5. Bezirk	Sakataly	5. Gebiet	Kars (mit Ausnahme der Bezirke Ardagan, Kagysman und Olty sowie 93,3 Prozent des Bezirkes Kars)
6. Gebiet	Kars		
7. Gebiet	Kuban		
8. Gouvernement	Kutaisi		
9. Gouvernement	Stavropol		
10. Bezirk	Suchumi		
11. Gebiet	Terek	6. Gebiet	Kuban
12. Gouvernement	Schwarzmeergebiet	7. Gouvernement	Kutaisi (mit Ausnahme des Bezirks Artvin und 16,1 Prozent des Bezirks Batumi)
13. Gouvernement	Tbilissi		
14. Gouvernement	Jerevan		

Fortsetzung

1. Bestand der Region 1917	2. Bestand der Region 1917 in dem mit 1926 vergleichbaren Territorium	
	8. Bezirk	Sakataly
	9. Gouvernement	Stavropol
	10. Bezirk	Suchumi
	11. Gebiet	Terek
	12. Gouvernement	Schwarzmeergebiet
	13. Gouvernement	Tbilissi
	14. Gouvernement	Jerevan (mit Ausnahme des Bezirkes Surmalin)

3. Bestand der Region 1926

1. Gebiet (Kraj) Nordkaukasus (ohne die Bezirke Doneck, Don, Taganrog, Šachtinski-Doneck)
2. Autonome Sozialistische Sowjetrepublik Dagestan
3. Transkaukasische Sozialistische Föderative Sowjetrepublik

Nationale Zusammensetzung der Region 6

Nationalität	1926 Absolut	Prozent	1917 insges. Absolut	Prozent	1917
1. Russen	3077,0	24,2	3361,6	24,2	3342,3
2. Ukrainer	2178,6	17,2	2389,3	17,2	2385,6
3. Armenier	1454,8	11,5	1597,5	11,5	1460,7
4. Grusinier	1813,3	14,3	1986,4	14,3	1986,4
5. Aserbaidshaner	1676,3	13,2	1833,6	13,2	1833,6
6. Juden	93,2	0,7	97,2	0,7	97,2
7. Osseten	270,0	2,1	291,7	2,1	291,7
8. Abchasen	56,9	0,4	55,6	0,4	55,6
9. Kurden	52,3	0,4	55,6	0,4	
Insgesamt	12697,4	100,0	13891,0	100,0	13501,1
Erfaßt	10672,4	84,1	11482,0	84,1	11453,1

Region 7: Kasachstan und Zentralasien

1. Bestand der Region 1917		2. Bestand der Region 1926
1. Gebiet	Ural	1. Kasachische ASSR
2. Gebiet	Turgai	2. Kirgisische ASSR
3. Gebiet	Transkaspisee	3. Usbekische SSR
4. Gebiet	Akmilinsk	4. Turkmenische SSR
5. Gebiet	Semipalatinsk	5. Tadshikische ASSR
6. Gebiet	Semirečije	6. Karakalpakisches Autonomes Gebiet
7. Gebiet	Syr-Darja	
8. Gebiet	Fergana	
9. Gebiet	Samarkand	

Nationale Zusammensetzung der Region 7

Nationalität	1926		1926 (ohne Chiva und Buchara)		1917 (ohne Chiva und Buchara)		1917	
	Absolut	Prozent	Absolut	Prozent	Absolut	Prozent	Absolut	Prozent
1. Russen	1718,3	12,5	1667,8	15,0	1670,4	15,0	1592,5	14,3
2. Ukrainer	957,6	7,0	951,8	8,0	957,7	8,6	824,1	7,4
3. Weißrussen	30,3	0,2	30,3	0,3	33,4	0,3	–	–
4. Turkmenen	756,0	5,5	418,4	3,8	423,2	3,8	356,4	3,2
5. Kirgisen	762,4	5,5	753,1	6,9	768,4	6,9	757,3	6,8
6. Kasachen	3831,6	27,8	3799,9	34,2	3808,5	34,2	4309,7	38,7
7. Usbeken	3903,6	28,3	2336,9	21,0	2338,6	21,0	2515,6	18,1
8. Tadshiken	978,6	7,1	400,5	3,6	400,9	3,6	501,1	4,5
Insgesamt	13769,8	100,0	11103,6	100,0	11136,1	100,0	11136,1	100,0
Erfaßt	12938,4	94,0	10358,7	94,0	10390,0	93,3	10356,6	93,0

*Nationale Zusammensetzung des Landes im Jahre 1917 **

Nationalität	Tatsächliches Territorium		Territorium vergleichbar mit 1926	
	Absolut	Prozent	Absolut	Prozent
1. Russen	78150,1	50,4	77664,8	52,6
2. Ukrainer	32017,2	20,6	30386,0	20,6
3. Weißrussen	5023,3	3,2	4202,3	2,8
4. Tataren	2504,1	1,6	2504,1	1,7
5. Mordwinen	1316,9	0,8	1316,9	0,9
6. Tschuwaschen	1253,4	0,8	1253,4	0,8
7. Baschkiren	668,3	0,4	668,3	0,5
8. Mari	518,0	0,3	518,0	0,4
9. Wotjaken	627,2	0,4	627,2	0,4
10. Kalmyken	119,9	0,1	119,9	0,1
11. Juden	3230,3	2,1	2500,3	1,7
12. Deutsche	1026,4	0,7	878,4	0,6
13. Polen	916,3	0,6	614,3	0,4
14. Moldauer	1400,2	0,9	256,6	0,2
15. Armenier	1597,5	1,0	1460,7	1,0
16. Grusinier	1986,4	1,3	1986,4	1,3
17. Aserbaidshaner	1833,6	1,2	1833,6	1,2
18. Komi	204,5	0,1	204,5	0,1
19. Finnen	151,1	0,1	151,1	0,1
20. Karelen	122,2	0,1	122,2	0,1

* In diese Tabelle ist die Bevölkerung von Chiva und Buchara aufgenommen, wobei die Annahme getroffen wurde, daß sie im Jahre 1917 3 Millionen betrug und die gleiche nationale Zusammensetzung hatte wie im Jahre 1926.

Fortsetzung

Nationalität	Tatsächliches Territorium Absolut	Prozent	Territorium vergleichbar mit 1926 Absolut	Prozent
21. Turkmenen	803,0	0,5	803,0	0,5
22. Usbeken	4101,3	2,6	4101,3	2,8
23. Kasachen	3844,2	2,5	3844,2	2,6
24. Tadshiken	1051,2	0,7	1051,2	0,7
25. Kirgisen	778,9	0,5	778,9	0,5
26. Letten	521,4	0,3	–	–
27. Esten	989,4	0,6	–	–
Sonstige	9859,2	6,4	7796,7	5,3
Insgesamt	155105,2	100,0	147644,3	100,0
Erfaßt	146756,3	94,6	139847,6	94,7

Gesamtgröße und nationale Zusammensetzung der Bevölkerung Rußlands auf dem Territorium, das im Herbst 1917 tatsächlich vom russischen Staat kontrolliert wurde

Nationalität	Faktisches Territorium 1917 Absolut	Prozent	Territorium 1926, das mit dem faktischen Territorium von 1917 vergleichbar ist Absolut	Prozent
1. Russen	78093,3	51,3	77982,1	54,0
2. Ukrainer	32010,7	21,0	31170,9	21,6
3. Weißrussen	5023,3	3,3	4681,1	3,2
4. Tataren	2493,6	1,6	2556,9	1,8
5. Mordwinen	1316,9	0,9	1305,1	0,9
6. Tschuwaschen	1253,4	0,8	1060,5	0,7
7. Baschkiren	668,3	0,4	709,6	0,5
8. Mari	518,0	0,3	422,5	0,3
9. Udmurten	627,2	0,4	496,4	0,3
10. Kalmyken	119,9	0,1	117,9	0,1
11. Juden	3219,0	2,1	2486,8	1,7
12. Deutsche	1026,4	0,7	941,4	0,7
13. Polen	916,3	0,6	680,2	0,5
14. Moldauer	1400,2	0,9	258,4	0,2
15. Armenier	1597,5	1,1	1454,8	1,0
16. Grusinier	1986,4	1,3	1813,3	1,3
17. Aserbaidshaner	1833,6	1,2	1676,3	1,2
18. Komi	204,5	0,1	196,3	0,1
19. Finnen	151,1	0,1	129,9	0,1
20. Karelen	122,2	0,1	101,2	0,1
21. Turkmenen	423,2	0,3	418,4	0,3
22. Usbeken	2338,6	1,5	2336,3	1,6
23. Kasachen	3808,5	2,5	3799,9	2,6

Fortsetzung

Nationalität	Faktisches Territorium 1917		Territorium 1926, das mit dem faktischen Territorium von 1917 vergleichbar ist	
	Absolut	Prozent	Absolut	Prozent
24. Tadshiken	400,9	0,3	400,5	0,3
25. Kirgisen	768,4	0,5	753,1	0,5
26. Letten	521,4	0,3	–	–
27. Esten	989,4	0,7	–	–
Sonstige	2784,8	6,4	6412,1	4,4
Insgesamt	152105,2	100,0	144361,9	100,0
Erfaßt	143832,2	94,6	137949,8	95,6

Thomas Kuczynski

Das Problem der „langen Wellen“ – einige Überlegungen[1]

1. Vorbemerkung

Der Ausbruch der Krise von 1966/67, insbesondere aber die seit der Krise von 1973 unzweifelhaft zu konstatierende Verlangsamung im Wachstumstempo der kapitalistischen Industrieproduktion haben zu einer erneuten Diskussion über das Problem der „langen Wellen der Konjunktur“, der sogenannten Kondratieff-Zyklen,[2] geführt. Ökonomen der verschiedensten Ausrichtung – Wirtschaftstheoretiker, Wirtschaftshistoriker und Wirtschaftspolitiker – sowie Historiker – darunter nicht nur Wirtschafts-, sondern auch Technik-, Naturwissenschafts-, Sozial-, Politik- und Rechtshistoriker – beteiligen sich an dieser Diskussion, die vor allem in den imperialistischen Ländern geführt wird, aber auch in den sozialistischen Ländern erneut begonnen worden ist.[3] Der Kern der von den Vertretern einer Theorie der

[1] Überarbeitete Version eines im Plenum des Instituts für Wirtschaftsgeschichte der Akademie der Wissenschaften der DDR (Berlin) im Dezember 1981 diskutierten Manuskripts. Den Teilnehmern dieser Diskussion sei für ihre kritischen Hinweise ebenso gedankt wie Bert G.-T. Bengtsson (Lund), Gennadi M. Dobrov (Kiev) und seinen Mitarbeitern, Léon H. Dupriez (Louvain-la-Neuve), Revold M. Entov (Moskau) und seinen Mitarbeitern, Heinz-Dieter Haustein (Berlin), Larissa A. Klimenko-Menšikova (Moskau), János Kornai (Budapest), Ivan D. Koval'čenko (Moskau) und seinen Mitarbeitern, Wolfgang Jonas (Berlin), Günter Kröber (Berlin) und seinen Mitarbeitern, Harry Maier (Berlin), Werner Mende (Berlin), Stanislav M. Men'šikov (Moskau), Hans Mottek (Berlin), Mikhail M. Postan (Cambridge), Hermann van der Wee (Leuven) und seinen Mitarbeitern, mit denen der Verfasser für ihn nützliche Diskussionen führen konnte.

[2] Der Begriff Kondratieff-Zyklus ist von Schumpeter eingeführt worden; vgl. die dt. Übersetzung des 1939 erschienenen Buches *Schumpeter, Joseph A.*, Konjunkturzyklen. Eine theoretische, historische und statistische Analyse des kapitalistischen Prozesses, Bd. 1, Göttingen 1961, S. 174. – Der Tradition folgend wird im laufenden Text stets die (französische) Namensform Kondratieff verwendet, bei den bibliographischen Angaben aber stets die Transliteration Kondrat'ev.

[3] Es sei hier nur auf die jüngst erschienenen Sammelbände verwiesen Historische Konjunkturforschung, hg. v. W.-H. Schröder u. R. Spree, Stuttgart 1980; Prospects of Economic Growth, hg. v. S. K. Kuipers u. G. L. Lanjouw, Amsterdam 1980; Konjunktur, Krise, Gesellschaft. Wirtschaftliche Wechsellagen und soziale Entwicklung im 19. und 20. Jahrhundert, hg. v. D. Petzina u. G. van Roon, Stuttgart 1981; sowie Futures. The Journal of Forecasting and Planning, H. 4 u. 5/1981. – Aus der sowjetischen Literatur sei verwiesen auf *Klimenko, L. A.*, Ekonomiko-matematičeskie metody v issledovanii kolebanij kapitalističeskoj ekonomiki, Moskau 1972 (Dissertation), S. 78ff. u. 163 sowie den Anh. S. 1f. u. Diagramm 2; *dieselbe*, Izučenie periodičeskich kolebanij v kapitalističeskoj ekonomike s pomošč'ju spektral'nych metodov analiza vremennych rjadov, in: Matematičeskie metody v ekonomike i mežduna-

„langen Wellen" vertretenen Hypothese läßt sich dahingehend zusammenfassen, daß sich alle vierzig bis sechzig Jahre Perioden „ungünstiger ökonomischer Großwetterlage" und Perioden „günstiger ökonomischer Großwetterlage" ablösen. So läßt sich beispielsweise die ökonomische Entwicklung des Kapitalismus aufgrund der Daten zur Weltindustrieproduktion der letzten 150 Jahre so – wie in Tabelle 1 ersichtlich – periodisieren:

Tabelle 1
Durchschnittliche jährliche Wachstumsraten der Weltindustrieproduktion und des Welthandels im Kapitalismus (in Prozent)

Phase	Industrieproduktion	Außenhandel
1a. 1825–1847	4,16 *	2,58
1b. 1847–1872	4,32	5,55
2a. 1872–1894	2,77	3,11
2b. 1894–1913	4,67	3,40
3a. 1913–1939	2,13	0,45
3b. 1939–1973	4,72	5,66
4a. 1973–1980 **	3,10	4,38

* Nur 1830–1847. Zu hoch, da die ersten Depressionsjahre (1825 ff.) fehlen.
** Gegenwärtige (noch nicht beendete) Phase

Quellen: 1825–1965: *Kuczynski, Jürgen,* Eine Weltübersicht über die Geschichte der Lage der Arbeiter, Berlin 1967, S. 31 ff. u. 56; 1965–1980: Monthly Bulletin of Statistics (UNO), 1965 ff.

Nun ist der Terminus „günstige (bzw. ungünstige) ökonomische Großwetterlage", obgleich an eine Formulierung von Engels angelehnt,[4] reichlich ungenau. Bezüglich der Tabelle 1 würde es sich anbieten, von Perioden schnelleren bzw. langsameren Wachstums zu sprechen. Damit würde aber weder der Komplexität des Phänomens „lange Wellen" Rechnung getragen werden, noch der Tatsache, daß bis heute noch keine einheitliche Theorie der „langen Wellen" vorhanden, ja, die Existenz der „langen Wellen" selbst noch umstritten ist.[5]

rodnych otnošenijach, Moskau 1972, S. 225 = Problemy ekonometričeskogo modelirovanii, Vyp. 1; Mechanizm ekonomičeskogo cikla v SŠA, Moskau 1978, S. 258 ff. u. 459 ff.; *Men'šikov, S. M.*, V obnimku s krizisom, in: Pravda vom 18. 9. 1981; *derselbe*, Sovremennyj kapitalizm: ot krizisa k krizisu, Moskau 1981; *Nečaeva, E. V.*, Dinamika kratkosročnych i dolgosročnych procentnych stavok v poslevoennyj period v SŠA, in: Sovremennye tendencii razvitija amerikanskoj ekonomiki. Sbornik naučnych trudov, Moskau 1981, S. 58 ff.; *dieselbe/Aukucionek, S. P.*, Obščestvennoe razvitie i javlenie dol'govremennoj periodičnosti v uslovijach kapitalističeskogo sposoba proizvodstva = Materialy dlja konferencii ob integracii nauk, Riga, Dezember 1981, 8 S. (MS).

4 In einer Fußnote zum „Kapital" bemerkt Engels „zur Regulierung der Produktion und damit der Preise und Profite" im Kapitalismus Ende des 19. Jh., „daß diese Experimente nur bei relativ günstigen ökonomischem Wetter durchführbar sind. Der erste Sturm muß sie über den Haufen werfen . . ." *Marx, Karl*, Das Kapital. Dritter Band, in: *Marx, Karl/Engels, Friedrich*, Werke (im folgenden: MEW), Bd. 25, Berlin 1964, S. 130 Anm. 16.

5 Um nur einige Gegner einer Theorie der „langen Wellen" aus der gegenwärtigen Literatur anzuführen, seien genannt: *Weinstock, Ulrich*, Das Problem der Kontratieff-Zyklen. Ein Beitrag zur Entwicklung einer Theorie der „langen Wellen" und ihrer Bedeutung, (West-)Berlin/

Die Untersuchung des Phänomens der „langen Wellen“ bereitet außerordentlich große theoretische (insbesondere politökonomische) und methodische (insbesondere mathematisch-statistische) Schwierigkeiten, gar nicht zu reden von den Problemen einer allseitigen historischen Verifikation der „langen Wellen“, da eine derartige Verifikation in einem Aufsatz sowieso nicht erfolgen kann, sondern nur in einem zehnmal so dicken Buch: Die paar eingestreuten historischen Beispiele dienen nicht der Verifikation sondern der Illustration. Andererseits scheint es notwendig, die hier vorgetragenen Auffassungen in einen historiographischen Kontext zu stellen. Dabei ist allerdings nahezu ausschließlich Bezug auf jene genommen, die bemüht waren, das Problem der „langen Wellen“ in positiver Form zu lösen, die Existenz der „langen Wellen“ nachzuweisen, während die Argumente von denjenigen, die bemüht waren, das Problem in negativer Form zu lösen, die Möglichkeit der Existenz von „langen Wellen“ zu widerlegen, nicht ausführlich erörtert worden sind, da dies das Manuskript noch weiter hätte anschwellen lassen. Das kann mich aber nicht daran hindern, hier in der Vorbemerkung einen der bedeutendsten und schärfsten Kritiker der – untrennbar mit dem Namen des russisch-sowjetischen Ökonomen Kondratieff verbundenen – Theorie der „langen Wellen“ ausführlich zu Worte kommen zu lassen:

„Manche sagen: den ‚sieben fetten Jahren‘ folgen jetzt ‚sieben magere Jahre‘. Manche erinnern sich an einen Ökonomen namens Nikolai Kondratjew, der eine merkwürdige ‚Große-Wellen-Theorie‘ entwickelt hatte, die dann von Joseph Schumpeter etwas abgewandelt übernommen wurde. Danach führen Häufungen besonders wirkungsvoller Erfindungen und Entwicklungen in der Produktions- und Verkehrstechnik zu Aufschwungsphasen, die eine Länge von 25–30 Jahren haben, denen Aufschwungsphasen von gleicher Länge folgen, da Phasen der Blüte der Technik angeblich solche der ‚Verkrustung der industriellen Strukturen‘ nach sich ziehen. Entsprechend argumentieren diese Konjunkturanalytiker, daß den 25 Jahren des Aufschwungs von 1945 bis 1970 nun 25 bis 30 Jahre des Abschwungs folgen werden – allerdings ohne daß sie zugleich eine ‚Verkrustung der industriellen Strukturen‘ oder technische Sättigung oder Ähnliches voraussagen. Sie haben nicht die ‚Ursachen‘ der Entwicklung, sondern nur noch die Jahresspannen von Kondratjew übernommen. War die Kondratjewsche Theorie zu Ende der zwanziger Jahre zwar falsch, aber doch interessant und gedankenreich, so wird sie heute nur noch als schale Absurdität vorgetragen.

Aber auch in dieser Form hat sie noch ihre gesellschaftliche Bedeutung. Sie spiegelt die Ahnung oder Befürchtung wider, daß die nächste Zeit, daß die siebziger und achtziger Jahre ganz anders aussehen werden als die fünfziger und sechziger Jahre. Sicherlich werden die ‚Theoretiker des Pessimismus‘ nicht behaupten, daß sie eine äußerst labile und von, häufig aufeinander folgenden, Krisen aller Art erschütterte Wirtschaft planen und sie entsprechend regulieren werden – aber in einem ähneln sie den Optimisten und Regulierern der fünfziger und sechziger Jahre: Sie glauben ‚die Wirtschaft im Griff zu haben‘, wenn auch nicht aktiv als Handelnde, so doch in passiver Kontemplation.

Und so kann es sehr gut sein, daß die Anhänger von Theorien wie denen von Kondratjew oder Schumpeter in der nächsten Zeit wieder an Einfluß gewinnen werden, da ihnen die Wirklichkeit insofern ‚Recht gibt‘, als die siebziger und achtziger Jahre in vielem den

München 1964; *derselbe*, Lange Wellen: wieder aufgewärmt, in: Wirtschaftsdienst, H. 4/1976, S. 169ff.; *Lévy-Leboyer, Maurice*, L'Héritage de Simiand: prix, profits et termes d'échange au XIXe siècle, in: Revue historique, H. 1/1970, S. 77ff.; *Motuz, V. I.*, Promyšlennye cikly 20–60ch godov XX veka v trudach sovetskich ekonomistov, Taschkent 1967 (Dissertation), S. 221f.; *Milward, Alan, S.*, Cyclical Fluctuations and Economic Growth in Developed Europe, 1870–1913, in: Konjunktur, Krise, Gesellschaft, a. a. O., S. 42ff.

Jahren zwischen den beiden Weltkriegen viel mehr ähneln werden als den fünfziger und sechziger Jahren.

Ja, es kann auch sein, daß sie insofern nicht durch die Wirklichkeit hinsichtlich ihrer Theorie enttäuscht werden, als sie im Jahre 2000 sagen können: Hätte der Kapitalismus in den wichtigsten kapitalistischen Ländern ungestört durch soziale Umwälzungen weiter angedauert, dann wäre jetzt ein Aufschwung fällig gewesen – aber so ...

Faktisch ist es so: Die Anhänger all solcher Theorien, einschließlich der ganz primitiven, daß den sieben (bzw. zwanzig) relativ ‚fetten Jahren' nun sieben (bzw. fünfundzwanzig) ‚magere Jahre' folgen werden, haben ebensowenig recht wie die Wirtschaftsplaner der sechziger Jahre, die glaubten, die kapitalistische Wirtschaft regulieren zu können, wenn sie eine Steigerung der Produktion um 5 oder 6 Prozent voraussagten und die Produktion tatsächlich um 4 oder 5 Prozent stieg.

Denn sie verstehen nicht die Bewegungsgesetze der kapitalistischen Wirtschaft."[6]

2. Einordnung des Forschungsgegenstandes

Jedem marxistischen Wirtschaftswissenschaftler sind die Termini „Wirtschaftskrise" und „Krisenzyklus" vertraut, und er stellt sie sofort in einen begrifflichen Zusammenhang, indem er von „zyklischen Wirtschaftskrisen" spricht. Die Ursachen dieser zyklischen Wirtschaftskrisen, die Notwendigkeit ihres Auftretens, wurden von Marx aufgezeigt – sie liegen im kapitalistischen Grundwiderspruch.[7] Marx hat auch nachgewiesen, daß die Krise das konstituierende Moment des – deshalb so genannten – Krisenzyklus ist;[8] der von bürgerlichen Ökonomen bevorzugte Terminus „Konjunkturzyklus" bringt genau diesen Zusammenhang nicht zum Ausdruck. Marx hat schließlich die Länge des Krisenzyklus, die etwa sieben bis elf Jahre beträgt, aus der Umschlagsdauer des fixen Kapitals erklärt: „Durch diesen eine Reihe von Jahren umfassenden Zyklus von zusammenhängenden Umschlägen, in welchen das Kapital durch seinen fixen Bestandteil gebannt ist, ergibt sich eine materielle Grundlage der periodischen Krisen, worin das Geschäft aufeinanderfolgende Perioden der Abspannung, mittleren Lebendigkeit, Überstürzung, Krise durchmacht. Es sind zwar die Perioden, worin Kapital angelegt wird, sehr verschiedene und auseinanderfallende. Indessen bildet die Krise immer den Ausgangspunkt einer großen Neuanlage. Also auch – die ganze Gesellschaft betrachtet – mehr oder minder eine neue materielle Grundlage für den nächsten Umschlagszyklus."[9]

Die Entwicklung des Kapitalismus in den vergangenen 160 Jahren ist ein schlagender Beweis für die Richtigkeit dieser Aussage von Marx. Sie ist eine Grunderkenntnis.

Aber „das Vorhandensein von Grunderkenntnissen enthebt uns nicht der Notwendigkeit, spezielle Untersuchungen anzustellen."[10] Diese von Rompe/Treder für die physikali-

[6] *Kuczynski, Jürgen*, Die Zukunft der kapitalistischen Wirtschaft, in: Jahrbuch für Wirtschaftsgeschichte (im folgenden: JWG), T. 1/1976, S. 60f.

[7] Vgl. *Marx, Karl*, Das Kapital, Dritter Band, S. 259.

[8] Vgl. *dass.*, Zweiter Band, in: MEW, Bd. 24, Berlin 1963, S. 185.

[9] Ebenda, S. 185f.; vgl. auch *Mendel'son, L. A.*, Teorija i istorija ekonomičeskich krizisov, Bd. 1, Moskau 1958, S. 71ff.; *Men'šikov, S. M.*, Infljacija i krizis regulirovanija ekonomiki, Moskau 1979, S. 85ff.

[10] *Rompe, Robert/Treder, Hans-Jürgen*, Über Physik. Studien zu ihrer Stellung in Wissenschaft und Gesellschaft, Berlin 1979, S. 71.

sche Grundlagenforschung getroffene Feststellung hat selbstverständlich auch für die marxistische Wirtschaftswissenschaft volle Gültigkeit. Wir müssen uns an dieser Stelle nur ins Gedächtnis rufen, welche Schwierigkeiten Engels die Analyse der zyklischen Wirtschaftsentwicklung in England nach der Krise von 1866 bereitete, als 25 Jahre lang keine „ordentliche“ Krise auftrat,[11] wie ihm der zehnjährige Zyklus durchbrochen zu sein schien[12], und er momentan fünfjährige Zyklen annahm,[13] um diese sodann als durch „Zwischenkrisen sekundärer Natur“ verursacht[14] zu klassifizieren.

Die Zwischenkrisen sind ein – trotz intensiver Diskussion[15] – m. E. noch nicht gelöstes Problem, weder was die Bedingungen ihres Auftretens betrifft, noch ob sie selbst einer Periodizität unterliegen. Sie sind hier aber nur als ein Beispiel für nichtklassische Krisen angeführt, und sie sollen im weiteren auch nicht näher analysiert werden.

Die Untersuchung solcher Indikatoren wie Preise, Diskontsätze, Goldbestände, Warenvorräte, Einzel-, Groß- und Außenhandelsumsätze, Höhe der agrarischen, industriellen, bergbaulichen (insbesondere Gold-)Produktion, Lebensdauer von Konsumgütern und Produktionsmitteln sowie Zahl von Basis- und Verbesserungsinnovationen, Geborenen- und Sterbeziffern, Eheschließungs- und Ehescheidungsraten, Kriminalitätsstatistiken usw. hat Ergebnisse gezeitigt, die allein aus dem klassischen Zyklus (und den ihn mehr oder minder modifizierenden Randbedingungen) nicht erklärt werden können. Diese Ergebnisse legen die Vermutung nahe, daß die wirtschaftliche Entwicklung auch durch andere Zyklen zumindest mitbestimmt wird.

Ganz grob können die Zyklen, über die gegenwärtig geforscht wird, so klassifiziert werden:

a) Kitchin-Zyklen (benannt nach ihrem Entdecker Joseph Kitchin[16]) von ca. 40 Monaten Länge, die sich insbesondere in der Geld- und Kreditsphäre sowie in der Lagerhaltung zeigen. Ihre Existenz kann als gesichert angenommen werden.
b) der klassische Krisenzyklus (den bürgerliche Ökonomen gern nach Clémens Juglar benennen, der sie als erster auf breiter quantitativer Grundlage untersuchte, sie aber in gar keiner Weise erklären konnte), der in erster Linie ein Investitionszyklus ist, wobei hier vor allem Ausrüstungsinvestitionen, Investitionen für Maschinen und Anlagen wirksam werden.[17]

[11] *Engels, Friedrich*, Die Lage in Europa, in: MEW, Bd. 22, Berlin 1970, S. 243.

[12] Vgl. *derselbe*, Brief an August Bebel vom 18. 1. 1884, in: MEW, Bd. 36, S. 87f.

[13] In der Anm. 8 zu: *Marx, Karl*, Das Kapital, Dritter Band, S. 506.

[14] *Engels, Friedrich*, Vorwort zur zweiten deutschen Ausgabe (1892) der „Lage der arbeitenden Klasse in England“, in: MEW, Bd. 22, S. 321.

[15] Vgl. *Kuczynski, Jürgen*, Zum Problem der Zwischenkrisen, in: *derselbe*, Gesammelte Studien zur Geschichte und Theorie des Kapitalismus, Berlin 1979, S. 291ff. (ursprünglich erschienen in: Économie et politique, H. 27/1956, S. 40ff.).

[16] *Kitchin, Joseph*, Cycles and Trends in Economic Factors, in: Review of Economic Statistics (im folgenden: RES), H. 5/1923, S. 10ff.

[17] Die bürgerliche Wirtschaftswissenschaft wird nicht müde zu behaupten, von einem Krisen*zyklus* sei erstmals die Rede bei *Juglar, Clémens*, Des crises commerciales et leur retour périodique en France, en Angleterre et aux États-Unies, Paris 1862. Auch *Duijn, Jaap J. van*, De lange golf in de economie. Kan innovatie ons uit het dal helpen, Assen 1979, S. 7ff., und *Lewis, W. Arthur*, Growth and Fluctuations 1870–1913, London/Boston/Sydney 1978, S. 20 u. 301, wiederholen diesen Unsinn, den ein Blick z. B. in *Bergmann, Eugen v.*, Geschichte der nationalökonomischen Krisentheorien, Stuttgart 1895, widerlegt – als ob Blanqui, Lord Overstone,

c) Kuznets-Zyklen (benannt nach ihrem ersten systematischen Bearbeiter Simon S. Kuznets[18]) von ca. 18–22 Jahren Länge. Insofern solche Zyklen wie der Schiffsbauzyklus,[19] der Bauzyklus[20] und der Transport-Bau-Zyklus[21] etwa dieselbe Länge aufweisen, kann angenommen werden, daß auch die Kuznets-Zyklen Investitionszyklen sind, wobei hier jedoch Investitionen für sehr langlebige Produktionsmittel wie Gebäude, Verkehrsanlagen usw. im Vordergrund der Betrachtung stehen. Als solche sind die Kuznets-Zyklen in ihren diversen Spielarten Spezialfälle des klassischen Krisenzyklus. Weil sie sich mit dem klassischen Krisenzyklus überlagern, ist ihre empirisch-statistische Verifikation erschwert, aber m. E. weitgehend geglückt, so daß ihre Existenz empirisch wie auch theoretisch als gesichert gelten kann.[22]

d) Kondratieff-Zyklen (benannt nach einem ihrer bedeutendsten Erforscher, dem russisch-sowjetischen Ökonomen Nikolai D. Kondratieff), auch „lange Wellen" oder „große Zyklen" genannt, von ca. 45–60 Jahren Länge – der eigentliche Gegenstand dieser Überlegungen, auf den sogleich einzugehen sein wird.

e) hyperlange (Preis-)Wellen von ca. 150–250 Jahren Länge, auch grands phases (Simiand[23]), fluttuazioni di lunga durata (Griziotti-Kretschmann[24]), mouvements longs (Imbert[25]) oder logistics (Cameron[26]) genannt, aber nicht nur für Agrarpreise, sondern auch für die gesamte Landwirtschaft (von Kotov[27]) vermutet. Während bezüglich der Kondratieff-Zyklen nur Hypothesen existieren, da ein sicherer Nachweis und eine konsistente Erklärung dieses Phänomens bislang niemandem geglückt ist, existieren hinsichtlich der hyperlangen Wellen (und insbesondere ihrer Erklärung) faktisch nur Spekulationen. Nichtsdestotrotz müssen sie hier erwähnt werden, da ihre Annahme

J. Wilson, M. Briaune usw. usf. nie geschrieben hätten! – Ohne die Bedeutung des von Marx vornehmlich analysierten klassischen Krisenzyklus herabzumindern, erscheint es uns – in Übereinstimmung mit *Men'šikov, S. M.*, Sovremennyj kapitalizm, a. a. O., S. 54 ff. und 134 ff., und offensichtlich im Gegensatz zu *Höhme, Hans-Joachim*, Probleme des gegenwärtigen kapitalistischen Krisenzyklus= IPW-Forschungshefte 2/1982 – notwendig, diese verschiedenartigen, letztlich aber alle auf dem kapitalistischen Grundwiderspruch basierenden Krisenzyklen zu analysieren und nicht – wie z. B. Höhme – einfach zu ignorieren und die Untersuchung demzufolge auf den klassischen Krisenzyklus zu beschränken.

18 *Kuznets, Simon, S.*, Secular Movements in Production and Prices, New York 1930.

19 Vgl. *Tinbergen, Jan*, Ein Schiffbauzyklus? in: Weltwirtschaftliches Archiv, Bd. 34/1931, S. 152 ff.

20 Vgl. *Warren, George F./Pearson, Frank A.*, World Prices and the Building Industry, New York 1937.

21 Vgl. *Isard, Walter und Caroline*, A Neglected Cycle: The Transport-Building Cycle, in: RES, H. 4/1942, S. 149 ff.

22 Vgl. z. B. *Siegenthaler, Hansjörg*, Entscheidungen in Wirtschaft und Politik unter Bedingungen struktureller Instabilität und ökonomischer Depression im Rhythmus langwelliger Wachstumsschwankungen, in: Konjunktur, Krise, Gesellschaft, S. 214 ff.

23 Vgl. *Simiand, François*, Recherches anciennes et nouvelles sur le mouvement général des prix du XVIe au XIXe siècles, Paris 1932.

24 Vgl. *Griziotti-Kretschmann, Jenny*, Richerche sulle fluttuazioni economiche di lunga durata, in: Giornale degli Economisti, H. 7/1933, S. 461 ff.

25 Vgl. *Imbert, Gaston*, Des mouvements de longue durée Kondratieff, Aix-en-Provence 1959.

26 Vgl. *Cameron, Rondo*, The Logistics of European Economic Growth: A Note on Historical Periodization, in: Journal of European Economic History, H. 1/1973, S. 145 ff.

27 Vgl. *Kotov, A. A.*, Suščnost' agrarnogo i sel'skochozjajstvennogo krizisa, Moskau 1927.

oder Ablehnung die Analyse und Interpretation der Kondratieff-Zyklen beeinflussen kann.[28]

Im Unterschied zu den unter (a), (b) und (c) genannten Zyklen wird bei den hyperlangen Wellen jedenfalls und beim Kondratieff-Zyklus von einer ganzen Anzahl von Forschern[29] angenommen, daß sie auch im Spät- oder sogar schon im Hochfeudalismus vorhanden sind. So hebt beispielsweise Braudel das „lange 16. Jahrhundert“ (1450–1650) als eine Periode im Sinne der hyperlangen Wellen hervor[30], um sie an anderer Stelle[31] in 30–50 Jahre umfassende Zyklen (im Kondratieffschen Sinne?) zu untergliedern.

Nehmen wir an, daß erstens alle genannten Zyklen durch einfache Cosinus-Funktionen darstellbar sind, zweitens als einfachster Fall die einfache Addition der Zyklen vorliegt und drittens die Zyklen von einem sogenannten sekundären Trend, einer steten, quasi-unendlichen linearen Aufwärtsbewegung begleitet sind, so ergibt sich schon ein außerordentlich kompliziertes Bild (vgl. Abb. 1).

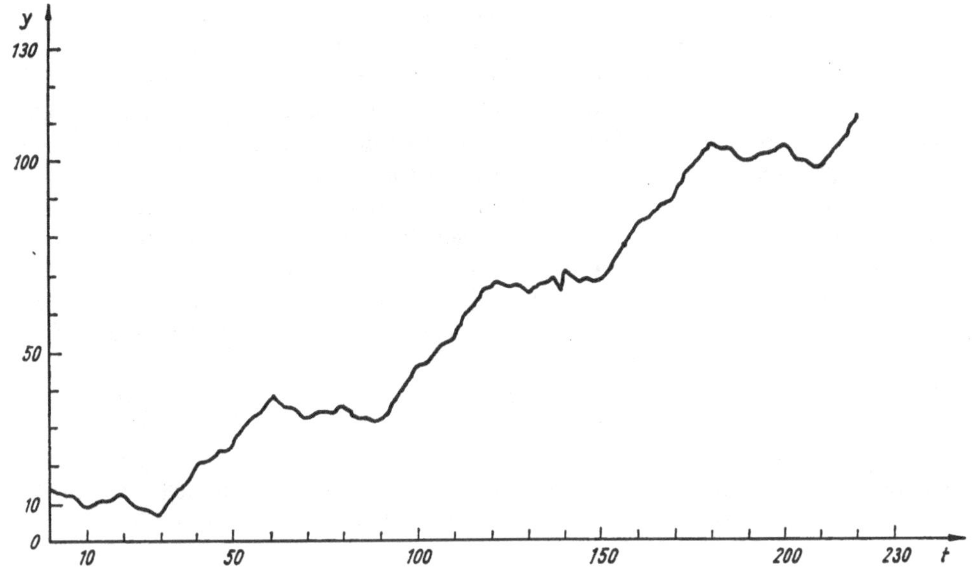

$$y = \frac{1}{4}\,[2t + \cos 162t + 3 \cos 54t + 9 \cos 18t + 27 \cos 6t + 16 \cos 2t]$$

Abb. 1
Idealisiertes Fünf-Zyklen-Modell (mit linearem Trend)

Wenn wir nicht wüßten, auf welche Weise das Bild entstanden ist, könnten wir es mit bloßem Auge nicht in seine Bestandteile – den Trend und die verschiedenen Zyklen – zerlegen. Aber andererseits ist das Bild ideal: Keine außer den genannten Faktoren beeinflus-

28 Vgl. beispielsweise *Wallerstein, Immanuel*, Kondratieff Up or Kondratieff Down? in: Review. A Journal of the Fernand Braudel Center for the Study of Economies, Historical Systems, and Civilizations (im folgenden: Review), H. 4/1979, S. 669ff.

29 Vgl. die unvollständige Übersicht bei *Barr, Kenneth*, Long Waves: A Selective, Annotated Bibliography, in: Review, H. 4/1979, S. 675ff.

30 *Braudel, Fernand*, La decadenza italiana corrisponde a un processo visibile? in: Storia d'Italia, hrsg. v. R. Romano u. C. Vivanti, Bd. 2, T. 2, Turin 1974, S. 2234.

31 *Derselbe*, L'Italia fuori di Italia: Due secoli e tre Italia, in: ebenda, S. 2124.

sen den Kurvenverlauf. Er wäre noch weitaus verwirrender, wenn wir die berühmten historischen Zufälligkeiten berücksichtigen würden (beispielsweise durch die Addition von Zufallszahlen). Aber genau aus solchen, die historischen Zufälle ebenfalls widerspiegelnden Daten und „Bildern" sollen ja letztlich auch die Kondratieff-Zyklen ersichtlich sein.

3. Eingrenzung des Untersuchungsobjektes

Natürlich kann im nachfolgenden nur ein sehr begrenzter Ausschnitt der Wirtschaftsgeschichte betrachtet werden. Die Begrenzungen liegen in folgendem:

a) Seit Kondratieff[32] wird bei der Analyse „langer Wellen" zwischen reversiblen und irreversiblen Prozessen unterschieden. Reversible Prozesse sind dadurch charakterisiert, daß die Zahlenwerte der zu untersuchenden Indikatoren, über den gesamten Untersuchungszeitraum hinweg betrachtet, um einen „natürlichen Mittelwert" schwanken. In ihrem Verlauf wird also auf schon früher erreichte Niveaus zurückgekehrt. Als Beispiele für solche reversiblen Bewegungen seien die Entwicklung von Diskontsätzen, Lagerbeständen, Eheschließungs- und Ehescheidungsziffern usw. genannt. Demgegenüber sind irreversible Prozesse dadurch charakterisiert, daß sie – anscheinend oder scheinbar – einem sekulären Trend unterliegen, so daß sie – von kleineren und manchmal auch größeren Rückschlägen abgesehen – beständig steigen. Beispiele hierfür sind die Bevölkerungsentwicklung, das in Naturaleinheiten bzw. preisbereinigt gemessene Wachstum der materiellen Produktion und des Handels usw. Da ich glaube, daß – aus hier nicht näher analysierbaren Gründen – die den reversiblen Prozessen zugrundeliegenden Bewegungen sekundärer Natur und aus den den irreversiblen Prozessen zugrundeliegenden Bewegungen ableitbar sind, beschränke ich mich im folgenden auf die Betrachtung einiger irreversibler Prozesse.

b) Obgleich neuerdings von einigen Ökonomen vermutet wird, daß Preisbewegungen auch irreversibel sind,[33] d. h., daß die allgemeine Tendenz der Preise in Westeuropa während der vergangenen 700 Jahre eine steigende gewesen ist, sei ihre Untersuchung hier ausgeschlossen, weil ein befriedigender Erklärungsansatz z. Z. m. E. noch nicht vorliegt.

c) Die Datenbasis für die Untersuchung der Kondratieff-Zyklen in den vorkapitalistischen Produktionsweisen ist im wesentlichen auf Preise begrenzt, wobei im eigentlichen auch nur Westeuropa in Frage kommt, da für solche Zeiten und Räume wie beispielsweise das altbabylonische Reich[34] und das arabische Mittelalter[35] auf Grund der wenigen vorhandenen Daten die Existenz „wellenartiger Fluktuationen" zwar vermutet, aber weder bewiesen noch widerlegt werden kann. Weil andererseits für eine Analyse der Kondratieff-Zyklen innerhalb der sozialistischen Produktionsweise der Untersuchungszeitraum viel zu kurz ist – alles Pro und Contra wäre rein spekulativ, bestenfalls von logischer Evidenz

[32] Vgl. *Kondrat'ev, N. D.*, K voprosu o ponjatijach ekonomičeskoj statiki, dinamiki i konjunktury, in: Socialističeskoe chozjajstvo, H. 2/1924, S. 349ff.

[33] Vgl. *Lipsey, R. G.*, Does Money Always Depreciate? in: Lloyds Bank Review, H. 58/1960, S. 1ff.; *Schwartz, Anna J.*, Secular Price Change in Historical Perspective, in: Journal of Money, Credit and Banking, Feb. 1973, S. 243ff.; *Csikós-Nagy, Béla*, Towards a New Price Revolution, Budapest 1979, S. 39ff.

[34] Vgl. *Farber, Howard*, A Price and Wage Study for Northern Babylonia during the Old Babylonian Period, in: Journal of the Economic and Social History of the Orient, H. 1/1978, S. 1ff.

[35] Vgl. *Asthor, Eliyahu*, Histoire des prix et salaires dans l'orient medieval, Paris 1969.

und jedenfalls ohne historische Relevanz –, können nur die Kondratieff-Zyklen innerhalb der kapitalistischen Produktionsweise analysiert werden.

d) Seit etwa 1850 existiert eine kapitalistische Weltwirtschaft im eigentlichen Sinne des Wortes, d. h. die Weltwirtschaft dominiert die einzelnen Volkswirtschaften. Diese Dominanz wurde erstmals in der Weltwirtschaftskrise von 1857 sichtbar. Daher müßten die Kondratieff-Zyklen bei einer Analyse das Wachstum der kapitalistischen Weltwirtschaft sichtbar werden. Das schließt natürlich nicht aus, daß sie auch bei Analysen der Produktions- und Handelsentwicklung von einzelnen Volkswirtschaften und einzelnen Produktions- und Handelsbereichen sichtbar werden können (im Gegenteil sind Volkswirtschaften und einzelne Produktions- und Handelsbereiche in der Vergangenheit ein bevorzugtes Objekt für die Verifikation der Kondratieff-Hypothese gewesen), aber sie können – Dominanz der Weltwirtschaft vorausgesetzt – dann nur als Produkt von weltwirtschaftlichen Kondratieff-Zyklen und volkswirtschaftlichen Randbedingungen betrachtet werden. Auf dieses Verhältnis von lokalen und globalen Prinzipien wird noch zurückzukommen sein.

Aus den genannten Einschränkungen ergibt sich, daß irreversible Wachstumsprozesse der kapitalistischen Weltwirtschaft das Objekt einer Untersuchung sind, deren – durchaus vorläufigen – Resultate hier vorgestellt seien.

4. Einige phänomenologische Betrachtungen

Ein Hauptargument gegen die Kondratieff-Hypothese war, daß die wellenartige Bewegung zufälligen Charakters sei.[36] Neuerdings haben beispielsweise Milward[37] und Abelshauser/Petzina[38] hervorgehoben, daß die verschiedenen Bewegungen zu verschiedenen Zeiten und in verschiedenen Ländern verschiedene Ursachen haben, so daß die durch ihre Zusammenfassung entstehende wellenartige Bewegung zufälligen Charakters sei. Alle diese Argumente können im Grunde dahingehend zusammengefaßt werden, daß – entsprechend einem Theorem von Sluckij[39] – zyklische Bewegungen ein Resultat der Addition von Zufallsursachen sind. Wenn wir jedoch den Kondratieff-Zyklus aus einer Masse von Zufällen erklären wollen, so hätten wir schon eine außergewöhnliche Anhäufung von Zufallsereignissen vorauszusetzen. Betrachten wir einfach ein rundes Dutzend solcher „Einzelfälle“:

a) Die Wachstumsraten der Weltindustrieproduktion im Kapitalismus sind offensichtlichen Schwankungen unterworfen.[40]

36 Vgl. *Oparin, N. I.*, Dlitel'nye kolebanija ekonomičeskich elementov, in: Planovoe chozjajastvo, H. 12/1926, S. 159ff.; *derselbe:* Kritičeskij analiz „bol'šich ciklov kon-junktury“ prof. Kondrat'eva i ob-jasnenie dlitel'nych kolebanij nekotorych ekonomičeskich elementov, in: *Kondrat'ev, N. D./Oparin, N. I.*, Bol'šie cikly kon-junktury, Moskau 1928, S. 73ff.

37 *Milward*, S. 51.

38 Vgl. *Abelshauser, Werner/Petzina, Dietmar*, Krise und Rekonstruktion. Zur Interpretation der gesamtwirtschaftlichen Entwicklung Deutschlands im 20. Jahrhundert, in: Historische Konjunkturforschung, S. 75ff.; ebenso: *Petzina, Dietmar*, Zur Interpretation der wirtschaftlichen Entwicklung Deutschlands zwischen den Weltkriegen. Paper für die Sektion B 3 (The Long Run Trends) des 8. Internationalen Wirtschaftshistorikerkongresses, Budapest 1982.

39 *Sluckij, E. E.*, Složenie slučajnych pričin kak istočnik cikličeskich processov, in: Voprosy konjunktury, T. 1/1927, S. 34ff.; vgl. auch seinen Artikel *Slutzky, E.*, The Summation of Random Causes as a Source of Cyclic Processes, in: Econometrica, H. 2/1937, S. 105ff.

40 Vgl. Tabelle 1.

b) Während der A-Phasen finden die für ihre Zeit umfassendsten zyklischen Überproduktionskrisen statt, die von 1825, 1873, 1929 und (bisher) 1973.
c) Die A-Phasen und ihre Hauptkrisen sind jeweils etwa 50 Jahre voneinander entfernt.
d) In den A-Phasen ist die Ungleichmäßigkeit des Wachstums (gemessen an den Variabilitätskoeffizienten der Wachstumsraten) entschieden höher als in den B-Phasen.[41]
e) In den A-Phasen finden gehäuft Zwischen- und Teilkrisen sowie größere Rückschläge (Rezessionen) statt.[42]
f) Innerhalb der A-Phasen finden Agrarkrisen statt.[43]
g) Vor allem innerhalb der A-Phasen werden grundlegende Erfindungen in die Produktion überführt (sog. Basisinnovationen), die entscheidende Wandlungen im Gesamtsystem der Produktivkräfte hervorrufen.[44]
h) Während der A-Phasen finden vornehmlich deflationäre, in den B-Phasen finden vornehmlich inflationäre Prozesse statt.[45]
i) Während der A-Phasen finden die Übergänge zu den jeweils höheren Entwicklungsstadien (Entwicklungsphasen) der kapitalistischen Produktionsweise statt,[46] insbesondere der weltweite Übergang zum Industriekapitalismus (1825ff.), zum Imperialismus (1873ff.), zum staatsmonopolistischen Kapitalismus (1913ff. oder auch 1929ff.) sowie – infolge der Krise der staatsmonopolistischen Kapitalismus[47] – in Richtung auf einen supranationalen „staats"monopolistischen Kapitalismus.[48]
k) Zum Ende der B-Phase beginnend. entstehen vor allem in den A-Phasen revolutionäre

[41] *Kuczynski, Thomas*, Have There Been Differences Between the Growth Rates in Different Periods of the Development of the Capitalist World Economy Since 1850? in: Historical Social Research. The Use of Historical and Process-Produced Data, hg. v. J. M. Clubb u. E. K. Scheuch, Stuttgart 1980, S. 307f., 313ff.

[42] Vgl. *Spiethoff, Arthur*, Die wirtschaftlichen Wechsellagen. Aufschwung, Krise, Stockung, mit e. Einleitung von E. Salin, Bd. 1: Erklärende Beschreibung, Tübingen/Zürich 1955, S. 110ff, (ursprünglich erschienen im *Handwörterbuch der Staatswissenschaften*, 4. Aufl., Bd. 6, Jena 1925, S. 5ff.)

[43] Vgl. *Kondrat'ev, N. D.*, Mirovoe chozjajstvo i ego konjunktury vo vremja i posle vojny, Vologda 1922, S. 242ff.; *Studensky, G. A.*, The Agricultural Depression and the Technical Revolution in Farming, in: Journal of Farm Economics, H. 4/1930, S. 552ff.

[44] Vgl. *Kondrat'ev, N. D.*, Bol'šie cikly ekonomičeskoj kon-junktury, in: *derselbe/Oparin*, S. 5ff.; *Simiand, François*, Les fluctuations économiques à longue période et la crise mondiale, Paris 1932, S. 20ff.; *Mensch, Gerhard*, Das technologische Patt. Innovationen überwinden die Depression, Frankfurt a. M. 1975; *Duijn*; *Haustein, Heinz-Dieter/Neuwirth, Erich*, Long Waves in World Industrial Production, Energy, Consumption, Innovations, Inventions, and Patents and Their Identification by Spectral Analysis, Laxenburg 1982= Working Paper 82-9 des International Institute for Applied System Analysis.

[45] Vgl. *Wicksell, Knut*, Geldzins und Güterpreise, Jena 1898; *Gelderen, J. van*, (unter dem Pseudonym J. Fedder), Springvloed – Beschouwingen over industrieele ontwikkeling en prijsbeweging, in: De Nieuwe Tijd, H. 4–6/1913, S. 254ff., 370ff. u. 446ff.

[46] Vgl. *Spektator* (d. i. M. Nachimson), (Diskussionsbeitrag) in: *Kondrat'ev/Oparin*, S. 155ff.; *Studensky*.

[47] Vgl. *Bocarra, Paul*, Zum Verständnis des Begriffs der Krise des staatsmonopolistischen Kapitalismus (Übersetzung aus: Économie et politique, H. 227/1972, S. 5ff.), in: Marxismus-Digest, H. 3/1974, S. 62ff.

[48] Vgl. *Kuczynski, Thomas*, Weltwirtschaftskrise und staatsmonopolistischer Kapitalismus: Das Beispiel des amerikanischen New Deal, in: JWG, T. 1/1976, S. 259ff.

Strömungen einer neuen Qualität innerhalb der Arbeiterbewegung, während in den B-Phasen reformlerische Bewegungen an Gewicht gewinnen.[49]

l) Folgerichtig wurden Voraussagen hinsichtlich eines unmittelbar bevorstehenden Zusammenbruchs des kapitalistischen Systems vornehmlich in den A-Phasen getroffen. Es ist wohl kein Zufall, daß Marx und Engels bei der Abfassung des Kommunistischen Manifestes (1847), also zum Ende der ersten A-Phase, das baldige Ende des Kapitalismus vor Augen hatten,[50] daß Engels 1883, inmitten der zweiten A-Phase, den „Hauptkrach“ in greifbarer Nähe sah,[51] daß bei der Diskussion in der Sowjetunion während der 20er Jahre, inmitten der dritten A-Phase, Kondratieff vorgeworfen wurde, er behandle den (damaligen) Zustand des Weltkapitalismus nur als vorübergehende Krise und nicht als Endkrise des Systems.[52]

m) Die Hauptdiskussionen über die „langen Wellen“ fanden in der Zwischenkriegszeit (dritte A-Phase) statt und flammten mit dem Eintritt in die vierte A-Phase (1973ff.) erneut wieder auf, während in der Nachkriegszeit (dritte B-Phase) die meisten Ökonomen und Historiker Kondratieff-Zyklen überhaupt nicht diskutierten, die Hypothese selbst wohl kaum zur Kenntnis nahmen. Gerade solche Wirtschaftshistoriker, die meinen, der „Kondratieff“ sei tot,[53] sollten sich vor Augen führen, wie lebendig – und wellenartig! – die Diskussion bisher verlaufen ist.

Summieren wir alle diese Einzelfälle (die sicherlich untereinander in einem wechselseitigen, aber noch nicht tief genug erforschten Zusammenhang stehen), so erhalten wir das (außerordentlich grob gezeichnete) Bild gesamtgesellschaftlicher Krisen in den A-Phasen und relativ steter Aufwärtsentwicklungen in den B-Phasen.

Aber ein Bild – auch ein besser gekennzeichnetes als dieses – ist kein Beweis: Wir sehen jeden Tag die Sonne aufgehen und wissen doch, daß es die Erde ist, die sich um die Sonne dreht, und daß das Umgekehrte (was ja unserem Bild vom Sonnenaufgang zugrundeliegt) nicht der Fall ist. Das alte chinesische Wort: „Jeder hat seine eigene Sicht, aber nicht jeder sieht etwas“, gilt auch für die (noch) nicht bewiesenen Hypothesen in der Wissenschaft. Und auf dem Gebiet der Kondratieff-Zyklen gibt es bislang *nur* Hypothesen. Oskar Langes Bemerkung: „Auch wenn die oben (d. h. von ihm – d. Vf.) angeführten historischen Tatsachen nicht Gegenstand ernsthafter Bedenken sein können, sind sie kein hinreichender Beweis für die Existenz langfristiger Zyklen. Um diese Theorie zu beweisen, wäre es notwendig zu zeigen, daß eine Kausalbeziehung zwischen den beiden aufeinanderfolgenden Phasen des Zyklus besteht, und hierin hat niemand Erfolg gehabt“,[54] ist auch heute noch gültig. Ja, wir müssen sogar noch einen Schritt weiter gehen, denn anscheinend gilt das Einstein-

49 Vgl. *Parvus* (d. i. Alexander Helphand), Die Gewerkschaften und die Sozialdemokratie, Dresden 1896; *derselbe*, Die Handelskrisis und die Gewerkschaften, Berlin 1901; *derselbe*, Die kapitalistische Produktion und das Proletariat, Berlin 1908.

50 Vgl. *Marx, Karl/Engels, Friedrich*, Manifest der Kommunistischen Partei, in: MEW, Bd. 4, Berlin 1958, S. 493.

51 Vgl. *Engels, Friedrich*, Brief an August Bebel vom 10./11. 5. 1883, in: MEW, Bd. 36, S. 27.

52 Vgl. insbesondere *Gerčenstejn, A.*, Suščestvujut li bol'šie cikly kon-junktury? Moskau 1929, S. 5: „Ob Prof. Kondratieff nun bewußt oder nicht – objektiv vertuscht seine Konzeption der ‚großen Zyklen‘ die gegenwärtige historische Krise des Kapitalismus, die dadurch als einfache längerfristige konjunkturelle Depression dargestellt wird.“

53 Vgl. *Milward*, S. 52f. sowie *Spree, Reinhard*, Was kommt nach den ‚langen Wellen‘ der Konjunktur?, in: Historische Konjunkturforschung, S. 314.

54 *Lange, Oskar*, The Theory of Reproduction and Accumulation, Warschau 1969, S. 76f.

Wort „Erst die Theorie entscheidet darüber, was man beobachten kann“[55] nicht nur für die Physik, sondern auch für die Untersuchung des Kondratieff-Zyklus. So hat die neuere Diskussion über die Preisentwicklung in Frankreich während des 19. Jahrhunderts gezeigt, daß derjenige, der an die Kondratieff-Hypothese glaubt, die „langen Wellen“ sieht,[56] und derjenige, der nicht an sie glaubt, sie auch nicht sieht.[57] Analoges gilt auch für die Diskussionen über Victorian Boom und Great Depression in England.[58] Das sind Diskussionen, die auch anhand der deutschen Wirtschaftsentwicklung geführt werden könnten. Beispielsweise unterscheiden Mottek/Becker/Schröter[59] ganz klar die „Zeit von 1871 bis 1894 – der Gründerzyklus“ und die „Zeit von 1895 bis 1914 – vom Ende der sogenannten Großen Depression bis zum 1. Weltkrieg“, wogegen J. Kuczynski[60] in den Jahren nach der Gründerkrise „nichts ‚Struktur‘- bzw. ‚Allgemein‘- oder ‚Übergangs‘-Krisenhaftes“ sieht.

5. Kurze Klassifikation und Charakterisierung bislang vorliegender Interpretationsversuche

Es ist nicht erstaunlich, daß ein schon bezüglich seiner Existenz umstrittenes Phänomen erst recht bezüglich seiner Ursachen umstritten ist. Eine Zusammenstellung der Veröffentlichungen zum Thema zeigt, daß neben rein beschreibenden Darstellungen eine Vielzahl von Arbeiten erschienen sind, die eine explizite Kausalanalyse enthalten. Versucht man, die letztgenannten zu systematisieren, so erhält man (unter besonderer Berücksichtigung von Originalarbeiten und Arbeiten mit weitreichender Wirkung) etwa folgende Übersicht:

a) Monetaristische Ansätze, die insbesondere den zu beobachtenden Wechsel von Deflation und Inflation im Auge haben, wobei der Analyse von Preisen und Diskontraten besondere Beachtung geschenkt wird. Die Goldproduktion, die bis zum zweiten Weltkrieg von einigen als auslösender Faktor für die B-Phasen (nach 1848 Goldfunde in Kalifornien und Australien; nach 1896 Goldfunde in Südafrika) betrachtet wurde,[61] spielt in der gegenwärtigen Diskussion kaum nooh eine Rolle, weil die dritte B-Phase (1938/48 ff.) offensichtlich ohne neue Goldfunde eingeleitet wurde. Bei denjenigen, die wesentliche Ursachen der Entstehung „langer Wellen“ in Wandlungen der Währungs- und Finanz-

55 Mitgeteilt bei *Heisenberg, Werner*, Der Teil und das Ganze, München 1969, S. 92.

56 Vgl. *Bouvier, Jean*, Feu François Simiand? in: Hommage à Ernest Labrousse, Paris/La Haye 1974, S. 59 ff.

57 *Lévy-Leboyer*, S. 102 ff.

58 Man vergleiche beispielsweise die von *Saul, S. B.*, The Myth of the Great Depression, London 1969, und *Church, R. A.*, The Great Victorian Boom 1850/73, London 1975, vertretenen Auffassungen mit den von *Lewis, W.*, und *Rostow, Walt W.*, The World Economy, History and Prospect, Austin 1978, vertretenen.

59 *Mottek, Hans/Becker, Walter/Schröter, Alfred*, Wirtschaftsgeschichte Deutschlands. Ein Grundriß, Bd. 3, Berlin 1972, Kap. 4 und 5.

60 *Kuczynski, Jürgen*, Studien zur Geschichte der zyklischen Überproduktionskrisen in Deutschland 1873–1914, Berlin 1961, S. 30.

61 Vgl. *Kautsky, Karl*, Die Wandlungen der Goldproduktion und der wechselnde Charakter der Teuerung, Stuttgart 1913 = Die Neue Zeit, Supplement vom 24. 1. 1913; *Lenoir, Marcel*, Etudes sur la formation et les mouvements des prix, Paris 1913; *Sombart, Werner*, Das Wirtschaftsleben im Zeitalter des Hochkapitalismus, Bd. 3, Berlin 1927, S. 567 ff.

systeme erblicken,[62] spielt sie noch eine gewisse Rolle, da Gold selbstredend ein Teil des kapitalistischen Währungs- und Finanzsystems darstellt.

b) Agrarökonomische Ansätze, die den Wechsel von Deflation und Inflation auf Agrarpreise reduzieren[63] und die Analyse manchmal auf die gesamte Agrarproduktion ausdehnen[64]. Die Ursachen werden hier in der Erschließung neuer Anbaugebiete und Absatzmärkte (siehe auch unter (g)) sowie dem Wirken des Gesetzes vom abnehmenden Bodenertrag gesehen.

c) Sozialpsychologische Ansätze, die die Kondratieff-Zyklen als durch den Generationswechsel verursacht begreifen,[65] durch Wandlungen der Weltanschauungen[66] und der ethischen Prinzipien.[67]

d) Militärhistorisch akzentuierte Ansätze, die die Kondratieff-Zyklen als durch große Kriege ausgelöst betrachten.[68]

e) Innovationstheoretische Ansätze, die die Ursachen der Kondratieff-Zyklen vor allem in der Einführung grundlegend neuer Erzeugnisse und Verfahren (B-Phase) und dem dadurch ausgelösten technisch-technologischen Strukturwandel sehen.[69]

f) Investitions- und reproduktionstheoretische Ansätze, die die Ursachen der Kondratieff-Zyklen vor allem aus dem Reproduktionsprozeß des fixen Kapitals erklären wollen.[70]

g) Marktorientierte Ansätze, die die Erschließung neuer Märkte in den Vordergrund der Betrachtung stellen.[71]

h) Kapitaltheoretische Ansätze, die die Ursachen der Kondratieff-Zyklen aus den Verwertungsbedingungen des Kapitals und insbesondere aus dem Wirken des Gesetzes des tendenziellen Falls der Profitrate ableiten wollen.[72]

[62] Vgl. *Cassel, Gustav*, Theoretische Sozialökonomie, Leipzig 1918; *Schumpeter*; *Dupriez, Léon H.*, Des mouvements économiques généraux, Louvain 1951; *derselbe*, Konjunkturphilosophie, Neuwied a. Rh. 1963, S. 104ff.; *derselbe*, 1974 – a Downturn of the Long Wave? in: Banco Nazionale del Lavoro Quarterly Review, H. 126/1978, S. 199ff.

[63] Vgl. *Loots, François*, Les mouvements fondamentaux des prix de gros en Belgique de 1822 à 1913, in: Bulletin de l'Institut des Sciences Économiques de l'Université de Louvain, November 1936, S. 23ff.

[64] Vgl. *Sirol, Jean*, Le rôle de l'agriculture dans les fluctuations économiques, Paris 1942.

[65] Vgl. *Spiethoff*; *Mensch*.

[66] Vgl. *Keruhel, Marie*, Les mouvements de longue durée des prix, Rennes 1935 (Dissertation).

[67] Vgl. *Baudin, Louis*, La monnaie et la formation des prix, Paris 1936.

[68] Vgl. *Wicksell*; *Ciriacy-Wantrup, Siegfried von*, Agrarkrisen und Stockungspannen. Zur Frage der langen Wellen in der wirtschaftlichen Entwicklung, Berlin 1936.

[69] Vgl. *Parvus*, Die Handelskrisis ...; *Simiand, François*, Le salaire, l'évolution sociale et la monnaie, Paris 1932, Bd. 2, S. 236ff.; *Schumpeter*; *Lange, Oskar*, A Note on Innovations, in: RES, H. 2/1943, S. 19ff.

[70] Vgl. *Kautsky, Karl*, Krisentheorien, in: Die Neue Zeit, H. 2/1901, S. 37ff., und H. 5/1902, S. 133ff.; *Tugan-Baranovskij, M.*, Pròmyšlennye krizisy, St. Petersburg 1913; *Spektator*, a. a. O.; *Wolff, Sam de*, Het economisch getij, Amsterdam 1929; *Tinbergen, Jan*, Vertragingsgolven en Levensduurgolven, in: Strijdenskracht door Wetensmacht, hg. v. J. v. d. Wijk, Amsterdam 1938, S. 143ff.; *Sweezy, Paul*, Professor Schumpeter's Theory of Innovation, in: RES, H. 2/1943, S. 93ff.

[71] Vgl. *Gelderen*; *Parvus*, Die Gewerkschaften ...; *Rostow*.

[72] Obgleich ansatzweise schon bei *Tugan-Baranovskij* und *Sweezy* vorhanden, ist dieser Ansatz erst in den 70er Jahren voll entwickelt worden, und zwar vor allem bei *Mandel, Ernest*, Der Spätkapitalismus. Versuch einer marxistischen Erklärung, Frankfurt a. M. 1972, Kap. 4; *der-*

i) Singularistische Ansätze, die im Grunde besagen, daß jeder einzelne Kondratieff-Zyklus durch ein erratisches Ereignis verursacht ist, so daß eine Theorie der „langen Wellen" als nicht konstruierbar abgelehnt wird.[73]

Bei dieser Einteilung – in der wohl die wesentlichen, aber keineswegs alle vorhandenen Erklärungsansätze berücksichtigt sind[74] – ist aber zu bedenken, daß in der Vergangenheit auch verschiedene Ansätze miteinander kombiniert wurden, Ansätze nur teilweise akzeptiert und mehr oder minder modifiziert in den eigenen Ansatz übernommen wurden, daß gleiche Ansätze zu verschiedenen Urteilen und verschiedene Ansätze zu gleichen Urteilen über eine bestimmte Periode führten usw.

Mit Ausnahme wohl des investitions- und reproduktionstheoretischen (f), der durch das Konzept des Kuznets-Zyklus als langfristigem Investitionszyklus überholt und widerlegt ist, ist allen angeführten Ansätzen gemeinsam, daß die jeweils zu Ursachen erklärten Phänomene wirklich vorhanden sind. Daß Wandlungen in der Wirtschaftsethik und die Erschließung neuer Absatzmärkte, die Einführung neuer technologischer Verfahren und der Aufschluß neuer Anbaugebiete, die Bewegung der Durchschnittsprofitraten und die Entwicklung der Kreditsysteme alle einen Einfluß auf das Wirtschaftsleben und seine Bewegungsform haben, kann nicht ernsthaft bestritten werden. Daß erratische Ereignisse, zu denen auch der Ausbruch großer Kriege gezählt werden muß, nachhaltige und langsam verebbende Wirkungen haben, die zumindest theoretisch in Form von „langen Wellen" modellierbar sind, ist eine seit Frisch[75] gesicherte Erkenntnis. Die Frage ist nur, ob die Kondratieff-Zyklen tatsächlich Folge der genannten Phänomene sind oder ob nicht eine ganze Anzahl dieser Phänomene Folge der wellenartigen Entwicklung sind. Die historische Analyse zeigt, daß – in Übereinstimmung mit Grunderkenntnissen des Marxismus – einige der genannten Phänomene die konkret-historische Gestalt der Kondratieff-Zyklen zwar beeinflussen, auf sie zurückwirken, sie aber nicht erzeugen: Das Primat der Produktion weist den Vorgängen in der Finanzsphäre (Ansatz a) und auf dem Markt (Ansatz g) einen niederen Rang an – sie können nicht Ursache für die Kondratieff-Zyklen in der Industrieproduktion sein; wegen des Primats der Industrie (im Kapitalismus) gilt ganz dasselbe für die Vorgänge in der Landwirtschaft (Ansatz b); wegen des Primats der Ökonomie gegenüber der Politik und dem Überbau gilt das auch für Vorgänge im militärischen (Ansatz d) und sozialpsychologischen Bereich (Ansatz c). Schließlich fällt bezüglich der singuaristischen Ansätze (i) auf, daß die *periodische* Wiederkehr von Zufällen eine contradicto in adjecto ist. Den Ansätzen (e) und (h) ist gemeinsam, daß sie jeweils eine Phase der Kondra-

selbe, Long Waves of Capitalist Development, London/Paris 1980; *Amin, Samir*, Toward a Structural Crisis of World Capitalism, in: Socialist Revolution, H. 23/1975, S. 9ff.

[73] Vgl. *Griziotti-Kretschmann, Jenny*, Il problema del trend secolare nelle fluttuazioni dei prezzi, Pavia 1935; *Trockij, L. D.*, Doklad o mirovom chozjajstvennom krizise i novych zadačach Kommunističeskogo Internacionala, in: *derselbe*, Pjat' let Kominterna, Moskau/Leningrad 1925, S. 134ff.; *derselbe*, O krivoj kapitalističeskogo razvitija, in: Vestnik socialističeskoj akademii, H. 4/1923, S. 3ff.; *derselbe*, K voprosu o tendencijach razvitija mirovogo chozjajstva, in: Planovoe chozjajstvo, H. 1/1926, S. 185ff.

[74] Vgl. die Bibliographien von *Barr* und *Plumpe, Werner/Rosenkrantz, Jürgen*, Forschungsbibliographie zum Problem der langen Wellen wirtschaftlicher Entwicklung, in: Konjunktur, Krise, Gesellschaft, S. 379ff.

[75] *Frisch, Ragnar*, Propagation Problems and Impulse Problems in Dynamic Economics, in: Economic Essays in Honor of Gustav Cassel, London 1933, zit. nach d. Reprint in: Readings in Business Cycles, London 1966, S. 178ff.

tieff-Zyklen erklären können: Daß durch die Einführung grundlegend neuer Erzeugnisse und Verfahren und deren nachfolgende Verbreitung (Diffusion) innerhalb der Industrie, der Landwirtschaft, des Verkehrs usw. ein bedeutender und langandauernder Aufschwung bewirkt werden kann, ist nicht zu bestreiten – aber woraus resultiert der Schub von Basisinnovationen? Daß das Fallen der Durchschnittsprofitrate einen langandauernden Abschwung bewirken kann, ist ebenfalls nicht zu bestreiten – aber woraus resultiert dann der langandauernde Aufschwung? Genau die von Lange[76] genannte Kausalbeziehung zwischen den beiden aufeinanderfolgenden Phasen des Zyklus ist in diesen Ansätzen nicht aufgezeigt.

Bevor der Versuch eines Neuansatzes eingehender begründet wird, sind einige Bemerkungen zur Technik der empirischen Analyse notwendig.

6. Bemerkungen zur Technik der empirischen Analyse

Die hauptsächlich verwendeten Methoden für die empirische Analyse der Kondratieff-Zyklen sind:

a) die visuelle Inspektion der in Diagrammform gegebenen Daten
b) die Konstruktion gleitender Durchschnitte
c) die Zerlegung der Zeitreihen in Trend und Zyklus bzw. Zyklen (z. B. mittels Regressionsanalyse).

Die erste Methode ist rein beschreibend und liefert außerordentlich selten einheitliche Resultate (vgl. das Pro und Kontra bei Lévy-Leboyer[77] und Bouvier[78]).

Die zweite Methode hat sehr häufig sogenannte Slutzky-Effekte[79] zur Folge, d. h. mittels dieser Methode können durch den Nutzer selber wellenartige Bewegungen „erzeugt" bzw. „vernichtet" werden.[80]

Die dritte Methode, häufig kombiniert mit hochempfindlichen (um nicht zu sagen: reichlich hochgestochenen) Techniken, wie z. B. der Spektralanalyse,[81] basiert auf ziemlich zweifelhaften Voraussetzungen. Ob es nämlich möglich und zudem zulässig ist, eine Zeitreihe in Trend und Zyklen zu zerlegen, hat mit guten Argumenten schon Anderson sen. in Zweifel gezogen.[82] Hinsichtlich der Kondratieff-Zyklen ist der Zulässigkeit dieser Voraussetzung von Bogdanov und Eventov mit der Bemerkung widersprochen worden, daß damit der einheitliche Entwicklungsprozeß der kapitalistischen Wirtschaft in zwei unabhängig voneinander existierende, einander auch nicht beeinflussende Komponenten – Trend und

[76] Vgl. *Lange, Oskar*, The Theory ..., S. 76f.

[77] *Lévy-Leboyer.*

[78] *Bouvier.*

[79] Vgl. *Sluckij*; *Slutzky.*

[80] Exemplarische Beispiele liefert *Nullau, Bruno*, Die Kondratieff-Wellen – Ein Slutzky-Effekt? in: Wirtschaftsdienst, H. 4/1976, S. 177ff.

[81] Vgl. z. B. *Spree, Reinhard* (unter Mitarb. v. Michael Tybus), Wachstumstrends und Konjunkturzyklen in der deutschen Wirtschaft von 1820 bis 1913. Ein quantitativer Rahmen für eine Konjunkturgeschichte des 19. Jahrhunderts, Göttingen 1978; *Kuczynski, Thomas*, Kondratieff-Cycles – Appearance or Reality? in: Seventh International Economic History Congress, Edinburgh 1978, Bd. 2, S. 79ff.; *Haustein/Neuwirth.*

[82] Vgl. *Anderson, Oskar*, Zur Problematik der empirisch-statistischen Konjunkturforschung. Kritische Betrachtung der Harvard-Methoden, Bonn 1929.

Zyklus – zerlegt wird, während in Wirklichkeit doch die zyklische Entwicklung selbst schon die Grundtendenz, den Trend, zum Ausdruck bringe.[83]

Darüber hinaus stehen wir bei diesem Verfahren vor dem Problem, eine substantielle – also nicht vom bloßen Erscheinungsbild bestimmte – Begründung für die auszuwählende Trendfunktion zu liefern. Das ist notwendig, da auch bei Anwendung dieser Methode die Möglichkeit besteht, durch Einführung „geeigneter" Trendfunktionen wellenartige Bewegungen zu „erzeugen" bzw. zu „vernichten".[84] Wir können uns daher nicht auf den – z. B. von Spree[85] eingenommenen – Standpunkt stellen, daß substantielle Begründungen für auszuwählendes Trendfunktionen nicht beizubringen sind – abgesehen davon, daß ein derartiges Herangehen de facto eine Bankrotterklärung wirtschaftswissenschaftlicher Analyse darstellt. Allerdings scheint es in der Tat unmöglich zu sein, für die normalerweise verwendeten Trendfunktionen (insbesondere linearer, polynomialer und exponentieller Trend) eine substantielle Begründung zu geben. So nützlich sie für die *Beschreibung* wirtschaftlicher Entwicklung sein können, so wenig brauchbar sind sie für deren *Erklärung*. Das zeigt sich ganz deutlich, wenn wir versuchen, die zukünftige Entwicklung zu prognostizieren – oder auch eine vorangegangene zu retrognostizieren –, und dabei einen Prognose- bzw. Retrognosehorizont einführen, über den hinaus die Extrapolation erfahrungsgemäß sinnlos wird, weil der Trend die wirkliche Entwicklung nicht mehr widerspiegelt, wobei sich aber die Horizonte nicht aus der Trendfunktion selber, sondern aus der Erfahrung ergeben, also als exogene Faktoren eingeführt werden müssen. Bezüglich des *theoretischen* Gehalts

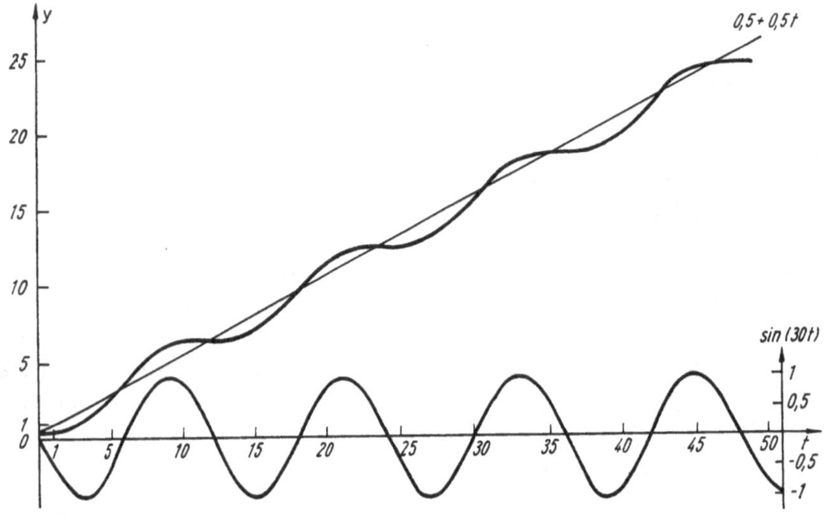

Abb. 2
Auf einen isotonen linearen Trend supponierte trigonometrische Funktion

[83] Vgl. *Bogdanov, V.*, K voprosu o zakonomernosti istoričeskogo razvitija kapitalizma, in: Pod znamenem marksizma, H. 6/1928, S. 80ff.; *Eventov, L.*, O prirode dlitel'nych kolebanij v kapitalističeskoj dinamike, in: Problemy ekonomiki, H. 1/1929, S. 54ff., u. H. 2/1929, S. 47ff.

[84] Vgl. *Nullau.*

[85] Vgl. *Sprée, Reinhard*, Zur quantitativ-historischen Analyse ökonomischer Zeitreihen: Trends und Zyklen in der deutschen Volkswirtschaft von 1820 bis 1913, in: Quantitative Methoden in der historisch-sozialwissenschaftlichen Forschung, hrsg. v. H. Best und R. Mann, Stuttgart 1977, S. 131f.

der genannten Trendfunktionen gilt daher zumeist Darrell Huffs ironische Bemerkung: „Ja, jeden Tag sterben mehr und mehr Menschen. Das ist der Trend.“[86]

Können Zyklen ohne vorherige Eliminierung des „Trends“ analysiert werden, d. h. ohne Zerlegung der Zeitreihen? Das ist von der Sache her unmöglich. Es ist aber gezeigt worden, daß durch Addition von Zyklus und Trend (präzise: durch Superposition einer trigonometrischen Funktion auf einen isotonen linearen Trend) „erzeugte“ Diagramme in erster Näherung als eskalierende Funktionen, als Folgen von logistischen Funktionen gedeutet werden können.[87] Abb. 2 und 3 verdeutlichen den Sachverhalt.

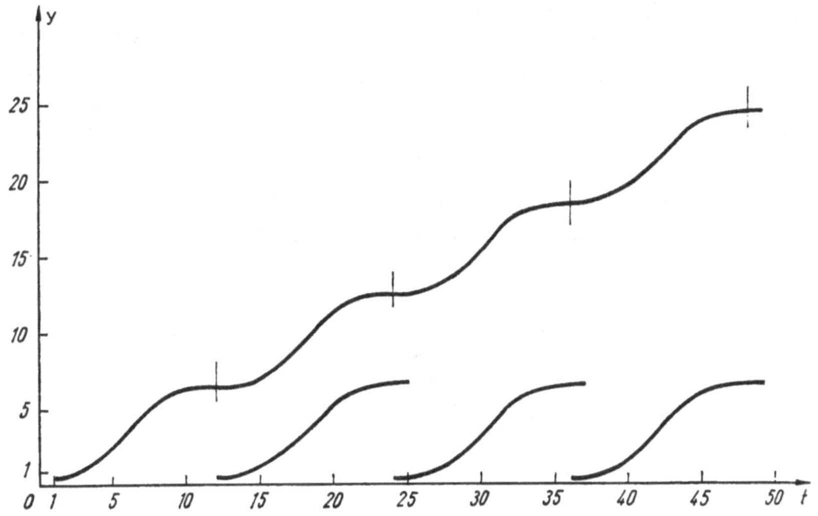

Abb. 3
Eskalierende Funktion

7. Versuch eines theoretischen Neuansatzes

Die Idee, logistische Funktionen zur Erklärung der damals so genannten „retardation“ (Erschlaffung, Ermüdung) des industriellen Wachstums (der Industrieproduktion) einzusetzen, stammt von Kuznets.[88] Späterhin wurden ganze Theorien über Reife und darauf folgende Stagnation der kapitalistischen Wirtschaftsentwicklung aufgestellt,[89] die aber während der langen Aufschwungsperiode nach dem zweiten Weltkrieg völlig in Vergessenheit gerieten. Im großen und ganzen waren diese Stagnationstheorien falsch, aber sie ent-

[86] *Huff, Darrell,* How to Lie with Statistics? London 1974, Umschlagrückseite.

[87] Vgl. *Kuczynski, Thomas,* Methodologische Überlegungen zur Anwendbarkeit mathematischer Methoden in der Wirtschaftsgeschichte, in: JWG, T. 2/1978, S. 168ff.

[88] Vgl. *Kuznets, Simon S.,* Retardation of Industrial Growth, in: Journal of Economic and Business History, H. 3/1929, S. 534 ff.

[89] Vgl. *Kuczynski, Jürgen,* Weltproduktion und Welthandel in den letzten 100 Jahren. Statistische Studien, insbesondere zur Entwicklung unter dem Monopolkapitalismus, Liepāja (Libau) 1935; *Hansen, Alvin, H.,* Full Recovery or Stagnation? New York 1938; *Steindl, Josef,* Maturity and Stagnation in American Capitalism, Oxford 1952 (Neudruck New York/London 1976).

hielten ein rationales Element, eben das Moment der Erschlaffung, auch wenn es von seinen Entdeckern völlig ahistorisch überbetont wurde.

Eine verallgemeinerte logistische Funktion $y=K(1+e^{a-bt})^{-c}$ (wobei $a, b, c, K>0$) zeichnet sich durch folgende Eigenschaften aus:

a) Die Funktion hat nur positive Werte, die zwischen 0 und K liegen.

b) Die Funktion strebt, monoton wachsend, einem Sättigungsniveau K zu, das aber im reellen Zeitbereich nie erreicht wird.

c) Die Funktion hat einen Wendepunkt P_w mit den Koordinaten $t_w=(a+\ln c)/b$ und $y_w=K(1+1/c)^{-c}$. Bis zum Zeitpunkt t_w wächst die Funktion (gemessen an den absoluten Zuwächsen) immer schneller und danach immer langsamer.

d) Wenn der Parameter $c=1$ ist, dann ist die Funktion symmetrisch und ihr Wendepunkt ist durch die Koordinaten $t_w=a/b$ und $y_w=K/2$ gegeben. Der Parameter c gibt mithin Grad und Richtung der Verschiebung des Funktionsverlaufs gegenüber der Zentralsymmetrie an. Abb. 4 verdeutlicht den Sachverhalt.

Betrachten wir die Art und Weise, auf die ein grundlegend neues Produktionserzeugnis bzw. -verfahren (sog. Basisinnovation) innerhalb der Wirtschaft Verbreitung findet, so stellen wir fest: Seiner Einführung auf dem Markt bzw. in den Produktionsprozeß folgt

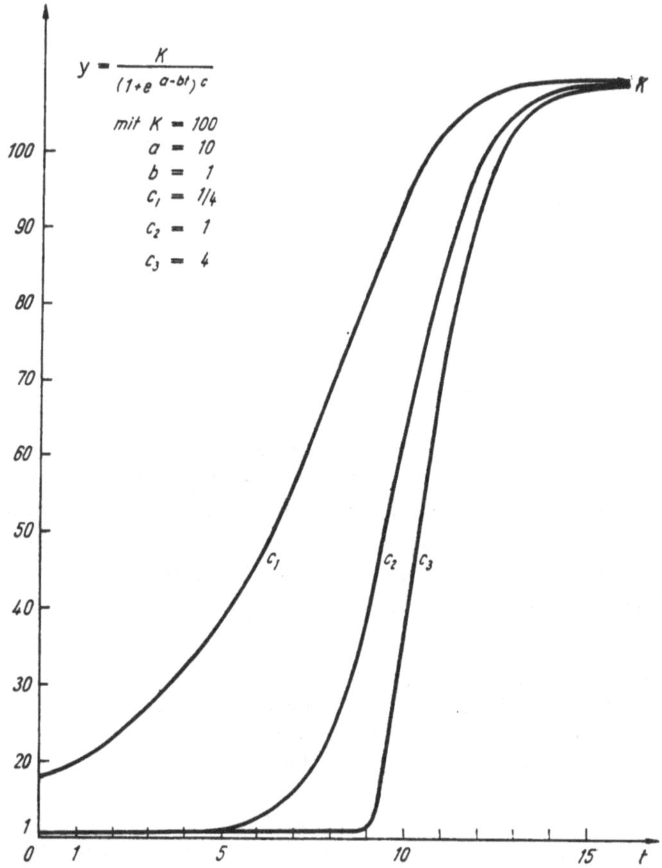

Abb. 4
Logistische Funktion

eine langsame Anlaufphase, in der seine Existenzberechtigung – in einer kapitalistischen Wirtschaft: seine Profitabilität – nachgewiesen wird; auf den tatsächlichen Nachweis folgt eine ausgedehnte Diffusionsphase, in der das neue Erzeugnis bzw. Verfahren das bestimmende auf seinem Feld wird; die dritte Phase ist die der Sättigung (Saturation). Augenscheinlich strebt jeder einzelne historische Prozeß in Wirtschaft und Gesellschaft einem – durch die historischen Randbedingungen gesetzten – Sättigungsniveau zu: Das Eisenbahnnetz eines Landes kann nicht beliebig erweitert werden, und ähnlich können wir für den Einsatz von Düngemitteln in der Landwirtschaft, für die Kohleförderung eines Landes usw. usf. formulieren. Das ist der Weg einer Basisinnovation.[90] Verbesserungsinnovationen[91] werden in der Diffusionsphase, vor allem in ihrem zweiten Abschnitt (nach dem Wendepunkt), getätigt.

Wir haben uns nun die Frage vorzulegen, zu welchem Zeitpunkt Basisinnovationen getätigt werden. Wenn sie nämlich nicht getätigt werden, dann erreicht das gesamte System über kurz oder lang ein Sättigungsniveau. Die vorkapitalistischen Produktionsweisen sind ein exemplarischer Beweis dafür. In einer kapitalistischen Wirtschaft erfolgen Basisinnovationen schubweise, in ganz bestimmten Phasen der Entwicklung,[92] und zwar genau in solchen, wo die Profitabilität des Gesamtsystems eine sinkende ist.[93] Das geschah nach den großen Krisen von 1825, 1873 und 1929 und wird wahrscheinlich in den 80er Jahren wieder passieren (Einführung und Verbreitung der Mikroprozessoren sind wohl ein erstes Resultat innerhalb dieses erneuten Innovationsschubs).

Die äußerlich sichtbare, bloß erscheinende Bewegung ist häufig das glatte Gegenteil der inneren wirklichen Bewegung (es sei wiederum an den Sonnenaufgang erinnert). Scheinbar überwinden im Kapitalismus Basisinnovationen die Depression,[94] in der Wirklichkeit erzwingt die Depression die Basisinnovationen. Mauro nennt, auf den Kapitalismus bezogen, die Depression zu recht die Quelle des Fortschritts,[95] denn die Depression ist im Kapitalismus Ausdruck der Überproduktion. Überproduktion aber bedeutet, daß die „Verkäufer Schlange stehen",[96] daß die Verkäufer, also die Kapitalisten, sich Gedanken machen müssen, wie sie ihre Produktion absetzen und die Profitrate zumindest halten können. Das aber ist in Zeiten der Depression, sinkende zahlungsfähige Nachfrage vorausgesetzt, nur möglich, wenn man seine Konkurrenz aus dem Felde schlägt, und das beste Mittel hierzu ist – von einer direkten Verschärfung der Ausbeutung (Produktion von absolutem Mehrwert) abgesehen – die Einführung grundlegend neuer Technologien, die die eigenen Kostpreise senken,

90 Vgl. *Haustein, Heinz-Dieter* (unter Mitarbeit von Herbert Kempf), Prognoseverfahren in der sozialistischen Wirtschaft, Berlin 1970, S. 150ff.; *Marchetti, Cesare*, Second Status Report of the IIASA-Project on Energy Systems, Laxenburg 1976.

91 Zur Unterscheidung von Basis- und Verbesserungsinnovationen vgl. *Mensch, Gerhard*, Basisinnovationen und Verbesserungsinnovationen, in: Zeitschrift für Betriebswirtschaft, H. 4/1972, S. 295ff.

92 Vgl. *derselbe*, Das technologische Patt, a. a. O.; *Kuczynski, Th.*, Kondratieff Cycles ...; *Duijn, Jaap, J. van*, De lange golf ...; *Haustein/Neuwirth*.

93 Vgl. *Kuczynski, Thomas*, Überproduktion und Innovation, in: JWG, T. 4/1979, S. 239ff.; *Kleinknecht, Alfred*, Innovation, Accumulation, and Crisis: Waves in Economic Development, in: Review, H. 4/1981, S. 683ff.

94 So der Untertitel des Buches von Gerhard Mensch.

95 *Mauro, François*, Histoire de l'économie mondiale 1790–1970, Paris 1971, S. 12.

96 Vgl. *Kornai, János*, Anti-Äquilibrium. Über die Theorien der Wirtschaftssysteme und die damit verbundenen Forschungsaufgaben, Budapest/(West-)Berlin/Heidelberg/New York 1975, S. 241.

und grundlegend neuer Produkte, die die Kostpreise der Abnehmer senken und deshalb absetzbar sind. Aber diese Form des technischen Fortschritts, der Erhöhung des relativen Mehrwerts, erfordert längerfristige Überproduktion, der Druck muß groß genug sein, um das Kapital zur – immer mit großen Risiken behafteten – Basisinnovation zu bewegen (Verbesserungsinnovationen hingegen werden, je nach Verbesserungsgrad,[97] im Gefolge kleiner Krisen oder auch als Ausdruck der innerhalb von technisch-technologischen Systemen sich vollziehenden Eigenbewegungen getätigt).

Im allgemeinen interpretieren wir die von Marx zitierte Feststellung des englischen Gewerkschafters Dunning: „Das Kapital hat einen horror vor Abwesenheit von Profit, oder sehr kleinem Profit, wie die Natur vor der Leere. Mit entsprechendem Profit wird Kapital kühn. Zehn Prozent sicher . . ."[98] in der Weise, daß in Zeiten sinkender Profite nicht investiert wird. Kurzfristig, im Falle der normalen zyklischen Überproduktionskrise, trifft das zu, langfristig nicht, denn wenn Preis- und Produktionsrückgang nicht aus der Klemme helfen, wird Kapital in anderer Weise kühn: Der Produktionsprozeß selbst wird revolutioniert, der Einsatz grundlegend neuer Verfahren und Erzeugnisse wird gewagt. Solange der Absatz und die Profite sicher sind, nimmt kein Kapitalist dieses Risiko auf sich, der „horror vor Abwesenheit von Profit" treibt ihn zum Risiko. In der Tat ist auch in diesem Sinne die Profitrate „der Stachel der kapitalistischen Produktion".[99] Der technische Fortschritt fällt also nicht „wie Manna vom Himmel".[100]

Wann aber setzt diese so starke Verschlechterung der Verwertungsbedingungen des Kapitals ein? Auf diese Frage kann heute nur in Form von Hypothesen geantwortet werden, da niemand in der Lage ist, die Bewegung der Profitraten über einen genügend langen Zeitraum hinweg (der zumindest zwei Kondratieff-Zyklen umfassen muß) mit hinreichender Genauigkeit zu messen; die m. E.[101] am wenigsten unbrauchbaren Resultate hat wohl Gillman[102] für die USA ab 1880 erzielt – ein für unsere Zwecke zu kurzer Zeitraum. Sinkende Wachstumsraten von Produktion und Handel sind nur Indikatoren – und nicht einmal sehr genaue – für sinkende Profitraten, und dasselbe trifft – erst recht in der Gegenwart – auf sinkende Preise zu. Aber vielleicht ist die folgende Überlegung[103] zulässig: Das Verhältnis von produziertem Mehrwert und vorgeschossenem Kapital, die Durchschnittsprofitrate, hat eine langfristig sinkende Tendenz; das war jedenfalls die Auffassung von Marx. Er hat sogar formuliert, das Gesetz des tendenziellen Falls der Profitrate sei „vom

97 Vgl. die Klassifikation bei *Haustein, Heinz-Dieter/Maier, Harry/Uhlmann, Luitpold*, Innovation and Efficiency, Laxenburg 1981= International Institute for Applied System Analysis, Research Report 81–7.

98 *Marx*, Das Kapital, Erster Band, S. 788.

99 *Dasselbe*, Dritter Band, a. a. O., S. 251.

100 So das Urteil von *Vogt, Winfried*, Theorie des wirtschaftlichen Wachstums, (West-)Berlin/Frankfurt a. M. 1969, S. 68, über die bisher vorgelegten Wachstumstheorien.

101 Vgl. aber die Diskussion in *Kapitalismus und Krise*. Eine Kontroverse um das Gesetz des tendenziellen Falls der Profitrate, Wien/Frankfurt a. M. 1970; vgl. auch *Altvater, Elmar/Hoffmann, Jürgen*, Marxistische Ansätze zur Interpretation historischer Wachstumszyklen, in: Historische Konjunkturforschung, S. 375ff. und die dort angeführte Literatur.

102 *Gillman, Joseph M.*, Das Gesetz des tendenziellen Falls der Profitrate, Wien/Frankfurt a. M. 1969.

103 Vgl. *Kuczynski, Thomas*, Leads and Lags in an Escalation Model of Capitalist Development: Kondratieff Cycles Reconsidered= Paper for the 8th International Economic History Congress Budapest 1982, Section B3: The Long-Range Movements.

historischen Standpunkt aus das wichtigste Gesetz“ der kapitalistischen Wirtschaft.[104] Genau diese sinkende Tendenz der Profitrate, nun einmal als faktisch existierende vorausgesetzt, muß aufgehalten werden. Einer der wichtigsten ihr kurz-, vielleicht sogar mittelfristig entgegenwirkenden Prozesse ist der technische Fortschritt.[105] Zunächst wird mittels Verbesserungsinnovationen versucht, die Produktion von relativem Mehrwert zu erhöhen und dadurch die Profitrate des einzelnen Unternehmers bzw. Monopols zu halten oder gar zu steigern. Läßt der Effekt der Verbesserungsinnovationen nach – und jedes technisch-technologische System ist nur innerhalb der ihm eigenen Grenzen verbesserungsfähig –, so ist das Sinken der Profitraten nicht mehr aufzuhalten – es sei denn, es werden Basisinnovationen getätigt.

Wenn in einer kapitalistischen Wirtschaft die Depression Quelle des Fortschritts ist,[106] so führt der Fortschritt späterhin wieder zur Depression: Solche wesentlichen Indikatoren für den wirtschaftlichen und technischen Fortschritt wie das Wachstum der Kapitalausstattung pro Beschäftigten und das Wachstum der Arbeitsproduktivität sind zwar Mittel zur Erhöhung der Produktion von relativem Mehrwert, bewirken aber langfristig eine sinkende Profitrate. Die folgende (auf den Produktwert eines Jahres bezogene) tautologische Gleichung zeigt den Mechanismus:

$$p' = m/(C_f + c_f + c_z + v) = m/(C_f + P - m) = \sum_{t=1}^{\infty} \left[\frac{m}{C_f + P}\right]^t$$

$$\approx m/(C_f + P) = \frac{m/v \cdot v/B}{C_f/B + P/B} = \frac{m'v/B}{C_f/B + P/B}$$

$$\Rightarrow \frac{m'N/B}{K_n/B + Q_n/B} = \frac{m'n}{K_n/B + Q_n/B} = m'n/\left(\frac{1}{B} \sum k_i n_k + \frac{1}{B} \sum q_j n_q\right)$$

$$= m'/\left(\frac{1}{B} \sum k_i n_k/n + \frac{1}{B} \sum q_j n_q/n\right)$$

$$= m'/\left(\frac{1}{B} \sum k_i r_k + \frac{1}{B} \sum q_j r_q\right) = m'/\,(K_r/B + Q_r/B) = m'/(k' + q')$$

(wobei: $p' =:$ Profitrate; $m =:$ Mehrwertmasse; $C_f =:$ Bestand an fixem Kapital am Jahresende; $c_f =:$ Verbrauch an fixem Kapital; $c_z =:$ Verbrauch an zirkulierendem Kapital; $v =:$ Verbrauch an variablem Kapital; $P = c_f + c_z + v + m =:$ Produktionsvolumen; $B =:$ Beschäftigtenzahl; $m' = m/v =:$ Mehrwertrate; im Übergang von Werten zu laufenden Nominalpreisen erhalten wir: $N =:$ Nominallohnsumme; $n = N/B =:$ durchschnittlicher Nominallohn; $K_n = \sum k_i n_k =:$ Kapitalbestand in laufenden Nominalpreisen; $Q_n = \sum q_j n_q =:$ Produktionsvolumen in laufenden Nominalpreisen; $r_k = n_k/n =:$ Relativpreise der Elemente des Kapitalbestandes; $r_q = n_q/n =:$ Relativpreise der produzierten Waren; $K_r = \sum k_i r_k =:$ Kapitalbestand in laufenden Relativpreisen; $Q_r = \sum q_j r_q =:$ Produktionsvolumen in laufenden Relativpreisen; $k' = K_r/B =:$ Kapitalbestand pro Beschäftigten in laufenden Relativpreisen; $q' = Q_r/B =:$ Produktionsvolumen pro Beschäftigten in laufenden Relativpreisen).

[104] *Marx, Karl,* Grundrisse der Kritik der politischen Ökonomie (Rohentwurf), Berlin 1974, S. 634; vgl. auch *derselbe,* Das Kapital, Dritter Band, a. a. O., S. 223.

[105] Ebenda, S. 87 ff. u. 245 ff.

[106] Vgl. *Mauro,* S. 12.

Wenn die Relativpreise als verhältnismäßig konstant angesehen werden können, dann kann die Profitrate in erster Näherung nach der Formel $p' = m'/(k' + q')$ berechnet werden, und daraus folgt, daß durch die Erhöhung der Arbeitsleistung (q') wie auch durch die Erhöhung des Kapitalbestandes pro Beschäftigten (k') eine Senkung der Profitrate hervorgebracht wird (die Problematik des Extramehrwerts einmal beiseite gelassen), eine Tendenz, der die Erhöhung der Mehrwertrate entgegenwirkt. Obgleich also der technische Fortschritt seinen Erstanwendern einen bedeutenden Extramehrwert bescheren kann, mithin eine erhöhte Profitrate, bewirkt er langfristig das Gegenteil. Der Kampf gegen den tendenziellen Fall der Profitrate hat also eine verblüffende Ähnlichkeit mit dem von Lewis Carroll beschriebenen Wettlauf in „Alice in Wonderland", wo man so schnell wie möglich laufen mußte, um nur an derselben Stelle zu bleiben.

Aus Vorstehendem ergibt sich ein – in erster Näherung m. E. logisch wie historisch plausibles – Modell zur Erklärung des Phänomens der Kondratieff-Zyklen. Ausgangspunkt ist der tendenzielle Fall der Profitrate. Ihm entgegenzuwirken, läßt der einzelne Kapitalist u.a. Verbesserungen an schon bewährten Verfahren und Erzeugnissen vornehmen, die ihm kurzfristig einen Extramehrwert sichern: bei verbesserten Erzeugnissen in der Weise, daß durch ihre Nutzung die Kostpreise der anderen Kapitalisten sinken (sonst wäre es unter kapitalistischen Bedingungen keine Verbesserung) und er aus diesem Grunde seinen Marktanteil erhöhen kann, damit die Profitmasse und, in abgeschwächter Form, die Profitrate (ohne dieses letztgenannte Resultat würde er sie nicht einführen); bei verbesserten Verfahren in der Weise, daß ihm entweder bei konstant gehaltenen Verkaufspreisen (Marktproduktionspreisen) direkt ein Extramehrwert zufließt, der aus der Differenz von altem und neuem (kleinerem) Kostpreis entsteht, oder bei einer der Kostpreissenkung adäquaten Senkung der Verkaufspreise durch die damit einhergehende Vergrößerung des Marktanteils, damit der Profitmasse und, in abgeschwächter Form, der Profitrate. Die Möglichkeit, einen Extramehrwert zu erzielen, ist in dem Moment nicht mehr gegeben, wenn die Verbesserungen von der Konkurrenz übernommen worden sind, so daß der Effekt nur ein kurzzeitiger ist. Zudem ist jedes technisch-technologische System nur innerhalb seiner eigenen Grenzen verbesserungsfähig, so daß zu anderen Mitteln gegriffen werden muß, zu Basisinnovationen. Die Einführung grundlegend neuer Verfahren und Erzeugnisse ist ein risikoreiches Unternehmen, eröffnet dem einzelnen Unternehmen aber neue Märkte – auf Kosten anderer Unternehmen. Sie bewirkt daher zunächst einen allgemeinen Fortgang der Kapitalvernichtung, schafft aber damit die notwendige (aber nicht hinreichende) Voraussetzung für einen neuen Aufschwung: Aus technisch-technologischer Sicht ist jetzt ein beträchtlicher Teil der bislang genutzten Produktionsmittel und -verfahren moralisch verschlissen und daher als Kapital vernichtet oder zumindest entwertet, aber andererseits damit ein riesiger Markt für die neuen Verfahren und Erzeugnisse vorhanden. Diese Aufschließung eines neuen Absatzmarktes ermöglicht den nachfolgenden langandauernden Aufschwung, in dessen Verlauf die neuen Verfahren und Produkte allgemeine Verbreitung finden und genau damit der zuvor erzielte Extramehrwert dahinschwindet: das Gesetz der Durchschnittsprofitrate setzt sich durch und damit wird für jeden einzelnen auch wieder der tendenzielle Fall der Profitrate spürbar. Der Kreislauf beginnt von vorn.[107]

107 Ein anderer möglicher Ansatz geht nicht von der Profitrate, sondern von der Effizient der Produktion aus (vgl. *Haustein/Maier/Uhlmann*, ein Ansatz, der auch – im Sinne von *Behrens, Fritz*, Zur Theorie der Messung des Nutzeffektes der gesellschaftlichen Arbeit, Berlin 1963, S. 45 – als Verhältnis von Gesamtprodukt (P) zu Gesamtaufwendungen ($P - m$) interpretierbar

Innerhalb dieses Modells findet dann auch die von bürgerlichen Ökonomen[108] so gern hervorgehobene innovative Kraft des kapitalistischen Unternehmers ihren Platz: Der kapitalistische Konkurrenzkampf läßt nur diejenigen überleben, die sich – Kapitalmasse natürlich vorausgesetzt – mittels Innovationen gegen ihre Konkurrenten durchsetzen. Das heißt aber auch, daß die Verhältnisse, die Produktionsverhältnisse, das innovative Verhalten erzwingen, und nicht etwa ein Unternehmergeist, der – gleich dem Geist Gottes über den Wassern – über den Verhältnissen schwebt. Zum anderen macht das Modell deutlich, warum gerade in langen Depressionsphasen solche erratischen Ereignisse wie Kriege und Revolutionen stattfinden. Die herrschende Klasse kann nicht wie bisher agieren – eine Grundvoraussetzung jeder Revolution[109] –, und sie greift zu allen verfügbaren Mitteln: „. . . 300 Prozent (Profit), und es existiert kein Verbrechen, das es (das Kapital – d. Vf.) nicht riskiert, selbst auf die Gefahr des Galgens“ – dies Wort von Dunning[110] gilt ebenso für den Fall, daß der Profit ganz ausbleibt.

Wenn gesagt wird, der Kreislauf beginne wieder von vorn, so ist damit nicht die Existenz eines quasi-ewigen, sich beständig wiederholenden „großen Zyklus“ postuliert, denn ob der neue große Aufschwung einsetzt, hängt von den konkret-historischen Bedingungen ab. Der Eintritt in die langandauernde Depressionsphase ist unter kapitalistischen Produktionsverhältnissen unvermeidlich, quasi naturgesetzlich, und daher stellt – wie in der marxschen Krisentheorie die Krise – hier die Stagnations- bzw. Depressionsphase den Ausgangspunkt der Bewegung dar. Natürlich können wir Nachgeborenen uns sehr klug dünken, wenn wir die oben angeführten früheren Prognosen über einen kurz bevorstehenden Zusammenbruch des Kapitalismus einfach als falsch deklarieren. Nur hätten wir damit nichts als unser historisches Unverständnis unter Beweis gestellt, denn in der Tat ist in den langandauernden Depressionsphasen keineswegs von vornherein entschieden, ob die neue Aufschwungsphase erreicht wird. Wenn Engels 1883 von der „vollständigen Erschöpfung der kapitalistischen Produktionsweise“ sprach,[111] dann war das sicherlich nur bedingt richtig, denn was erschöpft war, das war nicht die kapitalistische Produktionsweise, sondern eines ihrer Entwicklungsstadien, das der freien Konkurrenz. Vollständige Erschöpfung des Stadiums der freien Konkurrenz! – und da sollte ein Revolutionär, ein Feuerkopf wie Engels nicht den Zusammenbruch des ganzen Kapitalismus im Gefolge einer sozialistischen Revolution vor Augen haben?! Natürlich hätte er „auch“ die andere Möglichkeit erwähnen müssen? Es waren, nach Auskunft der Bibel, stets die Lauen, die der Herr ausspie.

Die von Lange[112] genannten beiden aufeinanderfolgenden Phasen des Zyklus sind in diesem Modell aufeinanderfolgende Phasen logistischen Wachstums. Daher sollte es möglich sein, die Kondratieff-Zyklen mittels eskalierender Funktionen zu beschreiben. So ist die Entwicklung des sich in Basisinnovationen vergegenständlichenden (und daher kumulier-

ist. Bezeichnen wir mit $e' = P/(P-m)$ die Gesamteffektivität, so kann diese – unter Benutzung der oben benutzten tautologischen Umformungen – auch als $e' = 1 + m'/q'$ dargestellt werden.

108 Vgl. grundlegend *Schumpeter, Joseph A.*, Theorie der wirtschaftlichen Entwicklung. Eine Untersuchung über Unternehmergewinn, Kapital, Kredit, Zins und den Konjunkturzyklus, München/Leipzig 1926, S. 339ff.

109 Vgl. *Lenin, W. I.*, Der ‚linke Radikalismus‘, die Kinderkrankheit im Kommunismus, in: Werke, Bd. 31, Berlin 1970, S. 71f.

110 *Marx, Karl*, Das Kapital. Erster Band, S. 788.

111 *Engels, Friedrich*, Brief an August Bebel vom 10./11. 5. 1883, in: MEW, Bd. 36, S. 27.

112 *Lange, Oskar*, The Theory . . ., S. 76f.

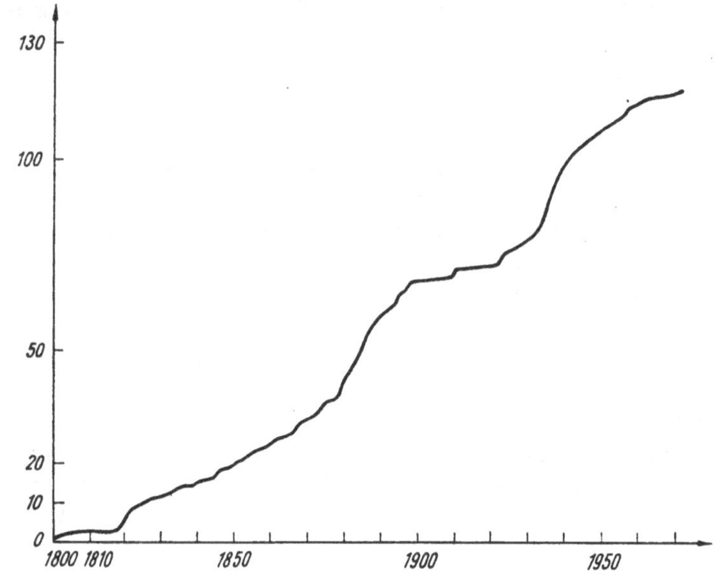

Abb. 5
Kumulation von 118 Basisinnovationen 1800–1975

Tabelle 2
Durchschnittliche jährliche Wachstumsrate der kapitalistischen Weltindustrieproduktion und durchschnittliche Basisinnovationsaktivität (in Prozent)

Phase	1 b	2 a	2 b	3 a	3 b
Jahre	1847 – 1872	1872 – 1894	1894 – 1913	1913 – 1938	1938 – 1973
Wachstum	4,31	2,77	4,67	2,13	4,72
Jahre	1857 – 1877	1878 – 1902	1903 – 1933	1934 – 1950	1951 – 1979
BI (H)	51,8	147,3	59,4	172,3	95,2
BI (D)	97,5	143,3	74,3	150,5	56,3 *
BI (M)	83,3	161,4	52,1	197,8	40,9 **

* bis 1975
** bis 1973

Durchschnittliche Basisinnovationsaktivität, berechnet nach der Formel

$$BI = \frac{\text{Zahl der BI einer Phase}}{\text{Länge der Phase}} : \frac{\text{Gesamtzahl der BI}}{\text{Gesamtlänge}}$$

Quellen: Wachstumsraten nach Tabelle 1;
BI (H) nach *Haustein, Heinz-Dieter* *
BI (D) nach *Duijn, Jaap J. van,* De lange golf in de economie, Assen 1979, S. 139 ff.
BI (M) nach *Mensch, Gerhard,* Das technologische Patt, Frankfurt a. M. 1975, S. 36 f. und 135 ff.

* *Haustein, Heinz-Dieter/Neuwirth, Erich,* Long Waves in World Industrial Production, Energy Consumption, Innovations, Inventions, and Patents and Their Identification by Spectral Analysis, Laxenburg 1982 = Working Paper 82-9 des International Institute for Applied System Analysis.

baren) technischen Fortschritts ganz offensichtlich (Abb. 5) durch eskalierende Funktionen beschreibbar.

Bilden wir Phasendurchschnitte, so ergibt sich sowohl auf Grund der Daten von Mensch und van Duijn als auch denen von Haustein/Neuwirth eine Einteilung, die mit den Wachstumsphasen der kapitalistischen Weltindustrieproduktion parallelisierbar ist (Tab. 2).

Eskalierende Funktionen wurden erstmals für die Modellierung wissenschaftshistorischer Entwicklungsprozesse verwendet.[113] Allerdings war dort keine Bestimmung ihrer Parameter vorgenommen worden, da die Sachverhalte offenkundig waren – wie auch wohl im Beispiel der Basisinnovationen. Die Bestimmung der Parameter einer eskalierenden Funktion ist aber dann vonnöten, wenn sich ihre einzelnen Segmente (die aufeinanderfolgenden logistischen Funktionen) sehr stark überlappen. Das ist offenkundig bei den Daten über Produktion und Handel der Fall, im 20. noch mehr als im 19. Jahrhundert, wobei die Situation durch den starken Einfluß erratischer Ereignisse, die beiden Weltkriege, noch komplizierter wird. Aber die Parameter einer verallgemeinerten eskalierenden Funktion

$$y = \sum_{i=0}^{m} K_i \,(1+\exp\,(a_i - b_i t))^{-c_i}$$

(mit m als Grad der Eskalation) zu bestimmen, ist m. W. bisher noch niemanden geglückt.[114]

Der Versuch der Begründung eines Neuansatzes sei mit dem Hinweis auf eine mögliche Begriffsverwirrung abgeschlossen: Bewegungen, die mit Hilfe eines Eskalationsmodells beschrieben werden, sind in gar keinem Falle Zyklen oder Wellen. In diesem Sinne ist der Begriff „Kondratieff-Zyklus“ irreführend und, darüber hinaus suggeriert er, daß Kondratieff der Entdecker dieser Bewegungen war, während sie in Wirklichkeit schon seit der Großen Depression im letzten Drittel des 19. Jahrhunderts diskutiert wurden. Aber es spricht nichts dagegen, den von Schumpeter in die Literatur eingeführten Begriff weiterzuverwenden (so wie ja auch isländisches Moos weder Moos noch aus Island ist) – solange man die entscheidende Differenz zwischen Wort und Begriff im Gedächtnis behält, aus der Periodizität keine Zyklizität ableitet.[115]

8. Weiterführende Überlegungen: Das Aggregationsproblem

Wenn bei der Begründung des Neuansatzes vermerkt wurde, daß augenscheinlich jeder einzelne historische Prozeß einem Sättigungsniveau zustrebt, so ist das, mittelfristig, über ein, zwei Kondratieff-Zyklen hinweg, betrachtet, sicher richtig – aber langfristig, sehr langfristig betrachtet, sicher nicht. In den hochentwickelten kapitalistischen Ländern wird heute die Eisenproduktion nicht mehr mittels Puddelverfahren bewältigt, der innerstäd-

113 Vgl. *Auger, François,* Die modernen Strömungen der wissenschaftlichen Forschung, hrsg. von der UNESCO – Manuskriptdruck der deutschen Übersetzung, hg. v. d. Pressestelle des DAMW, Berlin 1960, S. G 4; *Solla Price, Derek de,* Little Science – Big Science, New York 1963, S. 21.

114 Der Verfasser hofft, in Kürze einige brauchbare Resultate vorlegen zu können. Die bisherigen Versuche verliefen so unbefriedigend, daß sie hier nicht zur Diskussion gestellt werden sollen.

115 Auf die Differenz zwischen Periodizität und Zyklizität, die zudem regelmäßige Periodizität, also etwa gleich lange Perioden voraussetzt, hat auch *Kleinknecht, Alfred,* Lange Wellen oder Wechsellagen? Einige methodenkritische Bemerkungen zur Diskussion, in: Konjunktur, Krise, Gesellschaft, S. 108ff., hingewiesen.

tische Verkehr nicht mehr mit Pferdewagen, der transozeanische Passagierverkehr nicht mehr mit Dampfschiffen. Radios werden nicht mehr auf Röhren-, sondern auf Transistorbasis hergestellt, Lokomotiven nicht mehr mit Kohle, sondern mit Diesel und Elektroenergie betrieben, Damenstrümpfe nicht mehr aus Kunstseide, sondern aus Dederon hergestellt.

Ist die Begründung des Neuansatzes falsch? Das wohl nicht, aber sie bezieht sich nur auf relativ hoch aggregierte Prozesse. Zerlegt man das eskalierende Wachstum von innerstädtischem und transozeanischem Verkehrsaufkommen, von Eisen-, Radio-, Lokomotiven- und Damenstrumpfproduktion nicht nach der Zeit, sondern nach den einzelnen Traktions- bzw. Produktionsverfahren, so zeigen sich Verläufe, die nicht mittels logistischer bzw. eskalierender Funktionen modellierbar sind, denn über sehr lange Fristen betrachtet, wird der Bereich des Sättigungsniveaus verlassen und der Prozeß strebt gegen Null.

Betrachten wir die Entwicklung der in der Eisen- und Stahlindustrie verwendeten Verfahren, so können wir feststellen: Mit dem Windfrischverfahren wird schon lange nicht mehr produziert; das ihm folgende Puddelverfahren wird heute ebenfalls nicht mehr angewendet und das diesem folgende Bessemer-Verfahren kaum noch; die nachfolgenden Verfahren von Thomas und Siemens-Martin sind heute schon lange auf dem „absteigenden Ast“ und werden mehr und mehr durch das Sauerstoffanblas-Verfahren ersetzt. Daeves hat daher versucht, die Produktionsentwicklung mittels einer Folge Gaußscher Dichtefunktionen zu modellieren (vgl. Abb. 6) und dabei folgende Prognose formuliert: „Da die Parabel der Flußstahlerzeugung bei spiegelbildlicher Ergänzung schneller abfällt als die spiegelbildliche Ergänzung der Gesamtparabel, muß man erwarten, daß spätestens um 1960/70 ein grundlegend neues Stahlerzeugungsverfahren mit merklichem Anteil in Erscheinung treten muß, das steil aufsteigend gewissermaßen die Parabel der Gesamtstahlerzeugung ähnlich ‚abstützt‘ wie die Puddeleisenparabel den Anstieg der Gesamtstahlerzeugung“.[116] Die Prognose traf voll zu – das Sauerstoffanblasverfahren wurde bald danach erfunden und in die Produktion überführt (vgl. Abb. 6).

Die Idee und das Modell von Daeves sind bestechend – aber falsch, trotz glänzender Prognose. Das Absinken etwa der Thomasstahlerzeugung ergab sich nicht von selbst, folgte nicht aus seinem eigenen Entwicklungsprozeß heraus, sondern wurde durch das Aufkommen neuer Verfahren hervorgerufen. Allerdings wurden die neuen Verfahren erst dann in der Produktion wirksam, als diese mittels der alten nicht mehr bzw. nicht mehr so profitabel weiterentwickelt werden konnten (genau dem Eskalationsmodell entsprechend), und als die neuen Verfahren ihre Profitabilität unter Beweis gestellt hatten, da begann der absolute Rückgang der althergebrachten. Unter kapitalistischen Produktionsverhältnissen werden also die alten Verfahren ersetzt, wenn ihre bloße Verbesserung nicht mehr profitabel ist. Umgekehrt werden neue Verfahren solange nicht eingesetzt, solange die Verbesserung der alten profitabel ist. (Dabei ist nicht ausgeschlossen, daß unter veränderten Kapitalverwertungsbedingungen erneut auf schon längst ausgediente Verfahren zurückgegriffen und durch eine neue Kombination von diesen mit neuerdings nicht mehr so profitablen Verfahren eine neue Technologie entwickelt wird: der durch die maßlose Erhöhung der Energiepreise erzwungene Rückgriff japanischer Reeder auf das alte Segelschiff in neuer Form, in Form von Rotorschiffen, ist ein aktuelles Beispiel).

Durch die Dominanz noch profitabler alter Verfahren wird also die Ausbreitung eines neuen stark behindert, d. h. die ihm zugehörige logistische Funktion weist zunächst einen

[116] *Daeves, Karl*, Vorausbestimmung im Wirtschaftsleben, Essen 1951, S. 57f.

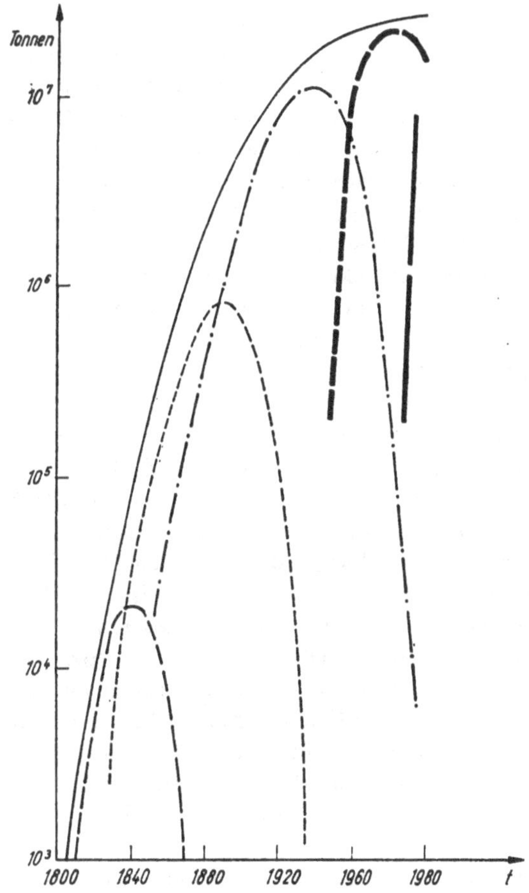

Abb. 6
Entwicklung der deutschen Stahlproduktion (nach Daeves)

weitaus schwächeren Anstieg auf als das theoretisch – in Abstraktion von der Konkurrenzsituation – zu erwarten wäre. Späterhin wird durch die Dominanz der profitableren neuen Verfahren die weitere Ausbreitung des alten so stark behindert, daß sie schließlich rückläufig ist, d. h. die ihm zugehörige Funktion verläßt den Bereich des Sättigungsniveaus und strebt gegen Null. Die Ausbreitung eines Verfahrens wird mithin durch die Ausbreitung aller anderen mitbestimmt.

Benützen wir zur Beschreibung der Ausbreitung eines Verfahrens V_i unter idealen Bedingungen, d. h. bei Abwesenheit konkurrierender Verfahren, die logistische Funktion

$$f_{it} = K_i\,(1 + \exp\,(a_i - b_i t))^{-c_i}$$

sowie zur Beschreibung der ebenfalls unter idealen Bedingungen erfolgenden Ausbreitung der Verfahren $V_j (j \neq i)$ die eskalierende Funktion

$$F_{it} = \sum_{i \neq i} K_j\,(1 + \exp\,(a_j - b_j t))^{-c_j}$$

dann könnte das Wachstum des durch Anwendung der konkurrierenden Verfahren $V_0, V_1, \ldots, V_m$ erzielten Produktionsvolumens in zweiter Näherung durch die Funktion

$$Y_t = \sum_{i=0}^{m} \frac{f_{it}}{1 + F_{it}} = \sum_{i=0}^{m} \frac{K_i\,(1 + \exp\,(a_i - b_i t))^{-c_i}}{1 + \sum_{j \neq i} K_j\,(1 + \exp\,(a_j - b_j t))^{-c_j}}$$

beschrieben werden. Wenn gar keine konkurrierenden Verfahren vorhanden sind ($F_{it}=0$), dann folgt die Entwicklung von Y_t einer logistischen Funktion. Wenn die konkurrierenden Verfahren nur sehr schwach entwickelt sind ($F_{it} \ll 1$), dann wird die Entwicklung von Y_t faktisch nur von f_{it} getragen. Diese Tatsache ist wesentlich, da in erster wie in zweiter Näherung davon ausgegangen wird, daß mit allen Verfahren, auch mit den nachweislich erst im 20. Jahrhundert eingeführten, schon vor Urzeiten produziert worden ist, daß auch in fernster Zukunft mit nachweislich schon heute nicht mehr genutzten Verfahren produziert werden wird. Die theoretisch berechenbaren Produktionsmengen sind jedoch in beiden Fällen mikroskopisch klein, beeinflussen die Gesamtentwicklung nicht. Aber es wäre natürlich günstiger, systemimmanente Abbruchkriterien zur Hand zu haben, die besagen, daß bei Unterschreitung eines Produktionsminimums der einzelne Funktionswert $f_{it}/(1+F_{it})$ nicht mikroskopisch klein, sondern Null ist. Derartige Abbruchkriterien sind zur Zeit nicht vorhanden.

Das Erscheinungsbild der einzelnen Funktion $f_{it}/(1+F_{it})$ ähnelt dem der Lebenszyklen, die neuerdings[117] wieder bei konjunkturtheoretischen Untersuchungen eine Rolle spielen. Aber das Lebenszyklen-Modell ist untrennbar mit einem Investitionszyklus verknüpft,[118] der realiter nicht vorhanden ist: Es gibt weder praktisch noch theoretisch, sondern allenfalls mathematisch Investitionszyklen von 45–60 Jahren Länge. Mit genügendem Geschick ist ja mathematisch fast alles machbar – wer als Statistiker nicht in der Lage ist, zwischen zwei beliebigen, Zeitreihen mittels Korrelationsanalyse einen starken Zusammenhang „nachzuweisen“, sollte sich sein Lehrgeld wiedergeben lassen[119] –, aber ob es fachwissenschaftlich sinnvoll ist, das ist eine ganz andere Frage.[120] Es ist eben ein Unterschied, ob man die Lebensdauer eines einzelnen Produkts untersucht – und dabei natürlich Lebenszyklen feststellt (ein bekanntes Beispiel sind die Absterbeordnungen von Lokomotiven) – oder die Lebensdauer von technisch-technologischen Systemlösungen,[121] die überhaupt nichts mit der Lebensdauer des einzelnen Produkts, das innerhalb dieses Systems hergestellt wird, zu tun hat.

Dagegen erscheint es sinnvoll zu überlegen, inwiefern für die Beschreibung und Erklärung der Entwicklung konkurrierender Verfahren Selbstorganisationsmodelle Eigenschen Typs verwendbar sind.[122]

Die historische Verifikation dieses Modells im Sinne einer Verbalinterpretation scheint nach Lage der Dinge möglich – ansonsten wäre der Ansatz nicht plausibel –, kann aber nur im Rahmen umfassender wirtschaftshistorischer Analysen geliefert werden. Das kann hier

117 Vgl. *Forrester, Nathan B.*, The Life Cycle of Economic Development, Chicago 1973; *Forrester, Jay W.*, Business Structure, Economic Cycles, and National Policy, in: Futures, H. 3/1976, S. 195ff.; *derselbe*, Growth Cycles, in: De Economist, H. 4/1977, S. 525ff.; *Duijn*, De lange golf in de economie, S. 61ff.

118 Vgl. *Tinbergen*, Vertragingsgolven ...

119 *Mitchell, Wesley C.*, Der Konjunkturzyklus, Leipzig 1931, S. 261.

120 Übrigens auch in der Physik; vgl. *Treder, Hans-Jürgen*, Philosophische Probleme des physikalischen Raumes. Gravitation, Geometrie, Kosmologie und Relativität, Berlin 1974, S. 323f.

121 Vgl. *Jonas, Wolfgang*, Kritische Bemerkungen und Ergänzungen, in: *Kuczynski, Jürgen*, Vier Revolutionen der Produktivkräfte. Theorie und Vergleiche, Berlin 1975, S. 154ff.

122 Vgl. *Eigen, Manfred*, Selforganization of Matter and the Evolution of Biological Macromolecules, in: Die Naturwissenschaften, H. 8/1971, S. 465ff. Ein Versuch in dieser Richtung ist *Jimenez Montaño, M. A./Ebeling, Werner*, A Stochastic Evolutionary Model of Technological Change, in: Collective Phenomena, Bd. 3/1980, S. 107ff.

natürlich nicht geleistet werden. Insofern bleibt das Modell hypothetisch. In den beiden nachfolgenden Abschnitten sei aber noch auf zwei in der gegenwärtigen Forschung besonders umstrittene Probleme eingegangen.

9. Weltwirtschaft und Volkswirtschaft

Die in Abschnitt 7 diskutierten Resultate beziehen sich auf die Weltwirtschaft. Analysen des Wachstums einzelner Länder und Industriezweige zeigen ähnliche Resultate,[123] aber allem Anschein nach sind sie durch verschiedene Faktoren (Ursachen) bedingt. Bedeutet das, daß die sich auf die Weltwirtschaft beziehenden Resultate lediglich durch eine Summierung von Zufallsprozessen „erzeugt" worden sind? Beispielsweise kommt Milward in seiner Studie zu dem Schluß, daß, obwohl der oft beschriebene Trendwechsel während der 1890er Jahre (d. h. der Übergang von der Großen Depression zum langanhaltenden Aufschwung von vor 1914) tatsächlich in den meisten entwickelten europäischen Ländern vor sich ging, er durch so unterschiedliche Faktoren verursacht gewesen sei, so daß die Suche nach einer verallgemeinernden Erklärung ziemlich nutzlos sei,[124] mit anderen Worten: Eine verallgemeinernde Erklärung könne höchstens auf den Zufallscharakter der Entwicklung verweisen.

Aber vielleicht sind diese unterschiedlichen Faktoren nur hervorgerufen durch das unterschiedliche Verhalten der verschiedenen Länder in einer allgemeinen (weltwirtschaftlichen) Situation – genau so, wie verschiedene Industriezweige sich in einer allgemeinen (volkswirtschaftlichen) Situation unterschiedlich verhalten? In einer Totalität (z. B. der Weltwirtschaft) beeinflußt das Verhalten eines Teils das Verhalten der anderen, und die allgemeine Situation ist die Basis für dieses unterschiedliche Verhalten, das eine Erscheinungsform des Gesetzes der ungleichmäßigen Entwicklung des Kapitalismus ausstellt. Wir haben zu unterscheiden zwischen Gesetzen und Gesetzmäßigkeiten auf der einen Seite und ihren Wirkungsbedingungen auf der anderen. Unterschiedliche Faktoren können daher gerade auf eine Totalität verweisen. So ist die Vorgeschichte des „Trendwechsels" in den 1890er Jahren die Große Depression.[125] Die Maßnahmen, die gegen sie unternommen worden sind, gegen die Verschlechterung der Kapitalverwertungsbedingungen, waren von Land zu Land unterschiedlich:

a) England versuchte, der Überfüllung des inneren Marktes durch die Erschließung neuer äußerer Märkte zu begegnen, es suchte neue Märkte für alte Produkte.[126] Deshalb war auch der Rückgang seines Anteils an der Weltindustrieproduktion um ca. ein Drittel nicht von einem analogen beim Welthandel begleitet.[127] Aber die Struktur seines Außenhandels veränderte sich völlig: Der Anteil der Industrieländer am Export sank von 46 Prozent auf 36 Prozent, während der der Empire-Länder von 20 Prozent auf 30 Prozent

123 Vgl. z. B. *Kleinknecht*, *Alfred*, Innovation ..., 692ff.; *Kuczynski*, *Thomas*, Das Ende der Weltwirtschaftskrise in Deutschland 1932/33, S. 21f.; *derselbe*, Allgemeine Bedingungen und Tendenzen= Kapitel 1 der Bände 2 und 3 der 1985 im Akademie-Verlag, Berlin, erscheinenden Geschichte der Produktivkräfte in Deutschland, 1870–1917/18 bzw. 1917/18–1945.

124 *Milward*, S. 42ff.

125 Vgl. *Kuczynski*, *Thomas*, Allgemeine Bedingungen und Tendenzen 1870–1917/18.

126 So die Formulierung von *Hardach*, *Gerd*, Deutschland in der Weltwirtschaft 1870–1970. Eine Einführung in die Sozial- und Wirtschaftsgeschichte, New York/Frankfurt a. M. 1977, S. 34.

127 Vgl. *Kuczynski*, *Jürgen*, Eine Weltübersicht ..., S. 19 u. 45.

stieg; auf der anderen Seite stieg der Anteil der Industrieländer am englischen Import von 44 Prozent auf 54 Prozent, wogegen der der nicht zum Empire gehörenden Agrarländer von 37 Prozent auf 26 Prozent zurückging.[128] Diese Entwicklung war durch die besondere Position Englands in der damaligen Weltwirtschaft bedingt. Wegen der Möglichkeit, „alte" Produkte in das Empire zu exportieren, war es nicht so notwendig, sich nach neuen Produkten umzusehen. Das enorme Wachstum der Kapitalexporte[129] verbesserte die Kapitalverwertungsbedingungen ebenfalls. Andererseits bewirkte das relativ zurückbleibende Niveau der englischen Technologien einen sinkenden Exportanteil nach und einen steigenden Importanteil aus den anderen Industriestaaten.

b) Die französischen Bemühungen um eine Verbesserung der Kapitalverwertungsbedingungen zielten in eine ähnliche Richtung ab. Zum einen baute Frankreich erst jetzt sein großes Kolonialreich auf, dessen geographisch-demographisches Gewicht von 1877 bis 1900 auf das Siebzigfache stieg. Zum anderen erhöhte es in einem noch stärkeren Maße als England seine Kapitalexporte, allerdings vor allem in Richtung Osteuropa.[130] Zu diesen – z. T. recht erfolgreichen – Bemühungen paßt es denn auch, daß Frankreichs Anteil an der Weltindustrieproduktion vom Beginn der Großen Depression bis zum Ausbruch des ersten Weltkriegs kontinuierlich von 10 Prozent auf 6 Prozent absank.[131]

c) Die deutsche Wirtschaftspolitik dieser Jahre unterschied sich wesentlich von der englischen und französischen (und auch von der amerikanischen). Zu Beginn der Großen Depression waren deutsche Produkte „billig und schlecht",[132] es gab keinen äußeren Markt für sie. Es gab auch kein Kolonialreich und – mit Rücksicht auf die deutsch-französischen Beziehungen[133] – keine Möglichkeit, eines zu errichten. Die deutsche Bourgeoisie hatte „nach neuen Produkten für alte Märkte" zu suchen,[134] und das taten sie denn auch: Die Geschichte der deutschen Industrie im letzten Drittel des 19. Jahrhunderts könnte unter dem Titel „Von ‚billig und schlecht' zu ‚Made in Germany'" geschrieben werden. Deutschland bestimmte das Weltniveau mit – nicht nur bei den neuen Industrien (Chemie – Elektro), sondern auch bei älteren wie Eisen – Stahl und Maschinenbau. Aber diese Entwicklung war natürlich nicht irgendwelchen besonderen Eigenschaften der deutschen Arbeiter oder der deutschen Arbeit (sogenannte deutsche Wertarbeit) geschuldet, sondern auf die besondere Position Deutschlands innerhalb der damaligen Weltwirtschaft zurückzuführen.

Berücksichtigen wir diese unterschiedlichen wirtschaftspolitischen Maßnahmen, so kann es uns nicht wundern, daß ihre Fortsetzungen ebenfalls unterschiedlichen Charakters waren. Aber bedeutet das, daß es keine allgemeine (weltwirtschaftliche) Situation gab? Im Gegenteil, die Unterschiede in der Wirtschaftspolitik erwuchsen gerade aus den unterschiedlichen Positionen innerhalb derselben (weltwirtschaftlichen) Situation.

128 Vgl. *Cairncross, Alfred K.*, Home and Foreign Investment 1870–1913, Cambridge 1953, S. 189.

129 Vgl. *Landes, David S.*, Der entfesselte Prometheus. Technologischer Wandel und industrielle Entwicklung in Westeuropa von 1750 bis zur Gegenwart, Köln 1973, S. 309.

130 Vgl. *Kuczynski, Jürgen,* Darstellung der Lage der Arbeiter in Frankreich seit 1848, Berlin 1967, S. 82f. und 148.

131 Vgl. *derselbe*, Eine Weltübersicht . . ., S. 19.

132 So die Formulierung des deutschen Ingenieurs Franz von Reuleaux im Angesicht der Weltausstellung von 1877 in Philadelphia; zit. in: *Quellen zur Geschichte der Industriellen Revolution*, Göttingen 1966, S. 210f.

133 Vgl. *Kuczynski, Jürgen,* Darstellung der Lage der Arbeiter in Frankreich seit 1848, S. 85.

134 Vgl. *Hardach*, S. 34.

Diese kurze Beschreibung der Unterschiedlichkeit der in den drei Ländern gegen die Depression ergriffenen Maßnahmen zeigt aber auch, daß eine „Theorie der langen Wellen" allein niemals die Wirtschaftspolitik und Wirtschaftsentwicklung eines einzelnen Landes erklären kann. Der Innovationsschub fand während der Großen Depression statt – aber nicht in jedem Land. Die Frage, warum er vor allem in den USA und in Deutschland stattfand, kann nicht durch die reine Theorie beantwortet werden, sondern nur durch theoretisch fundierte Geschichtsforschung. Ist das ein Nachteil? Allenfalls in dem Sinne, wie es Joan Robinson einmal formuliert hat: Eine Theorie, die alle historischen Einzelheiten berücksichtigt, ist so nützlich wie eine Landkarte im Maßstab 1:1.[135] Eine korrekte Theorie zeigt durch die Formulierung von Gesetzen und Gesetzmäßigkeiten historische Möglichkeiten auf (und daher auch mögliche Geschichte: mögliche Vergangenheit und mögliche Zukunft), aber historische Realitäten sind nicht allein determiniert (und mithin erklärbar) durch Gesetze und Gesetzmäßigkeiten, sondern ebenso durch die historischen Bedingungen ihres Wirkens.

10. Ein Blick in die Zukunft – und auf die „logistics"

Mittelfristige Prognosen (bis Mitte der 90er Jahre) besagen, daß die kapitalistische Wirtschaftsentwicklung vornehmlich depressiv sein wird. Darin können Gegner wie Befürworter der Kondratieff-Hypothese übereinstimmen.[136] Was danach passieren wird, weiß im Grunde niemand. Die Alternative Sozialismus oder Rückfall in die Barbarei[137] steht heute klarer als je vor der Menschheit. Beide Möglichkeiten widersprechen nicht der Kondratieff-Hypothese in hier vorgetragener Gestalt, denn Kriege und Revolutionen finden ja gerade in der Abschwungsphase des Kondratieff-Zyklus statt. Aber seit der oben zitierten Prognose von Engels über den bevorstehenden „Hauptkrach" sind hundert Jahre vergangen, und die seither vollzogene Entwicklung hat Lenins Auffassung zur revolutionären Krise klar bestätigt, als er nämlich zu Versuchen, „den Beweis zu führen, daß es absolut keinen Ausweg" für die Bourgeoisie „aus der Krise" gebe, meinte: „Das ist ein Irrtum. Absolut ausweglose Lagen gibt es nicht. . . . man kann nicht ‚beweisen', daß es für die Bourgeoisie absolut keine Möglichkeit gibt, irgendeine Minderheit der Ausgebeuteten durch irgendwelche kleinen Zugeständnisse einzulullen, irgendeine Bewegung oder einen Aufstand eines Teils der Unterdrückten und Ausgebeuteten niederzuschlagen."[138] Es ist m. E. unrealistisch, die Möglichkeit, daß der Kapitalismus auch diese Abschwungsphase überlebt, von vornherein von der Hand zu weisen. Natürlich wäre die Realisierung dieser Möglichkeit nicht erfreulich, aber gerade deshalb, um sie zu verhindern, muß sie in die Prognose aufgenommen werden.

Es kann nicht ausgeschlossen werden, daß es der Monopolbourgeoisie gelingt, eine wesentlich weiterentwickelte materiell-technische Basis zu schaffen und auf dem Wege zu einem supranationalen „staats"monopolistischen Kapitalismus ein wesentliches Stück weiter vor-

135 Zit. bei *Kalmbach, Peter*, Anmerkungen zur Interpretation der Instabilität wirtschaftlichen Wachstums, in: Historische Konjunkturforschung, S. 404.

136 Vgl. *Kuczynski, Jürgen*, Die Zukunft der kapitalistischen Wirtschaft, S. 64ff.

137 Diese Formulierung von Friedrich Engels; ohne nähere Quellenangabe zitiert von *Luxemburg Rosa*, Die Krise der Sozialdemokratie, in: Gesammelte Werke, Bd. 4, Berlin 1974, S. 62.

138 *Lenin, W. I.*, Referat über die internationale Lage und die Hauptaufgaben der Kommunistischen Internationale (auf dem 2. Kongreß der Kommunistischen Internationale), in: Werke, Bd. 31, S. 215.

anzukommen, also die Produktivkräfte und Produktionsverhältnisse *innerhalb* der kapitalistischen Produktionsweise auf ein qualitativ neues Niveau zu heben – so wie das im Übergang zum Imperialismus (1873ff.) und im Übergang zum staatsmonopolistischen Kapitalismus (1913ff.) geschah.

Es ist m. E. nicht sehr sinnvoll, die gegenwärtigen Zustände und ihre Entwicklungstendenzen einfach fortzuschreiben. Nehmen wir als Beispiel die Inflation, so ist es, nach der gegenwärtigen Preisentwicklung auf den Rohstoffmärkten zu urteilen, gar nicht mehr so absolut sicher, daß sie ein ständiger Begleiter des Kapitalismus bleiben wird. Andererseits ist die Kombination von stagnierender Produktion und fortlaufender Inflation so neu nun nicht – für denjenigen, der das Konzept der Kondratieff-Zyklen mit dem der „hyperlangen Wellen" verknüpft. In Auseinandersetzung mit den Auffassungen von Mandel, Rostow und Dupriez meinte Wallerstein hierzu: „Aber ist es wahr, daß ‚normalerweise' Stagnation und Inflation nicht zusammenfallen? Das ist nicht so klar. Erstens ist die gegenwärtige Phase noch nicht vorbei und wir haben noch zu sehen, ob nicht doch in den 80er Jahren die Preisinflation gebrochen wird. Zweitens ist diese Auffassung die Konsequenz der Begrenzung der Kondratieff-Analysen vor allem auf das 19. Jahrhundert. In Begriffen der längeren Wellen, zuweilen ‚logistics' genannt, die in erster Linie Preiswellen sind und 150–300 Jahre dauern, ist das 19. Jahrhundert (nach 1815) eine lange deflationäre B-Phase. Daraus würde sich ergeben, daß Kondratieff'sche B-Phasen *innerhalb* logistischer B-Phasen eine hohe Korrelation zwischen Stagnation und scharfer Deflation zeigen. Aber Kondratieff'sche B-Phasen innerhalb logistischer A-Phasen (die letzteren sind grob gerechnet das 16., 18. und 20. Jahrhundert) können durchaus das gegenteilige Erscheinungsbild haben."[139]

Nun ist zwar weder klar, welchem Mechanismus die „logistics" unterliegen sollen, noch welche Regelstrecke man für die Kondratieff-Zyklen im Feudalismus postulieren soll (die Profitrate ist es offensichtlich nicht), aber das besagt nicht allzuviel (immerhin ist ihnen gemeinsam, daß sie in warenproduzierenden Gesellschaften ablaufen). Geradezu aufregend ist vielmehr folgendes: Cameron hat seine „logistics" – sehr grob – so periodisiert:[140]
9./10. Jahrhundert bis Mitte des 15. Jahrhunderts
Mitte des 15. bis Mitte des 18. Jahrhunderts
Mitte des 18. bis Mitte des 20. Jahrhunderts
1945 –

Eine ernsthafte Prüfung der „logistics"-Hypothese für Westeuropa erfordert das Studium von tausend Jahren Weltgeschichte, konzentriert auf Westeuropa. Erst diese Überprüfung kann beweisen oder widerlegen, ob Stagflation ein neues Phänomen ist oder ein althergebrachtes, und unter welchen allgemeinen Bedingungen es entsteht. Das wäre eine aktuelle Krisenforschung und -prognose aus wahrhaft welthistorischer Sicht.[141]

[139] *Wallerstein*, Kondratieff Up or Kondratieff Down, S. 669f.

[140] *Cameron*, S. 145ff.

[141] Während der Drucklegung des Bandes mußte ich feststellen, daß wesentliche Aspekte meines „Neuansatzes" (vgl. insb. S. 107 ff. dieses Bandes) schon bei Marx zu finden sind; vgl. *Kuczynski, Thomas*, Marx and Engels on "Long Waves". Paper for the International Meeting on Long-Term Fluctuations in Economic Growth: Their Causes and Consequences, Weimar, Juni 1985. Die auf der Konferenz gehaltenen Beiträge sind zur Publikation im Akademie-Verlag vorgesehen.

N. M. Tichonov/V. A. Ustinov

Die Ausnutzung des Systems der sozialökonomischen Informationen des Produktionsbetriebs für die komplexe Analyse der Arbeiterklasse unter den Bedingungen der entwickelten sozialistischen Gesellschaft

Eine soziologische Arbeitsgruppe, bestehend aus Wirtschaftswissenschaftlern, Soziologen sowie Produktions- und Leitungsorganisatoren, arbeitet seit 1971 zusammen mit Vertretern verschiedener Akademie- und Hochschuleinrichtungen der Stadt Moskau (Zentrales Ökonomisch-Mathematisches Institut der Akademie der Wissenschaften der UdSSR, Institut für Philosophie der Akademie der Wissenschaften der UdSSR, Moskauer Staatliche Lomonossov-Universität, Oržhonikidze-Institut für Leitungswissenschaften und Hochschule der Gewerkschaftsbewegung des Zentralrates der Gewerkschaften) an der Entwicklung und Einführung eines Systems der Organisation und Leitung der sozialökonomischen Entwicklung des sozialistischen Produktionsbetriebes. Die Basis dieser Arbeit ist die Forschungsstelle (Laboratorium) für Betriebsökonomik, Produktionsorganisation und Leitung der Moskauer Werkzeugmaschinenfabrik „Krasnyj proletarij".

Dieser Arbeit waren 1969 und 1970 umfangreiche soziologische Untersuchungen vorausgegangen. Mit Hilfe spezifischer Methodiken, die gemeinsam mit dem Institut für Philosophie der Akademie der Wissenschaften der UdSSR und dem Institut für Internationale Arbeiterbewegung der Akademie der Wissenschaften der UdSSR erarbeitet worden waren, wurde zum ersten Male in Moskau eine viele tausende zählende Betriebsbelegschaft, nämlich die der Werkzeugmaschinenfabrik „Krasnyj proletarij", einer vollständigen Analyse unterzogen. Um die erforderlichen Ausgangsinformationen zu beschaffen und die soziologischen Untersuchungen durchführen zu können, wurden in 153 Ausgangskollektiven von Arbeitern, ingenieurtechnischen Mitarbeitern und Angestellten 132 Instrukteure ausgebildet, die aus den Reihen der Technologen, Konstrukteure und Ökonomen der Betriebsabteilungen, Bereiche und Forschungsstellen (Laboratorien) gewonnen werden konnten. Auf der Grundlage der auf diese Weise beschafften Informationsmenge wurde für den Zeitraum von 1971 bis 1975 der erste wissenschaftlich begründete Plan der sozialen Entwicklung der Belegschaft der Maschinenbaufabrik „Krasnyj proletarij" ausgearbeitet. 1971 wurde dieser Plan dann vom Parteikomitee der KPdSU Stadt Moskau gebilligt und danach mehrere Male auf der Ausstellung der Errungenschaften der Volkswirtschaft der UdSSR und auch im Ausland vorgeführt.

Bei der Lösung der Aufgaben, die dieser Plan der sozialen Entwicklung des Betriebes „Krasnyj proletarij" für den 9. Fünfjahrplan vorsah, führte die soziologische Arbeitsgruppe ihre Arbeiten zur theoretischen Begründung und Lösung praktischer Fragen der Erarbeitung eines komplexen Zielprogramms der sozialökonomischen Entwicklung von Belegschaften sozialistischer Produktionsbetriebe fort. Im weiteren Sinne ist die Begründung eines Systems der Organisation und Leitung der sozialökonomischen Entwicklung von Betriebsbelegschaften ein Mittel, das der Verwirklichung der Ziele des Aufbaus des Kommunismus dient, nämlich der Realisierung der Produktionsgrundzelle der sozialistischen Gesellschaft. Zugleich findet hier die marxistisch-leninistische Theorie des wissenschaftlichen Kommunismus ihre Verbindung mit der Praxis.

Ohne den erreichten Stand, wie er die Betriebsbelegschaft zum Ausgangszeitpunkt charakterisiert, für die theoretische Begründung und Praxis einer optimalen Planung der sozialökonomischen Entwicklung in seiner Bedeutung zu gering einzuschätzen, wurden bei der Ausarbeitung des vorliegenden Systems die Modellierung des Zielprogramms der sozialökonomischen Entwicklung der Betriebsbelegschaft, das heißt die plangerechte Erzielung besserer sozialökonomischer Formen der Organisation und Leitung sowie sozialökonomische Prognosekennziffern als Ausgang gewählt.

Das hier entwickelte und später einzuführende System besteht aus folgenden Untersystemen „Organisation und Leitung“:

1. Untersystem „Aufbau eines Zielprogramm-Modells der Entwicklung sozialökonomischer Formen der Organisation und Leitung des Produktionsbetriebs.“
2. Untersystem „Organisatorisch-technische Absicherung des Systems“.
3. Funktionales Untersystem „Leitung der sozialökonomischen Entwicklung“.
4. Untersystem „Analyse der sozialökonomischen und organisatorisch-technischen Informationen und Prognose der sozialen Entwicklung des Produktionsbetriebs“.
5. Untersystem „Ausarbeitung und Bewertung von Empfehlungen sowie Entscheidungen zur sozialökonomischen Entwicklung der Betriebsbelegschaft“.
6. Untersystem „Planung, Kontrolle, Abrechnung und Regelung von Maßnahmen, die auf dem Gebiete Organisation und Leitung zur sozialökonomischen Entwicklung der Betriebsbelegschaft getroffen werden“.
7. Untersystem „Analyse und Berechnung der sozialen und ökonomischen Effektivität aus der Einführung von Zielprogrammelementen des Systems“.
8. Untersystem „Zweiweginformationsverbindungen zwischen Betrieb, Produktionszweigleitung, Ministerium und Gebiet“.

Jedes dieser Untersysteme umfaßt eine bestimmte Anzahl von Aufgaben, Blöcken, Operationen und Schritten zur Organisation und Leitung. Eine grundlegende Aufgabe in der Erarbeitung und Einführung des Organisations- und Leitungssystems der sozialökonomischen Entwicklung des sozialistischen Produktionsbetriebes ist der Aufbau eines allgemeinen Zielprogramm-Modells der künftigen sozialökonomischen Entwicklung des Produktionsbetriebs.

Die Zielprogramm-Methode geht von konkreten Situationen aus, wie sie sich in der Praxis des sozialistischen Aufbaus, dessen Endziel die Errichtung der kommunistischen Gesellschaft ist, herausgebildet haben. Die vollständige Ausarbeitung und Realisierung eines Programms der sozialökonomischen Entwicklung der Betriebsbelegschaft setzt eine bestimmte Zeit und die Lösung zahlreicher Probleme voraus. In der ersten Etappe, das heißt für den Zeitraum des 10. und des 11. Fünfjahrplans, bedeutet dies praktisch die Erarbeitung und Realisierung getrennter sozialer Einzelprogramme, denen sich der Übergang zu einem ganzheitlichen Programmsystem im Rahmen der sozialökonomischen Organisation des Produktionsbetriebs anschließt.

Die Ausarbeitung der getrennten Einzelprogramme wie auch die des sozialökonomischen Gesamtprogramms beginnt mit der Einführung von Zeitgrenzen, die jedoch nicht willkürlich festgelegt werden können. Sie sind vielmehr durch den Charakter und den Maßstab der jeweils im Zielprogramm anstehenden Aufgaben gegeben. Diese Aufgaben wiederum werden einmal auf der Ebene des Objekts mit dem höchsten Rang, das heißt des Produktionsbetriebs insgesamt gelöst, und zum anderen auf Ebenen von Objekten mit niedrigeren Rangordnungen, wie zum Beispiel Betriebsabteilungen, Produktionsabschnitten (Bereichen), Laboratorien (Forschungsstellen), Brigaden usw. Nach den bisher vorliegenden Angaben der langfristigen Planung lassen sich sozialökonomische Programme, die auf die Erreichung solcher Ziele ausgerichtet sind, in einem Zeitraum von 15 bis 20 Jahren voll realisieren. Natürlich wird die Erarbeitung und Einführung bestimmter sozialökonomischer Programme den genannten Zeitraum von 20 Jahren überschreiten, wobei jedoch auch solche längeren Fristen hinreichend real sind. So erfolgte zum Beispiel im Betrieb „Krasnyj proletarij" in den vergangenen 25 Jahren (1951 bis 1975) eine 65prozentige Ablösung der Belegschaft, und zwar bei relativ gleichbleibenden Abgangs- und Fluktuationskennziffern für die einzelnen Jahre. Setzt man einen ähnlich gleichbleibenden Trend für den bevorstehenden Prognosezeitraum an, so kann davon ausgegangen werden, daß die Mehrheit der derzeitigen Belegschaftsangehörigen an der vollen Realisierung der strategischen sozialökonomischen Programme sowie an der Bewertung der aus ihnen folgenden sozialen und ökonomischen Ergebnisse teilhaben wird. Denn nach den Angaben der langfristigen Prognose wird die jetzige Belegschaft (Stand 1977) des Betriebes „Krasnyj proletarij" erst zwischen 2015 und 2020 vollständig abgelöst sein.

Für die detailliertere Prognose der Erarbeitung und Realisierung von Aufgaben des Zielprogramms der sozialökonomischen Entwicklung wurden Zeiträume gewählt, die mehrere Jahrfünfte umfassen, wobei die Aufgaben, die in einen konkreten Fünfjahreszeitraum fallen, lediglich Bestandteile des langfristigen Gesamtprogramms sind. Somit enthält das Gesamtmodell des Zielprogramms der künftigen sozialökonomischen Entwicklung der Betriebsbelegschaft auch die Bewertung des jeweiligen Standes dieser Entwicklung zu den eingeführten Zeitgrenzen (Jahrfünfte).

Für die Planung der sozialökonomischen Entwicklung der Betriebsbelegschaft wurden zunächst vorläufige Ziele und Aufgaben festgelegt, die im weiteren Verlauf entsprechend den konkreten Bedingungen des wissenschaftlich-technischen Fortschritts und der jeweiligen politischen und sozialökonomischen Situation korrigiert werden.

Auf diese Weise wird bei der Lösung der Aufgaben der sozialökonomischen Entwicklung die Erreichung der Ziele, und zwar auf der Grundlage der Prognose, wie sie durch das Gesamtprogramm gegeben ist, zum unerläßlichen Normalmaß für das Voranschreiten im Aufbau der kommunistischen Gesellschaft. Diese Ziele werden von der Partei vorgegeben, und sie bilden die Basis der Partei- und Regierungsdokumente zur industriellen, wirtschaftlichen, ideologischen und sozialkulturellen Entwicklung unseres Landes.

Wird die Gesamtheit der sozialökonomischen Probleme, die im Maßstab des gesamten Landes zu lösen sind, durch das Generalprogramm der sozialökonomischen Entwicklung festgelegt, so sind die entsprechenden sozialökonomischen Probleme, die auf den Zweig entfallen, im Zweigprogramm enthalten, die des Gebietes im Gebietsprogramm und die des Betriebes schließlich im Programm der sozialökonomischen Entwicklung der Betriebsbelegschaft.

Für das vorliegende Zielprogramm-Modell der sozialökonomischen Entwicklung war eine Reihe theoretischer und angewandter Aufgaben zu lösen, und es mußten die Arbeitsmethoden der ingenieurtechnischen Mitarbeiter, die mit der Erarbeitung und Einführung des Komplexes von Untersystemen befaßt sind, von Grund auf geändert werden. Das Programm umfaßt sämtliche Sphären des Funktionierens der sozialökonomischen Organisation des Produktionsbetriebes. Dafür sind folgende Informationsströme erforderlich:

1. Aufstellung eines Zielprogramm-Modells, das heißt eines Systems von Zielen, Aufgaben

und konkreten Maßnahmen, die den Einsatz bestimmter moralischer und materieller Ressourcen erfordern, deren Realisierung für die Erreichung der Ziele der sozialökonomischen Entwicklung des sozialistischen Produktionsbetriebes unerläßlich ist.

2. Aufbau eines Planungssystems „von den Endzielen her", das die Realisierung des Programms sicherstellt und die Möglichkeit bietet, die optimale sozialökonomische Planung mit den organisatorisch-technischen, sozialökonomischen und politischen Zielen des Produktionsbetriebs zu verbinden.
3. Aufbau eines Systems des Funktionierens der sozialisierten Organisation des Produktionsbetriebs, das die Realisierung des Programms der sozialökonomischen Entwicklung optimal sichert.

Auf diese Weise ist die Zielprogramm-Methode als Grundlage für die Organisation und Leitung der sozialökonomischen Entwicklung des sozialistischen Produktionsbetriebs nicht einfach eine Zusammenstellung von Methodiken der Beschaffung und Aufbereitung sozialökonomischer und angewandter organisatorisch-technischer Informationen, also der sozialökonomischen Analyse, Prognose und Planung der sozialen Entwicklung, sondern vor allem auch ein Modell zur Begründung eines neuen Systems der Organisation und Leitung sowie seiner Prinzipien und wissenschaftlichen Grundlagen.

Die Aufgaben zur Organisation und Leitung, die in das Zielprogramm aufzunehmen sind, müssen gewissen Forderungen dienen: Sicherung der optimalen gesellschaftlichen Arbeitsproduktivität der Mitarbeiter des Betriebes; zweckmäßiger und zielgerichteter Einsatz der sozialökonomischen Ressourcen des Betriebes; Einbeziehung der schöpferischen und gesellschafts-politischen Qualitäten jedes einzelnen Belegschaftsangehörigen, also seiner Aktivität und Initiative, in die Organisation und Leitung der sozialökonomischen Entwicklung des Produktionsbetriebes; beständiges Funktionieren der Organisation und Leitung in ständig besser werdender Zusammenarbeit mit den sozialökonomischen Organisationen des Zweiges und des Gebietes, das heißt, ein voll entfaltetes und zugleich flexibles System direkter Informationsverbindungen und Rückkopplungen mit den Organisationen der höheren Rangordnungen.

Die Zentralisierung der Ausarbeitung von Zielprogrammen, Prognosen und Plänen der sozialökonomischen Entwicklung muß zur Herausbildung eines Systems von Zielen führen, wobei diese Zentralisierung mit einer Dezentralisierung der Erfüllung der Maßnahmen des Plans der sozialökonomischen Entwicklung durch die einzelnen funktionalen Einrichtungen und Unterabteilungen Hand in Hand gehen muß. Das Zielprogramm-Modell der Entwicklung der sozialökonomischen Organisations- und Leitungsformen gilt erst dann als vollständig formuliert, wenn einerseits die organisatorisch-technischen und sozialökonomischen Maßnahmen sowie auch die Maßnahmen auf dem Gebiete der wissenschaftlichen Forschung vollständig aufgezählt sind, und andererseits ein entfalteter Plan ihrer Realisierung vorliegt, der die optimalen Größen des Arbeits- und Materialaufwandes enthält. In einem solchen Falle verfügen wir über eine bestimmte Basis für die Anwendung des Prinzips der optimalen Planung, zumal ein vollständig objektives Bestimmtheitskriterium gegeben ist.

Die Zielprogramm-Methode hilft uns, die Hauptschwierigkeit in der Einführung von Methoden der optimalen sozialökonomischen Planung zu überwinden, und sie liefert uns eine Methodik, mit der sich das Kriterium der sozialökonomischen Entwicklung des Produktionsbetriebes und das noch fehlende Glied zwischen den Direktiven der Zielprogramm-Dokumente und der optimalen sozialökonomischen Entwicklung gewinnen lassen.

Das System der sozialökonomischen Planung, das auf der Grundlage der Zielprogramm-Methode geschaffen wurde, unterscheidet sich wesentlich von der Planung anhand erreichter Kennziffern. Solche Kennziffern verlieren hier ihre Allgemeingültigkeit und werden lediglich noch für die Analyse und Prognose der sozialökonomischen Entwicklung des Produktionsbetriebes benötigt.

Werden der sozialökonomischen Planung allgemeine Ziele zugrundegelegt, die die sozialistische Gesellschaft insgesamt zu lösen hat, so erübrigen sich die üblichen Fragen, um wieviel die Allgemeinbildung der Betriebsangehörigen zu erhöhen ist oder um wieviel ihre Wohnbedingungen zu verbessern sind. Die Planung in Form eines Programms der sozialökonomischen Entwicklung ist eine Planung, die vom Endergebnis ausgeht, das für die sozialökonomische Entwicklung prognostiziert wurde, und nicht von den sozialen und ökonomischen Kennziffern, die im voraufgegangenen Jahr bzw. im voraufgegangenen Fünfjahrplan erreicht wurden.

Das sozialökonomische Programm bringt die Ziele zum Ausdruck, die für die Gesellschaft als Ganzes einheitlich sind. Doch vorläufig vermag dieses Programm noch nicht alle Einzelheiten zu erfassen, insbesondere nicht die Produktionstätigkeit und die sozialen Aktivitäten der einzelnen Belegschaftsangehörigen des Produktionsbetriebs. Bisher sind praktisch noch keine Arbeiten in die Wege geleitet worden, die die Schaffung eines Systems von Zielprogramm-Aufgaben auf der Ebene des Zweiges bzw. des Gebietes zum Inhalt hätten, was gewisse Schwierigkeiten bei der Abstimmung der informatorischen und technischen Absicherung einer Reihe von Fragen mit sich bringt, die mit der sozialökonomischen Entwicklung des Produktionsbetriebes zusammenhängen.

Die Prognose der Verbesserung und Entwicklung der einzelnen Elemente einer sozialökonomischen Organisation in Abhängigkeit vom Objekt, vom Grad der Aufschlüsselung und vom Vorhandensein der erforderlichen Informationen läßt sich durchaus mit den heute angewandten Prognosemethoden bewerkstelligen. In der Praxis hat sich die Methode des „Normalmaßes" (Etalon), das zu den Normativmethoden der Prognose gehört, als am zweckmäßigsten erwiesen.

Den Begriff „Normalmaß" verwenden wir hier zur Charakterisierung eines möglichen fortschrittlichen Zustandes, den sämtliche Elemente der sozialökonomischen Organisation des Produktionsbetriebs in einem bestimmten Zeitraum erreicht haben. Die Gewinnung dieses „Normalmaßes" gründet sich auf die Untersuchung der besten Zustandsvarianten der Elemente der sozialökonomischen Organisation des modernen Produktionsbetriebs.

Für diese Zwecke wurde ein Modell der Organisation und Leitung ausgearbeitet, das der Recherche und Analyse der sozialökonomischen Informationen dient.

Die Aufstellung des Zielprogramm-Modells der sozialökonomischen Entwicklung der Belegschaft des Produktionsbetriebs umfaßt die folgenden Stadien:

1. Auswahl und Analyse der Informationen, die aus den Direktivdokumenten des Programms gewonnen werden.
2. Auswahl und Verarbeitung der sozialökonomischen und organisatorischen Informationen, die aus der Organisations-Recherche-Operation gewonnen werden.
3. Formulierung bzw. Projektierung der Aufgaben, Blöcke und Operationen für Information, Organisation und Leitung.
4. Zerlegung jeder einzelnen Organisations-Leitungs-Operation in Einzelschritte und Übergänge mit prognostischer Analyse:
   a) der Bedeutung einer jeden Operation und ihrer Schritte und Übergänge im allgemeinen Zielprogramm-Modell der sozialökonomischen Entwicklung des Produktionsbetriebes;

b) der Größe des moralischen und materiellen Aufwands für die Einführung jeder Operation und ihrer Schritte und Übergänge.

5. Prognosegutachten über die Fristen für Anfang und Ende der Einführung einer jeden Operation und jedes Operationsschrittes im betreffenden Produktionsbetrieb.
6. Leitungsentscheidung über die Durchführung erforderlicher Forschungs- und Entwicklungsarbeiten für die Formalisierung jeder einzelnen Organisations-Leitungs-Operation und ihrer Schritte und die Ausarbeitung organisatorisch-technischer und sozialkultureller Maßnahmen mit den Fristen ihrer Einführung sowie die Aufnahme aller dieser Informationen in den langfristigen, kurzfristigen (fünf Jahre) und den Jahresplan der sozialökonomischen Entwicklung des Betriebes.
7. Planung, Kontrolle und Abrechnung der Erfüllung der Maßnahmen der sozialökonomischen Entwicklung.
8. Berechnung der sozialen und ökonomischen Effektivität, die aus der Einführung der Maßnahmen folgt.

1975 wurden die Arbeiten zur Schaffung eines Klassifikationsmaßstabs von Zielprogramm-Modellen der Organisations- und Leitungselemente der sozialökonomischen Entwicklung der Belegschaft des Produktionsbetriebs abgeschlossen. In seiner ersten Fassung enthielt dieser Klassifikationsmaßstab acht Grundaufgaben der Organisation und Leitung mit insgesamt 32 Blöcken und 189 Operationen. Jede Operation enthielt ihrerseits die erforderliche Anzahl von Schritten und Übergängen in Form von Methodiken, Bedingungen, Regeln, Abfolgefestlegungen und Organisationssystemen.

Die erste Aufgabe enthielt die Blöcke, Operationen sowie Schritte und Übergänge der Organisation und Leitung, die entscheidenden Fragen der beruflichen Ausrichtung des Nachwuchses (Berufslenkung), der Eignungsauslese, der Aufnahme, Ausbildung und der Berechnung und Analyse des beruflichen Qualifizierungsweges der Belegschaftsangehörigen des Produktionsbetriebes.

Die zweite Aufgabe untersuchte die Zielprogramm-Modelle der Sozialisierung des Leitungssystems der Teilkollektive des Produktionsbetriebs. Bei der Lösung dieser zweiten Aufgabe bestanden die Ausgangsoperationen „Information, Organisation und Leitung“ in der Analyse der allgemeinen Leitungsstruktur, der Aufstellung eines Baums eines linearen und funktionalen Leitungssystems sowie der Optimierung der Leitungsinformationsströme.

Die sich anschließenden Operationen sowie Schritte und Übergänge sahen die Ausarbeitung von Hypothesen für sämtliche Strukturuntereinheiten des Produktionsbetriebes vor.

Die dritte Aufgabe hatte die Organisation eines Systems von kommunalen und persönlichen Dienstleistungen im Produktionsbetrieb zum Gegenstand.

Bei der vierten Aufgabe wurden Fragen des Arbeitsschutzes, der Sicherheitsvorrichtungen und der medizinischen Betreuung der Belegschaftsangehörigen bestimmt. Der Klassifizierungsmaßstab der Operationen sowie die Schritte und Übergänge der Organisation und Leitung dieser Aufgabe sah die Ausarbeitung wissenschaftlicher Methoden zur Analyse der Gesamtheit derjenigen Faktoren vor, die bei den Belegschaftsangehörigen des Produktionsbetriebs häufiger auftretende Unfälle und chronische Krankheiten verursachten.

Eine bestimmte und bisweilen sogar sehr bedeutsame Rolle in der Steigerung der Arbeitsleistung sowie der schöpferischen und gesellschafts-politischen Aktivitäten der Arbeiter spielen subjektive Bewertungen. In soziologischen Untersuchungen, die 1970 und 1975 durchgeführt wurden, wurde der Versuch gemacht, die Faktoren zu klassifizieren, die bei den Belegschaftsangehörigen langfristig oder auch kurzfristig ein mehr aktives oder ein mehr passives Verhalten auslösen. Diese Klassifizierungsskala war die Grundlage für die Aufstellung einer fünften Aufgabe des Zielprogramms, die Operationen der Organisation und Leitung enthielt, mit denen sich die Bedingungen für eine qualitative Bewertung folgender Komplexe durch den einzelnen Belegschaftsangehörigen des Produktionsbetriebes erzeugen ließen:

- Produktionsinstrumente und Arbeitsgegenstände
- Organisation der Produktion und der Leitung
- Eigener Beruf und Möglichkeiten des beruflichen Aufstiegs
- Eigener Lohn und Formen des materiellen und moralischen Anreizes.

Die sechste Aufgabe enthielt die Erzeugung eines Zielprogramm-Modells der Optimierung des sozialpsychologischen Klimas in den Produktionskollektiven. Die einzelnen Operationen sahen hier eine Vertiefung der wissenschaftlichen Forschungsarbeiten vor, die auf soziometrische Messungen in den Arbeiterkollektiven gerichtet waren. Zur Zeit führt die soziologische Arbeitsgruppe Untersuchungen zur Zerlegung der Kennziffern durch, die den Status (Stellung) und den emotionalen Expansionsdrang jedes einzelnen Mitglieds eines ursprünglichen Produktionskollektivs umschreiben. Allerdings befinden sich die Fragen der qualitativen Bewertung des sozialökonomischen Klimas in den Kollektiven der Betriebsabteilungen und in der Betriebsbelegschaft insgesamt noch im Stadium theoretischer Hypothesen.

Die siebte Aufgabe war den Fragen der kommunistischen Erziehung und der Herausbildung schöpferischer und gesellschaftspolitischer Aktivitäten bei den Belegschaftsmitgliedern gewidmet. Im Rahmen dieser Aufgabe enthielten die einzelnen Operationen sowie deren Schritte und Übergänge auch die Erzeugung von Zielprogramm-Modellen der wissenschaftlichen Organisation:

- Arbeiten des Parteischulungsaktivs des Betriebes;
- Politisches Anschauungsmaterial und mündliche Informationen, Propaganda und Agitation;
- Politische Schulung der Betriebsangehörigen;
- Kontrolle der Tätigkeit der gesellschaftlichen Organisationen und freiwilligen Vereinigungen durch die Parteileitung;
- Kontrolle der Wirtschaftstätigkeit und der Produktionstätigkeit der Leitung durch die Parteileitung u. a. m.

Die achte Aufgabe betraf die Schaffung entsprechender sozialer, kultureller und Wohnbedingungen für die Betriebsangehörigen und deren Familien.

Die vier Blöcke „Organisation und Leitung" dieser Aufgabe sahen einen breiten Komplex von Fragen der Organisation der kulturellen Betreuung und der Freizeitgestaltung der Betriebsangehörigen, die Organisation der kulturellen und gesundheitlichen Betreuung der Kinder der Betriebsangehörigen, die Organisation der kulturellen Betreuung und der Freizeitgestaltung der Betriebsveteranen und schließlich die Organisation entsprechender Wohnbedingungen für die Familien der Betriebsangehörigen vor.

Das Untersystem organisatorisch-technische Absicherung des Systems enthält die Aufgaben zur Klassifizierung der sozialökonomischen und angewandten organisatorisch-technischen Informationen sowie der Klassifizierung der in der Formulierung der mathematischen Berechnungen verwendeten Buchstabensymbole. Bei der Ausarbeitung dieses Untersystems wurde ein universelles System der Informationskodierung mit numerischen Koden verwendet sowie Systeme des Empfangs der Verarbeitung, Fixierung, Speicherung und Übertragung von Informationen. Es wurde ebenfalls die Erarbeitung eines Standards „Einheitliches System der sozialökonomischen Dokumentation" begonnen. Dieses Untersystem enthält die Lösung von sieben Aufgaben, die die Beschaffung, Verarbeitung und Ausgabe von Informationen zu folgenden Komplexen betreffen:

– Arbeiter des Produktionsbetriebs;
– Ingenieurtechnischer Mitarbeiter und Angestellter;
– Ursprüngliches Kollektiv von Produktionsarbeitern;
– Ursprüngliches Kollektiv von ingenieurtechnischen Mitarbeitern und Angestellten;
– Produktionskollektiv der Betriebsabteilung;
– Produktionskollektiv des Produktionsabschnitts bzw. des Laboratoriums (Forschungsstelle);
– Gesamtbelegschaft des Betriebes.

Auf diese Weise läßt sich die Gesamtmenge der sozialökonomischen Informationen in folgende vier rangmäßig geordnete Untermengen gliedern:

1. Rang-Untermenge, die von Einzelmitarbeiter des Betriebs charakterisiert;
2. Rang-Untermenge, die ein ursprüngliches Produktionskollektiv charakterisiert;
3. Rang-Untermenge, die das Produktionskollektiv einer Betriebsabteilung, eines Betriebsabschnittes oder eines Laboratoriums (Forschungsstelle) charakterisiert;
4. Rang-Untermenge, die die Betriebsbelegschaft insgesamt charakterisiert.

Die Menge der Kennziffern der sozialökonomischen Informationen, die ein Objekt beliebigen Ranges charakterisiert, setzt sich aus der Menge der eigentlichen Kennziffern und der Zuwachsmenge solcher zusätzlicher Kennziffern sozialökonomischer Informationen zusammen, die für die Untersuchung, Prognose und Planung und Leitung der sozialökonomischen Entwicklung des betreffenden Objekts benötigt werden. Die Zuwachsmenge zusätzlicher Kennziffern der sozialökonomischen Informationen charakterisiert Objekte niedrigerer und höherer Ränge in ihrer Beziehung zum Untersuchungsobjekt. Es handelt sich dabei um relative (quantitative und qualitative) Kennziffern sozialökonomischer Informationen, deren Werte einfach hinzugefügt werden.

Neben der Teilung der sozialökonomischen Informationen nach Rängen und Untermengen kann die Gesamtmenge der Informationen auch in einen allgemeinen und in einen speziellen Teil gegliedert werden. Der allgemeine Teil der sozialökonomischen Informationen hat folgende Funktionen:

1. Er dient als Grundlage für die Gewinnung statistischer sozialökonomischer Charakteristika des Objekts, und er bildet den Teil, den wir als sozialökonomische Stammkarte des Objekts bezeichnet haben. Die allgemeinen sozialökonomischen Informationen bieten die Möglichkeit, qualitative und quantitative Charakteristika des zu untersuchenden Objekts zu bestimmen und zu analysieren und sie mit den Objekten der höheren und niedrigeren Ränge zu vergleichen.
2. Er dient als Grundlage für die Gewinnung dynamischer sozialökonomischer Charakteristika des Objekts bzw. des sozialökonomischen Potentials des Objekts.

Aus den allgemeinen sozialökonomischen Informationen, die zu jeder „Zeitgrenze" anfallen, lassen sich dynamische „Verschiebungen" sowie Gesamtkennziffern bestimmen und untersuchen, darunter auch der materielle Aufwand, der in der voraufgegangenen Zeitperioden für die Durchführung sozialökonomischer Maßnahmen getätigt wurde sowie die daraus resultierenden sozialen Veränderungen. Anhand der dynamischen sozialökonomischen Charakteristika werden die Tendenzen der sozialökonomischen Entwicklung des zu untersuchenden Objekts während des voraufgegangenen Zeitraums analysiert und für die langfristige Planung Prognosekurven der künftigen sozialökonomischen Entwicklung des Objekts gewonnen.

Die speziellen Informationen dienen angewandten sozialökonomischen Untersuchungen, die der Ausarbeitung und Realisierung einer jeden Operation der Organisation und Leitung im System der langfristigen Prognose und Planung der sozialökonomischen Entwicklung des Produktionsbetriebes vorausgehen.

Die Aussonderung der speziellen Informationen bietet die Möglichkeit, die Empfehlungen der bestehenden Methodiken der sozialen Planung kritisch zu bewerten und den jeweiligen Umfang der speziellen Informationen sowie den Anfangszeitpunkt ihrer Beschaffung und Verarbeitung zu optimieren.

Das Untersystem „Analyse der sozialökonomischen Informationen und Prognose der sozialen Entwicklung der Belegschaft des Produktionsbetriebes" enthält die Lösung folgender Aufgaben:

- Analyse der sozialökonomischen Informationen der Stammkarte eines jeden ausgesonderten Objekts, das zu einem der vier Ränge gehört;
- für jedes zu untersuchende Objekt eine vergleichende Analyse der qualitativen und quantitativen sozialökonomischen Charakteristika sowie ihrer Grenz- und Mittelwerte und Gegenüberstellung mit gleichen Charakteristika der Objekte der höheren und niedrigeren Ränge;
- Analyse der Veränderungen, die in den Kennziffern der sozialökonomischen Informationen im Verlauf einer bestimmten Zeitperiode eingetreten sind;
- Prognose der Richtungen und der „Zeitgrenzen", mit denen bzw. an denen das Programm-Modell der Operationen der Organisation und Leitung eine optimale Form und einen optimalen Inhalt annimmt.

Die Prognose der sozialen Entwicklung der Betriebsbelegschaft insgesamt wird von einer Expertengruppe in Form eines Gutachtens erstellt. In einer ersten Runde von Voruntersuchungen legen die Experten die Rangziffer einer jeden Operation der Organisation und Leitung sowie die Fristen ihrer Durchführung fest, außerdem bestimmen sie, welche Funktionen die bestehenden oder neu zu schaffenden Dienstleistungsbereiche für den Prognosezeitraum der Einführung einer jeden Operation zu übernehmen haben. In einer zweiten Runde von Voruntersuchungen bestimmen die Experten, welche Funktionen die bestehenden und neu zu schaffenden Dienstleistungsbereiche für die Einführung der Operationen im bevorstehenden Zeitraum von 10 bis 15 Jahren haben werden, und sie liefern eine Bewertung des sozialökonomischen Aufwands.

Auf der Grundlage eines allgemeinen Schemas der sozialen Entwicklung des Objekts arbeitet der Dienstleistungsbereich „Leitung" Empfehlungen in Form von organisatorisch-technischen und sozialkulturellen Maßnahmen aus.

Es sei hier darauf hingewiesen, daß einer der entscheidenden Faktoren, der die Qualität der Pläne der sozialen Entwicklung bestimmt, die Fähigkeiten, Kenntnisse und Fertigkeiten sind, die jene Spezialisten des Dienstleistungsbereichs „Leitung" auf dem Gebiete der Industriesoziologie besitzen, die die Empfehlungen für die soziale Entwicklung des Objektes ausarbeiten.

Die nächstfolgende, nicht minder wichtige Etappe innerhalb dieses Untersystems ist die Erarbeitung des Expertengutachtens über die Empfehlungen zur sozialen Entwicklung des Objekts.

Dieses Expertengutachten wird praktisch auf der Ebene der Leiter, der einfachen Betriebsangehörigen und der gesellschaftlichen Organisationen des Betriebes durchgeführt.

Die Beteiligung der Arbeiter, Ingenieure, Techniker und Angestellten an den Diskussionen der Empfehlungen für die soziale Entwicklung wird als Teilnahme an der Leitung des Betriebs gewertet.

Ein wichtiger Faktor ist hier die Sozialisierung der Experten, das heißt ihre Einbeziehung in die Programme zur Erhöhung der politischen und ökonomischen Bildung und Qualifizierung derjenigen Mitarbeiter aus bestimmten Betriebsabschnitten, die die Aufgaben der sozialistischen Industriesoziologie formulieren.

Für diese Ziele sind in der Aufgabe der organisatorisch-technischen Absicherung des Untersystems differenzierte Vorlesungs- und Seminarprogramme vorgesehen sowie Programme praktischer Tätigkeiten für sämtliche Betriebsangehörigen.

Was die Leitungsentscheidungen über die Aufnahme der Empfehlungen in den Plan der sozialen Entwicklung des Betriebes betrifft, so gibt die Betriebsleitung Anweisungen über die Schaffung einer speziellen Kommission. Nachdem diese Kommission sämtliche Empfehlungen und Anmerkungen geprüft hat, die im Verlauf der Diskussionen der Maßnahmen vorgebracht wurden, wird der Plan in seine Endfassung gebracht und vom Leitungsorgan des Betriebes bestätigt. Das Untersystem enthält die Lösung der Aufgaben, die die Planung der sozialen Entwicklung der Belegschaft in den folgenden Zeitperioden betreffen.

I. Die langfristige Planung der sozialen Entwicklung der Betriebsbelegschaft.
II. Die Fünfjahresplanung der sozialen Entwicklung.
III. Die Jahresplanung der sozialen Entwicklung.
IV. Die monatliche Operativplanung der Erfüllung der organisatorisch-technischen und sozialkulturellen Maßnahmen.

Der soziale Plan wird für jeden der genannten Zeiträume anhand der in den hier vorgestellten Untersystemen durchgeführten Arbeiten und anhand des vorliegenden technisch-ökonomischen Plans aufgestellt, und er bildet somit dessen Ergänzung und Weiterführung. Das bedeutet, daß die Pläne der organisatorisch-technischen Maßnahmen des Betriebes einen Abschnitt enthalten müssen, der die soziale Effektivität dieser Maßnahmen ausweist, das heißt den Einfluß, den diese Maßnahmen auf die Arbeitsbedingungen und die Stellung der einzelnen Mitarbeiter innerhalb der Gruppe ausüben.

Die Planung, Kontrolle und Abrechnung der Maßnahmen des Fünfjahresplans der sozialen Entwicklung des Betriebs „Krasnyj proletarij" erfolgen seit 1969 auf EDV-Anlagen.

1976 wurde das sozialökonomische Informationssystem für die komplexe Analyse der Arbeiterklasse in einem der ältesten Maschinenbaubetriebe unseres Landes, im Efremov-Werk „Krasnyj proletarij" eingesetzt. Gemeinsam mit dem Institut für Geschichte bei der Akademie der Wissenschaften der UdSSR wurde eine Stichprobe von Informationsmassiven aufbereitet, die die demographischen Angaben, die Arbeitsbedingungen, die Arbeitstätigkeit, die schöpferische und gesellschaftlich-politische Betätigung sowie die Formen und den Inhalt der Freizeitgestaltung der Arbeiterklasse dieses Betriebs umfaßten.

Anhand der Informationen aus den von den Arbeitern selbst ausgefüllten Personalbögen und einer vergleichenden Stichprobenkontrolle der erzielten Kennziffern mit den Stammkarten der Kaderabteilung wurde ein sozialökonomisches Stammblatt der Arbeiter aufgestellt, das den Stand vom 1. Januar 1976 ausweist.

Für die komplexe Analyse der Arbeiterklasse wurde von den im Anhang enthaltenen Kennzifferwerten ausgegangen.

Um die Stellung des Arbeiters und sein emotionales Verhältnis zur Arbeit und Freizeitgestaltung mit den anderen Mitgliedern des Kollektivs zu bestimmen, wurden spezielle

soziometrische Karten angefertigt. Auf ihrer Grundlage wurden zusammenfassende soziometrische Matrizen für jedes ursprüngliche Produktionskollektiv aufgestellt, um folgende Größen bestimmen und analysieren zu können:
- Niveau der gegenseitigen Informiertheit im Arbeiterkollektiv;
- Niveau der Konflikte zwischen den Mitgliedern des ursprünglichen Arbeiterkollektivs.

Anhand von Vergleichsgrößen über die vergangenen Zeitperioden wurden die Veränderungen analysiert, die in der Struktur der Arbeiterklasse des Betriebes „Krasnyj proletarij" eingetreten sind. So konnten durch eine Analyse der Kennziffern von 1970 bis 1976 in Bezug auf die Struktur der Arbeiterklasse des Betriebs „Krasnyj proletarij" folgende Schlüsse gezogen werden:
- die Belegschaft ist gemischt, wobei männliche Arbeiter überwiegen;
- das mittlere Alter der Betriebsbelegschaft hat um 3,2 Jahre zugenommen, was darauf zurückzuführen ist, daß die Fluktuation zurückgegangen ist und mehr Arbeiter, die das Rentenalter erreicht haben, ihre Arbeit im Betrieb fortsetzen (es ist dies die vierte Altersgruppe, nämlich die Jahrgänge 1910 bis 1915);
- der Bildungsstand der Arbeiter hat in den letzten fünf Jahren um 0,6 bedingte Klassen zugenommen;
- das mittlere Gesamtdienstalter hat sich um 2,5 Jahre erhöht;
- das mittlere Dienstalter im Betrieb „Krasnyj proletarij" hat sich um 1,9 Jahre erhöht;
- der Wohlstand der Arbeiter hat sich verbessert, da das mittlere monatliche Nettoeinkommen pro Familienmitglied um 12,2 Rubel zugenommen hat und sich die Anzahl der Arbeiter mit einem mittleren monatlichen Nettoeinkommen von mehr als 100 Rubel um das 2,1fache vergrößert hat;
- die Wohn- und Lebensbedingungen der Arbeiter sind besser geworden, da die Anzahl der Familien, die in Einzelwohnungen leben, um 17 Prozent gestiegen ist;
- die gesellschafts-politische Tätigkeit der Arbeiter hat sich verstärkt, da die Anzahl der Arbeiter mit ständigen gesellschaftlichen Verpflichtungen um 60 Prozent zugenommen hat;
- Inhalt und Form der Freizeitnutzung haben sich qualitativ verändert: die Beschäftigung mit schöngeistiger Literatur hat um 17,6 Prozent zugenommen, und die Theaterbesuche sind um 10,2 Prozent gestiegen, u. a. m.

Das Informationssystem hat somit eine bessere qualitative Grundlage für die komplexe Analyse der Arbeiterklasse des Betriebes „Krasnyj proletarij" unter den Bedingungen der entwickelten sozialistischen Gesellschaft geliefert.

Anhang

Kennziffern zur Sozialstruktur im Efremor-Werk „Krasnyj Proletarij“ (in Prozent)

Arbeiterinnen	33
Arbeiter	67

Soziale Herkunft:

Arbeiter mit hoher Qualifizierung	10,9
Arbeiter mit mittlerer Qualifizierung	39,7
Arbeiter mit niedriger Qualifizierung	10,9
Kolchosbauern	28,0
Intelligenz mit Hochschulbildung	1,7
Militärangehörige	0,8
Elternlos aufgewachsen	1,5

Alter:

Unter 18	2,6
19 bis 25	17,6
26 bis 30	16,2
Jungarbeiter insgesamt:	36,4
31 bis 35	5,9
36 bis 40	10,4
41 bis 45	12,1
46 bis 50	17,0
51 bis 55	6,9
56 bis 60	2,2
über 60	1,9
Mittleres Alter der Arbeiter des Betriebes	37,3 Jahre

Mitgliedschaft in Parteien und Massenorganisationen (in Prozent):

KPdSU	15,0
Komsomol	17,9
Parteilose	69,1

40 Prozent der Betriebsbelegschaft erfüllen ständig gesellschaftliche Aufträge

Bildung (in Prozent):

Bis 4 Schulklassen	9,8
5 bis 8 Schulklassen	50,1
9 bis 10 Schulklassen	18,2
Nichtabgeschlossene Fachschulausbildung	4,1
Oberschulbildung insgesamt	81,8
Abgeschlossene Oberschule	9,6
Abgeschlossene Fachschule	6,9
Nichtabgeschlossene und abgeschlossene Hochschule	1,7
Oberschule und Hochschule insgesamt	18,2

Dienstalter (in Prozent):

Unter 1 Jahr	1,2
1 bis 5 Jahre	11,6
6 bis 10 Jahre	17,5
11 bis 15 Jahre	10,1
16 bis 20 Jahre	8,7
21 bis 25 Jahre	13,4
26 bis 30 Jahre	13,4
31 bis 35 Jahre	13,0
36 bis 40 Jahre	6,0
über 41 Jahre	5,1
Mittleres Dienstalter seit Aufnahme einer Arbeitstätigkeit	20,2 Jahre
Mittleres Dienstalter seit Arbeitsaufnahme im Betrieb „Krasnyj proletarij“	15 Jahre
Mittleres Dienstalter im betreffenden ursprünglichen Produktionskollektiv	12,2 Jahre
Mittlere Lohngruppe der Arbeiter	3,8
Schichtkoeffizient	1,4

Produktionstätigkeiten der Arbeiter (in Prozent):

An mechanisierten Ausrüstungen	16,8
an halbautomatischen Ausrüstungen	5,9
an automatischen Ausrüstungen	1,6
qualifizierte Handarbeit	42,3
unqualifizierte Handarbeit	13,3
Verwaltungsarbeit	0,7
Organisationsarbeiten	0,6
Mittlerer monatlicher Nettoverdienst der Arbeiter	174,8 Rubel

Familienstand (in Prozent):

Verheiratet	69,8
Unverheiratet	18,4
Verwitwet	5,1
Geschieden	6,7
Anzahl der Familienmitglieder:	
Alleinstehend	15,0
zwei Personen	17,2
drei Personen	33,5
vier Personen	22,8
fünf Personen	7,3
sechs Personen	2,4
sieben Personen	1,0
acht und mehr Personen	0,9
Mittlere Nettogeldeinkünfte pro Familienmitglied:	
bis 50 Rubel	10,1
51 bis 60 Rubel	9,9
61 bis 70 Rubel	12,1
71 bis 80 Rubel	13,2
81 bis 90 Rubel	13,2
91 bis 100 Rubel	14,9
über 100 Rubel	26,6
Mittleres Nettogeldeinkommen pro Familienmitglied	83,9 Rubel

Anzahl der Kinder in den Familien der Arbeiter:		
Kinderlos	25,2	
ein Kind	46,5	
zwei Kinder	25,1	
drei Kinder	3,2	
Altersmäßige Verteilung der Kinder in den Arbeiterfamilien:		
Krippenalter (0 bis 3 Jahre)	9,6	
Kindergartenalter (3 bis 7 Jahre)	16,1	
8 bis 11 Jahre (1. bis 4. Klasse)	13,5	
12 bis 14 Jahre (5. bis 7. Klasse)	12,0	
15 bis 18 Jahre (8. bis 10. Klasse)	15,4	
19 bis 22 Jahre	13,9	
über 23 Jahre	19,5	
***Wohnbedingungen der Arbeiterfamilien* (in Prozent):**		
Einzelwohnungen	56,4	
Gemeinschaftswohnungen	29,0	
Eigenheimwohnungen	1,0	
Untermiete	0,8	
Wohnheime	12,8	
Mittlere Wohnfläche pro Familienmitglied:		
bis 5 m²	22,1	(darunter 12,8 in Wohnheimen)
5 bis 7 m²	24,5	
7 bis 10 m²	38,3	
über 10 m²	15,1	
***Faktoren, die zum Abbruch der Ausbildung führten* (in Prozent):**		
Beendigung der weiteren Ausbildung aus Altersgründen	48,0	
Gesundheitszustand	4,9	
Beaufsichtigung von Kindern	7,4	
Wohnungsbedingungen	4,4	
Arbeitsablauf	1,2	
Zeitaufwand für Weg zur und von Arbeit	1,9	
Auszuführende Arbeit erfordert keinen hohen Ausbildungsstand	4,8	
Keine objektiven Faktoren, kein Interesse	19,6	
Andere Ursachen	7,8	
***Einschätzung der technischen Ausstattung des Arbeitsplatzes durch die Arbeiter* (in Prozent):**		
gut	29,0	
zufriedenstellend	63,7	
schlecht	7,3	
Einschätzung der Arbeitsorganisation am Arbeitsplatz:		
gut	30,7	
zufriedenstellend	62,7	
schlecht	6,6	
Einstellung zum eigenen Beruf:		
gut	60,3	
zufriedenstellend	38,7	
schlecht	1,0	

Einschätzung des beruflichen Aufstiegs:	
gut	39,2
zufriedenstellend	57,1
schlecht	3,7
Einschätzung des Lohnniveaus:	
gut	29,3
zufriedenstellend	65,0
schlecht	5,7

Grundlegende Freizeitbeschäftigungen (in Prozent):

Fernsehen	75,9
Schöngeistige Literatur	59,8
Kino	59,0
Theater	26,8
Haushaltsarbeiten	52,0
Kindererziehung	39,7
Zusammensein mit Freunden	37,1
Ausbildung und Qualifizierung	12,3
Gesellschaftliche Tätigkeit	21,4
Sport und Gymnastik	15,7
Gartenarbeiten	7,7
Künstlerische Betätigung	4,4

Siegfried Sonntag

Untersuchung des Zusammenhangs zwischen Ausgangsniveau und Dynamik der industriellen Entwicklung in den Volksdemokratien

1. Zur Problemstellung

Schon seit langem beschäftigen sich Ökonomen und Wirtschaftswissenschaftler mit der Problematik der wirtschaftlichen Entwicklung der Volksdemokratien.[1] In vielen Veröffentlichungen wird dabei insbesondere auf die industrielle Entwicklung eingegangen.[2] In der letzten Zeit treten auch mehr und mehr vergleichende Aspekte hinzu.[3] In diesen Arbeiten werden insbesondere der Verlauf der wirtschaftlichen Entwicklung und die Probleme der unterschiedlichen Ausgangsbedingungen untersucht. Zur Erforschung dieser Problematik soll auch der vorliegende Artikel beitragen.

Die Aufgabe besteht darin, zu untersuchen, ob und wie das nach dem zweiten Weltkrieg bestehende Niveau der Industrie die weitere Entwicklung bestimmt hat. Gleichzeitig sollen einige Überlegungen zum Verlauf dieser Periode eingeschlossen werden.

In diese Analyse sind folgende Staaten einbezogen worden: Die Volksrepublik Bulgarien, die Deutsche Demokratische Republik, die Volksrepublik Polen, die Sozialistische Republik Rumänien, die Tschechoslowakische Sozialistische Republik und die Ungarische Volksrepublik. In die Analyse nicht einbezogen wurden die Volksrepublik Albanien und die Sozialistische Förderative Republik Jugoslawien. Ebenso wurde die Union der Sozialistischen Sowjetrepubliken nicht mit berücksichtigt, da hier bereits die sozialistische Produktionsweise herrschte, das heißt, eine völlig andere Ausgangssituation vorlag. Auch hätte die Größe dieser Volkswirtschaft einen Vergleich sehr erschwert. Da es sich um eine vergleichende Analyse handelt, wird in der Untersuchung kein Land besonders hervorgehoben.

Die Ausgangssituation in diesen Staaten war sowohl in politischer als auch in wirtschaftlicher Hinsicht sehr verschieden.[4] Vor dem zweiten Weltkrieg war das Territorium der

[1] Vgl. *Huber, Gerhard*, Die ökonomische Entwicklung der Volksrepublik Rumänien, Berlin 1962; *derselbe*, Die ökonomische Entwicklung der Volksrepublik Bulgarien, Berlin 1968; *Poljanskij, F. J./Zamin, V. A.*, Ekonomičeskaja istorija socialističeskich stran, Moskau 1971; *Prucha, Vádslav*, Basic features of economic development in Czechoslovakia 1945–70, in: Czech Economic Papers, Bd. 13, Prag 1972, S. 5ff.; *Studien zur Wirtschaftsgeschichte der sozialistischen Länder*, hg. v. Lothar Baar, H. 2–5, Berlin 1975; *Sozialistisches Weltwirtschaftssystem*, Berlin 1967.

[2] *Iskra, Wieslaw*, Die industrielle Entwicklung in Polen, Warschau 1970; *Laski, Kazimierz*, Sozialistische Industrialisierung Volkspolens, Berlin 1956; *Laschke, Michael*, Probleme des Verlaufs der sozialistischen Industrialisierung in den europäischen Mitgliedsländern des RGW, Berlin 1977 = Studien zur Wirtschaftsgeschichte sozialistischer Länder, H. 6.

[3] *Roesler, Jörg*, Die DDR und die sozialistische Industrialisierung in den RGW-Ländern Mittel- und Südosteuropas, Berlin 1977 (MS).

[4] *Laschke*, S. 11ff.

heutigen DDR Teil eines hochentwickelten imperialistischen Staates. Auch die ČSR war ein entwickelter Industriestaat, in welchem die verarbeitende Industrie dominierte. Dabei ist noch zu bemerken, daß die Slowakei wirtschaftlich weit zurückgeblieben war. Polen und Ungarn können zu den Agrarländern mit gering entwickelter Industrie gerechnet werden, während Bulgarien und Rumänien rückständige Agrarstaaten waren, die lediglich als Rohstofflieferanten für die imperialistischen Hauptmächte fungierten. Dabei spielte in Rumänien die Erdölförderung eine herausragende Rolle.

Das Ausmaß der Kriegszerstörungen in den betreffenden Ländern war ebenfalls sehr unterschiedlich. Während sie in Polen und auf dem Gebiet der heutigen DDR[5] sehr groß waren, hatten zwar die ČSR, Ungarn und Rumänien auch schwere Zerstörungen zu verzeichnen; sie waren jedoch nicht so bedeutend wie in den beiden oben genannten Ländern, und zum Teil auch nur punktuell. Relativ geringe Schäden durch Kriegseinwirkung hatte Bulgarien zu tragen.

Nach dem zweiten Weltkrieg konnte im Verlauf der volksdemokratischen bzw. antifaschistisch-demokratischen Revolution in allen sechs Ländern bis 1949 die Diktatur des Proletariats errichtet werden. Im Ergebnis des Krieges war auch die wirtschaftliche Situation der Länder verändert worden. Die ökonomische Situation Polens hatte sich durch die territorialen Veränderungen erheblich verändert. Vor der DDR stand die Aufgabe, aus einem Teil der deutschen Volkswirtschaft, der zudem im Krieg schwer zerstört worden war, eine funktionierende Wirtschaft aufzubauen. Von Bedeutung waren dabei auch die Reparationsleistungen. Im Verlauf der weiteren Entwicklung wurde dann der Aufbau einer eigenen schwerindustriellen Basis notwendig. Vor Bulgarien, Rumänien und Ungarn stand die Aufgabe, die in den Anfängen stehende industrielle Entwicklung zu beschleunigen.

Untersuchungsgegenstand ist der wichtigste Volkswirtschaftsbereich – die Industrie. Der Untersuchungszeitraum umfaßt die Jahre zwischen 1946 und 1957. Ein Schwerpunkt ist dabei die Einbeziehung der unmittelbaren Nachkriegsjahre. Ein Grund dafür ist, daß ähnlich gelagerte Untersuchungen erst 1950 oder später beginnen.[6] Von großer Bedeutung ist dieser Zeitabschnitt auch deshalb, da meines Erachtens hier zum Teil schon die Weichen für die weitere volkswirtschaftliche und damit auch industrielle Entwicklung gestellt wurden. Die Mitte der 50er Jahre wird im allgemeinen als Abschluß der Wiederherstellungsperiode bzw. ersten Industrialisierungsphase betrachtet.[7] Von einigen Autoren wird dabei das Jahr 1957 als Abschlußjahr aufgefaßt.[8]

Da für die unmittelbaren Nachkriegsjahre keine detaillierten Wertkennziffern zu Strukturen, Niveau und Dynamik der industriellen Produktion vorliegen, ja, in einigen Fällen

[5] *Barthel, Horst*, Die wirtschaftlichen Ausgangsbedingungen der DDR. Zur Wirtschaftsentwicklung auf dem Gebiet der DDR 1945–1949/50, Berlin 1979, S. 29ff.

[6] Vgl. *Bagrij, P. I.*, Dynamik und Struktur der gesellschaftlichen Produktion im Sozialismus, Berlin 1974.

[7] Vgl. *Roesler, Jörg*, Periodisierungsprobleme der DDR-Wirtschaftsgeschichte, in: Jahrbuch für Wirtschaftsgeschichte, T. 4/1978, S. 153ff.; *Prucha, V.*, Die wirtschaftliche Entwicklung der Tschechoslowakischen Sozialistischen Republik, Berlin 1975, S. 27ff. = Studien zur Wirtschaftsgeschichte sozialistischer Länder, H. 3; *Szalasc, Sándor*, Die wirtschaftliche Entwicklung der Ungarischen Volksrepublik, Berlin 1975, S. 24ff. = Studien zur Wirtschaftsgeschichte sozialistischer Länder, H. 4.

[8] *Jezierski, Andrzej*, Historia gospodarcza Polskij Ludowij 1944–1968, Warschau 1971, S. 10, zit. nach *Landau, Z./Tomaszewski, J.*, Stages of the economic growth of Poland after 1944, in: Studia Historiae Economicae, Bd. 13, Poznan 1978, S. 214.

sogar globale Wertkennziffern (z. B. Industrieproduktion) fehlen und auch Kennziffern zur Arbeitskräftestruktur der Industrie oft erst ab 1950 oder später vorhanden sind, wurden für die Untersuchungen Produktionskennziffern in Naturaleinheiten[9] herangezogen. Es ist natürlich klar, daß Wertkennziffern die Aussagemöglichkeit der Analyse und die Vergleichbarkeit zum Teil verbessern würden. Es können jedoch mit den Naturalkennziffern, die ja das Volumen der Produktion widerspiegeln, gewisse Feststellungen zum Zusammenhang von Niveau und Dynamik getroffen werden.[10]

Insgesamt wurden 28 Naturalkennziffern für die Analyse herangezogen. Das bedeutet, daß für die sechs Länder (bei einem Durchschnittszeitraum von 11 Jahren) insgesamt ca. 1800 Daten vorliegen. Die 1800 Daten bilden den Grundstock der Analyse. Hinzu kommen noch die entsprechenden Ableitungen wie Wachstumsraten, absolute Zuwächse, Pro-Kopf-Produktion u. ä. .

Die Auswahl der Kennziffern erfolgte nach mehreren Kriterien. Es wurden die Kennziffern herangezogen, die auch in den UNO- und RGW-Statistiken als Indikatoren Verwendung finden. Weiterhin sollte von jedem Industriebereich mindestens eine Kennziffer vorhanden sein. Die Kennziffern sollten nach Möglichkeit in allen sechs Ländern über den gesamten Zeitraum hinweg vorhanden und vergleichbar sein. Diese Auswahlkriterien konnten leider nicht immer eingehalten werden. Besonders in der verarbeitenden Industrie treten durch die Sortimentsspezifikation Schwierigkeiten auf. Die Ursache dafür liegt vor allem in der Messung der Kennziffern in Naturaleinheiten.

Als Quellen wurden vor allem die Statistischen Jahrbücher der sechs Staaten verwendet,[11] weiterhin UNO- und RGW-Statistiken[12] sowie andere Veröffentlichungen.[13] Allerdings wurden Angaben aus den zuletztgenannten Quellen nur dann benutzt, wenn sie sich in die Zeitreihen einpaßten.

Um einmal die Vielfalt der Entwicklungsformen zu demonstrieren, ist der Verlauf einiger Zeitreihen graphisch dargestellt worden (siehe Abb. 1 und 2). Als erstes handelt es sich um die Darstellung der Zahl der industriell Beschäftigten und deren Anteil an der Gesamtbevölkerung.

Die Zahl der industriell Beschäftigten und ihre Entwicklung ist in den einzelnen Ländern sehr verschieden. Ebenso ist ihr Anteil an der Gesamtbevölkerung in den einzelnen Staaten sehr unterschiedlich. Diese Niveauunterschiede bestehen auch noch 1957, jedoch hat sich der relative Abstand bereits verringert. Hier sind schon erste Auswirkungen des Industriali-

9 Es handelt sich dabei um folgende Kennziffern: Produktion von Elektroenergie, Steinkohle, Braunkohle, Erdöl, Koks, Eisenerz, Roheisen, Rohstahl, Schwefelsäure, Kalziumkarbid, kaustische Soda, kalzinierte Soda, Stickstoffdünger, Phosphordünger, Zement, Ziegel, Glas, Holz, Traktoren, LKW, PKW, Werkzeugmaschinen, Drehmaschinen (als Untergruppe der Werkzeugmaschinen), Transformatoren, Papier, Textilien, Schuhe, Zucker. Außerdem wurde die Zahl der Beschäftigten in der Industrie mit herangezogen.

10 Vgl. *Janossy*, *Ferenc*, Kann eine „short-cut"-Methode mehr als ein Notbehelf sein? in: Acta oeconomica (Budapest), H. 3–4/1971, S. 325ff.

11 *Anarual statistique*, Bukarest; *Statističeski godisnik*, Sofia; *Rocznik statystyczny*, Warschau; *Statistika ročenka*, Prag; *Statistisches Jahrbuch der DDR*, Berlin; *Statistical Yearbook*, Budapest.

12 *Statističeskij ežegodnik stran členov SEV*, Moskau; *Economic Bulletin for Europe*, Genf; *Economic Survey of Europe*, Genf; *Monthly Bulletin of Statistics*, New York.

13 *Meždunarodnoj politiko-ekonomičeskij ežegodnik*, Moskau; *Statistiken zur Wirtschaft Ost- und Südosteuropas*, (West)Berlin; *Gleitze*, *Bruno*, Die Veränderungen in der wirtschaftlichen und sozialen Struktur Mitteldeutschlands, (West)Berlin 1950.

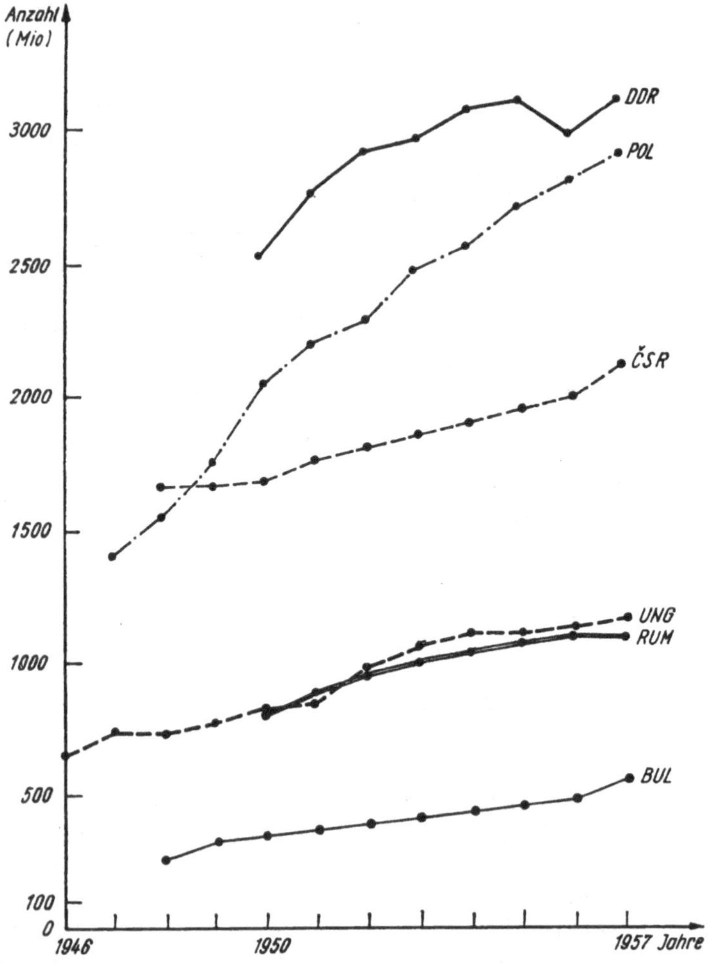

Abb. 1
Anzahl der Beschäftigten (in 1000)

sierungsprozesses erkennbar. Es ist aber auch zu sehen, daß es sich bei diesem Niveauausgleich um einen langfristigen Prozeß handelt.

Bei der Darstellung der zeitlichen Entwicklung der Produktionskennziffern sind diese nach drei Gruppen untergliedert. In die erste – nicht sehr große Gruppe – gehören die Reihen, die sich im Laufe der Zeit sehr unregelmäßig entwickelten. Das waren z. B. die Produktion von Transformatoren in Bulgarien sowie die Zuckerproduktion in Polen und Ungarn, wobei bei den zwei letzten die zufälligen Schwankungen wahrscheinlich vor allem dem Wettereinfluß zuzuschreiben sind (vgl. Abb. 3).

Zur zweiten Gruppe gehören eine große Anzahl von Zeitreihen; sie sind durch eine gleichmäßige Entwicklung gekennzeichnet, das heißt, entweder die absoluten Zuwächse oder die Wachstumsraten sind in etwa von Jahr zu Jahr gleich. Dazu gehören unter anderem die Braunkohle- und Koksproduktion in der ČSR sowie die Elektroenergieerzeugung in Polen (vgl. Abb. 4).

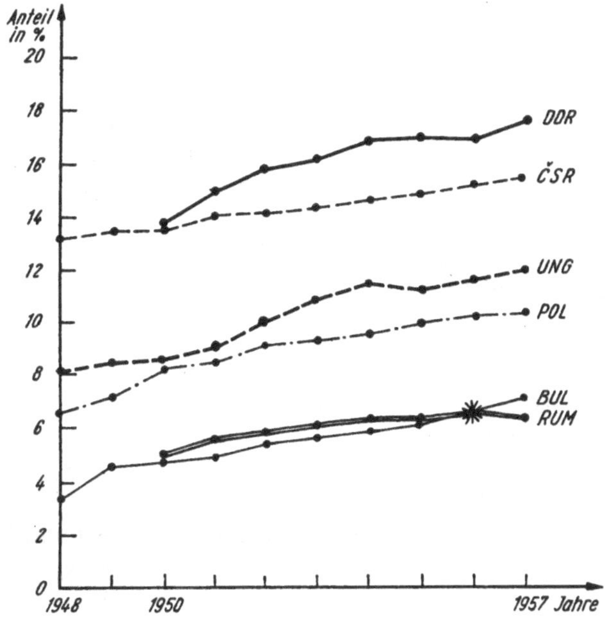

Abb. 2
Anteil der in der Industrie Beschäftigten an der Gesamtbevölkerung

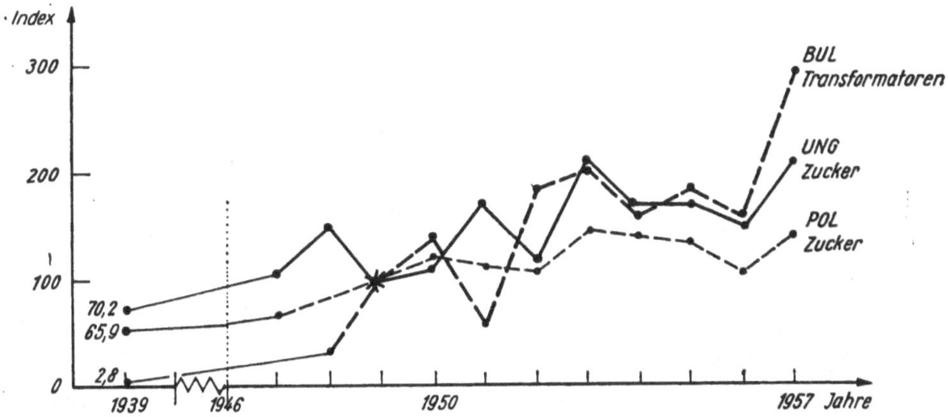

Abb. 3
Indexreihen der Produktion von Transformatoren in Bulgarien, Zucker in Polen, Zucker in Ungarn 1949=100)

Die dritte Gruppe umfaßt die Reihen, die im untersuchten Zeitraum einer Sättigung zustreben. Das Wachstum verringert sich im Laufe der Zeit, bzw. die Produktion hält sich auf einem gewissen Niveau. Zu dieser Gruppe gehören z. B. die Förderung von Steinkohle in Polen, die Erzeugung von kaustischer Soda in Ungarn und die Produktion von Rohstahl in der DDR (vgl. Abb. 5).

Das im untersuchten Zeitraum beobachtete Sättigungsverhalten läßt sich allerdings im Verlauf der weiteren zeitlichen Entwicklung nicht feststellen.

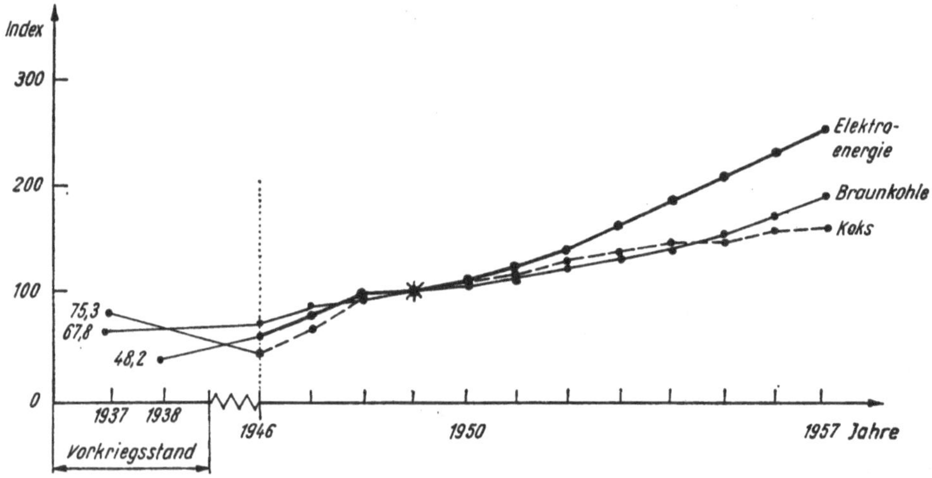

Abb. 4
Indexreihen der Förderung von Braunkohle und der Koksproduktion in der ČSR, der Elektroenergieerzeugung in Polen (1949 = 100)

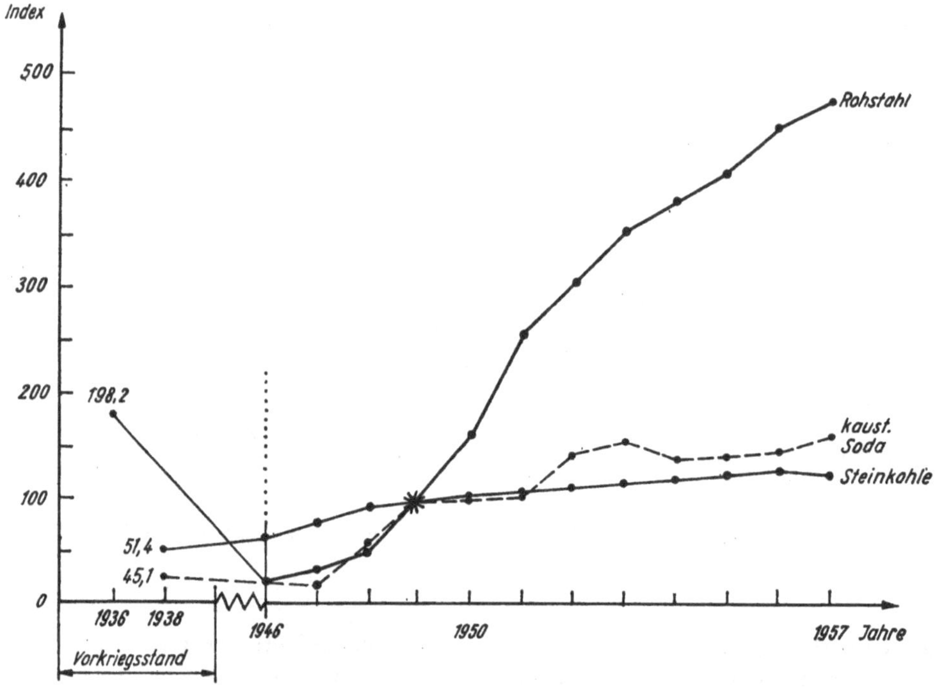

Abb. 5
Indexreihen der Förderung von Steinkohle in Polen, der Produktion kaustischer Soda in Ungarn, von Rohstahl in der DDR (1949 = 100)

2. Korrelationsanalytische Untersuchungen

a. Zur Methode

Der Umfang des Datenmaterials und die Fragestellung – d. h. der Vergleich des Einflusses des Ausgangsniveaus auf die Dynamik – bedingen m. E. die Anwendung statistischer Methoden. Die Daten werden in den Formeln in folgender allgemeiner Form dargestellt:

x_{pst}

wobei p das Produkt,

s den Staat und

t das Jahr angeben.

Aus diesen Daten werden der absolute Zuwachs

$$\Delta_{ps,t+1} = x_{ps,t+1} - x_{pst} \qquad (1.1.)$$

und der relative Zuwachs (Wachstumsrate)

$$\delta_{ps,t+1} = \frac{x_{ps,t+1} - x_{pst}}{x_{pst}} = \frac{x_{ps,t+1}}{x_{pst}} - 1 \qquad (1.2.)$$

berechnet.

Das Datenmaterial erlaubt eine Analyse in zwei Richtungen und zwar als Querschnitts- und als Längsschnittsanalyse. Bei der Querschnittsanalyse (vgl. Tabelle) betrachten wir bezüglich *aller* Länder ($s = 1, 2, \ldots m$), *eines* Produkts und *eines* Jahres den Zusammenhang von Zuwächsen ($\Delta_{ps,t+1}$ bzw. $\delta_{ps,t+1}$) und jeweiligem Niveau (x_{pst}).

Tabelle 1
Querschnittsanalyse

Länder	$s=1 \ldots s=m$
Produktion im Jahre t	$x_{p1t} \ldots x_{pmt}$
absoluter Zuwachs im Jahr $t+1$	$\Delta_{p1,t+1} \ldots \Delta_{pm,t+1}$
(bzw. relativer Zuwachs im Jahr $t+1$)	$(\delta_{p1,t+1} \ldots \delta_{pm,t+1})$

Bei der Längsschnittsanalyse (vgl. Tabelle 2) betrachten wir bezüglich *aller* Jahre ($t = 1, 2, \ldots k$), *eines* Produkts und *eines* Landes den Zusammenhang von Zuwächsen ($\Delta_{ps,t+1}$ bzw. $\delta_{ps,t+1}$) und jeweiligem Niveau (x_{pst}).

Tabelle 2
Längsschnittanalyse

Jahre	$t=1 \ldots t=k-1$
Produktion im Jahre t	$x_{ps1} \ldots x_{ps,k-1}$
absoluter Zuwachs im Jahr $t+1$	$\Delta_{ps,2} \ldots \Delta_{psk}$
(bzw. rel. Zuwachs im Jahr $t+1$)	$(\delta_{ps2} \ldots \delta_{ps,k})$

Für die Analyse des Datenmaterials wurde die Korrelationsrechnung verwendet. Bei der Korrelationsrechnung handelt es sich um eine statistische Methode, bei der der Zusammenhang zwischen zwei oder mehreren Datenreihen ermittelt wird.[14]

Der allgemeine Ansatz ist der folgende:

$$r=\frac{\sum_{i=1}^{n}(x_i-\bar{x})(y_i-\bar{y})}{\sqrt{\sum_{i=1}^{n}(x_i-\bar{x})^2-\sum_{i=1}^{n}(y_i-\bar{y})^2}}=\frac{\sum_{i=1}^{n}y_i(x_i-\bar{x})}{\sqrt{\sum_{i=1}^{n}x_i(x_i-\bar{x})\sum_{i=1}^{n}y_i(y_i-\bar{y})}} \qquad (2.0)$$

wobei $\bar{x}=\frac{1}{n}\sum_{i=1}^{n}x_i$ und $\bar{y}=\frac{1}{n}\sum_{i=1}^{n}y_i$ arithmetische Mittel sind.

Der errechnete Zusammenhang – der Korrelationskoeffizient r – liegt stets im Intervall ± 1. Ist der Betrag des Korrelationskoeffizienten gleich 1 (Eins), so liegt ein funktionaler Zusammenhang vor. Je mehr er sich dem Wert 0 (Null) nähert, um so geringer ist der Zusammenhang. Ist r positiv, so besteht ein gleichläufiger Zusammenhang; ist r negativ, so ist der Zusammenhang gegenläufig, d. h., das Anwachsen der einen Datenreihe ist mit dem Absinken der anderen verbunden und umgekehrt.[15] Die Intensität des Zusammenhangs wird des weiteren wie folgt eingestuft:

$+0{,}75 \leqq r \leqq +1$ bzw. $-1 \leqq r \leqq -0{,}75$: hohe, enge oder starke Korrelation
$+0{,}5 \leqq r < +0{,}75$ bzw. $-0{,}75 < r \leqq -0{,}5$: mittlere bzw. mittelstarke Korrelation
$-0{,}5 < r < +0{,}5$: schwache, geringe oder niedrige Korrelation

Der theoretische Ausgangspunkt für die vorgenommene Untersuchung war der folgende:

Der Produktionsumfang eines bestimmten Produktes eines Jahres soll das jeweilige Ausgangsniveau darstellen. Diese Produktionswerte werden mit den jeweiligen absoluten bzw. relativen Zuwächsen korreliert. Die Zuwächse sollen dabei die Dynamik widerspiegeln.

Der Zusammenhang zwischen beiden Datenreihen schlägt sich im ermittelten Korrelationskoeffizienten nieder. Aus dem allgemeinen Ansatz (Gl. 2.0) erhalten wir die Querschnittsanalyse mit absoluten Zuwächsen folgende Formel:

$$r_{pt(\Delta)}=\frac{\sum_{s=1}^{m}\Delta_{ps,t+1}(x_{pst}-\bar{x}_{pt})}{\sqrt{\sum_{s=1}^{m}(x_{pst}-\bar{x}_{pt})^2\cdot\sum_{s=1}^{m}(\Delta_{ps,t+1}-\bar{\Delta}_{p,t+1})^2}} \qquad (2.1a)$$

Analog ergibt sich für die Querschnittsanalyse mit relativen Zuwächsen:

$$r_{pt(\delta)}=\frac{\sum_{s=1}^{m}\delta_{ps,t+1}(x_{pst}-\bar{x}_{pt})}{\sqrt{\sum_{s=1}^{m}(x_{pst}-\bar{x}_{pt})^2\cdot\sum_{s=1}^{m}(\delta_{ps,t+1}-\bar{\delta}_{p,t+1})^2}} \qquad (2.1b)$$

14 *Weber, Erna*, Grundriß der biologischen Statistik, Jena 1964, S. 360ff.; *Ferschl, Franz*, Deskriptive Statistik, Wien/Würzburg 1978, S. 225ff.

15 Es sei noch angemerkt, daß man mit Hilfe statistischer Tests ermitteln kann, ob der Zusammenhang zufällig ist oder nicht. Die Anwendung dieser Tests ist aber tatsächlich nur sinnvoll, wenn die Datenreihen einer Stichprobe entstammen. Da dies jedoch nicht der Fall ist und ein Teil der Daten zudem trendbehaftet ist, wurde auf die Signifikanzprüfung verzichtet.

Für die Längsschnittsanalyse mit absoluten Zuwächsen hat der Korrelationskoeffizient die Form

$$r_{ps(\Delta)}=\frac{\sum_{t=1}^{k} \Delta_{ps,t+1}\,(x_{pst}-\bar{x}_{ps})}{\sqrt{\sum_{t=1}^{k}(x_{pst}-\bar{x}_{ps})^2\cdot\sum_{t=1}^{k}\left(\Delta_{ps,t+1}-\frac{x_{ps,k+1}-x_{ps1}}{k}\right)^2}} \tag{2.2a}$$

Verwendet man an Stelle der absoluten die relativen Zuwächse, so ergibt sich für die Längsschnittsanalyse aus Gl. (2.0):

$$r_{ps(\delta)}=\frac{\sum_{t=1}^{k} \delta_{ps,t+1}\,(x_{pst}-\bar{x}_{ps})}{\sqrt{\sum_{t=1}^{k}(x_{pst}-\bar{x}_{ps})^2\cdot\sum_{t=1}^{k}(\delta_{ps,t+1}-\bar{\delta}_{ps})^2}} \tag{2.2b}$$

Es ist noch anzumerken, daß bei der Querschnittsanalyse tatsächlich die eigentlichen Niveauunterschiede zwischen den Ländern in die Rechnung mit eingehen, während bei der Längsschnittsanalyse, die den ersten Schritt einer noch durchzuführenden Zeitreihenanalyse bildet, lediglich die Korrelationskoeffizienten der einzelnen Länder miteinander verglichen werden.

Um die große Zahl der errechneten Korrelationskoeffizienten miteinander vergleichen und aus ihnen Schlüsse ziehen zu können, erweist es sich als notwendig, durchschnittliche Korrelationskoeffizienten zu bilden. Die Mittelwertbildung erfolgt in der Weise, daß die Korrelationskoeffizienten der Fisher'schen Transformation[16]

$$z=\frac{1}{2}\ln\frac{1+r}{1-r} \tag{3.0}$$

unterworfen und aus den z-Werten dann durchschnittlich z-Werte ($\bar{z}$) gebildet werden:

$$\bar{z}=\frac{\sum_{i=1}^{n} z_i\cdot g_i}{\sum_{i=1}^{n} g_i} \tag{4.0}$$

Die Gewichte g_i geben dabei die Anzahl der zur Berechnung des jeweiligen Korrelationskoeffizienten verwendeten Datenpaare an.

Aus den Korrelationskoeffizienten der Querschnittsanalyse werden nach Gleichung (4.0) folgende $\bar{z}$-Werte berechnet:

$$\bar{z}_{t(\Delta,p)}=\frac{\sum_{p=1}^{l} z_{pt(\Delta)}\cdot m_{pt}}{\sum_{p=1}^{l} m_{pt}} \tag{4.1}$$

und

$$\bar{z}_{p(\Delta,t)}=\frac{\sum_{t=1}^{k} z_{pt(\Delta)}\cdot m_{pt}}{\sum_{t=1}^{k} m_{pt}} \tag{4.2}$$

16 Vgl. *Weber*, S. 374ff.; *Müller, P. Heinz/Neumann, Peter/Storm, Regina*, Tafeln der mathematischen Statistik, Leipzig 1973, S. 173ff.

wobei

$$z_{pt(\Delta)} = \frac{1}{2} \ln \frac{1 + r_{pt(\Delta)}}{1 - r_{pt(\Delta)}} \tag{3.1}$$

Bei Gleichung (4.1) wird aus den z-Werten jeweils *eines Jahres* über *sämtliche Produkte* ein Mittelwert gebildet, während bei Gleichung (4.2) ein Durchschnittswert für jeweils *eine Kennziffer* aus den Koeffizienten *aller Jahre* ermittelt wird.

Auf diese Weise (Gl. (4.0)) werden auch für die Längsschnittsanalyse Durchschnitte gebildet:

$$\bar{z}_{p(\Delta,s)} = \frac{\sum_{s=1}^{m} z_{ps(\Delta)} \cdot k_{ps}}{\sum_{s=1}^{m} k_{ps}} \tag{4.3}$$

bzw.

$$\bar{z}_{s(\Delta),p} = \frac{\sum_{p=1}^{l} z_{ps(\Delta)} \cdot k_{ps}}{\sum_{p=1}^{l} k_{ps}} \tag{4.4}$$

wobei

$$z_{ps(\Delta)} = \frac{1}{2} \ln \frac{1 + r_{ps(\Delta)}}{1 - r_{ps(\Delta)}} \tag{3.2}$$

Im Falle von Gleichung (4.3) wird der Durchschnitt aus den z-Werten jeweils *eines Produktes* und *aller Länder* gebildet, während die Werte $\bar{z}_{s(\Delta,p)}$ ermittelt werden, indem die Mittelwerte aus den Koeffizienten jeweils *eines Landes* über *alle Produkte* berechnet werden.

Hinzuzufügen ist noch, daß man neben den vier berechneten Reihen von Durchschnittswerten weitere vier erhält, wenn an Stelle der aufgeführten Korrelationen zwischen Niveau und absolutem Zuwachs die zwischen Niveau und Wachstumsrate (Gleichung 2.1b) und (2.2b)) einsetzt.

Aus den so ermittelten durchschnittlichen z-Werten (vgl. Gleichung (3.0) und (4.0)) erhält man die durchschnittlichen Korrelationskoeffizienten[17]

$$\bar{r} = \frac{e^{2\bar{z}} - 1}{e^{2\bar{z}} + 1} \tag{3.3}$$

Es können auch (nach Fisher'scher Transformation) *alle* Korrelationskoeffizienten aus Quer- bzw. Längsschnittsanalyse zu jeweils einem Durchschnitt zusammengefaßt werden:

Querschnittsanalyse

$$\bar{\bar{z}}_{(\Delta,p,t)} = \frac{\sum_{p=1}^{l} \sum_{t=1}^{k} z_{pt(\Delta)} \cdot m_{pt}}{\sum_{p=1}^{l} \sum_{t=1}^{k} m_{pt}} \tag{4.5a}$$

[17] Vgl. *Weber*, S. 374ff.; *Müller/Neumann/Storm*, S. 173ff.

bzw.

$$\bar{\bar{z}}_{(\delta,p,t)} = \frac{\sum_{p=1}^{l} \sum_{t=1}^{k} z_{pt(\delta)} \cdot m_{pt}}{\sum_{p=1}^{l} \sum_{t=1}^{k} m_{pt}} \tag{4.5 b}$$

Längsschnittsanalyse

$$\bar{\bar{z}}_{(\Delta,p,s)} = \frac{\sum_{p=1}^{l} \sum_{s=1}^{m} z_{ps(\Delta)} \cdot k_{ps}}{\sum_{p=1}^{l} \sum_{s=1}^{m} k_{ps}} \tag{4.6 a}$$

bzw.

$$\bar{\bar{z}}_{(\Delta,p,s)} = \frac{\sum_{p=1}^{l} \sum_{s=1}^{m} z_{ps(\Delta)} \cdot k_{ps}}{\sum_{p=1}^{l} \sum_{s=1}^{m} k_{ps}} \tag{4.6 b}$$

b. Querschnittsanalyse

Bei der Auswertung der Querschnittsanalyse, d. h. der Messung des Zusammenhangs zwischen dem Produktionsniveau und dem absoluten bzw. relativen Wachstum zwischen den Ländern, zeigen sich sehr unterschiedliche Ergebnisse. Die Gruppierung der Koeffizienten der Korrelation zwischen Produktionsniveau und absolutem Zuwachs sowie die Berechnung von Durchschnitten aus diesen Werten nach Gleichung (3.3) und (4.1) bzw. (4.5 a) führt zu den Ergebnissen der Tabelle 3.

Man erkennt klar eine Häufung von starken und mittleren positiven Korrelationskoeffizienten, d. h., daß in 60 Prozent aller Fälle bei hoher Produktion auch ein hoher absoluter Zuwachs zu erwarten ist und umgekehrt. Lediglich in 8 Prozent aller Fälle sind die Zusammenhänge stark bzw. mittelstark gegenläufig, d. h., daß höheres Niveau zu geringerem absoluten Zuwachs bzw. niedrigeres Niveau zu höherem Zuwachs führt. Interessant ist auch, daß in nur 80 von 255 Fällen (=31 Prozent) die Koeffizienten niedrig sind, der Zusammenhang also nur schwach ausgebildet ist. Eine zeitliche Schwerpunktbildung bei der Verteilung der Korrelationskoeffizienten läßt sich nicht feststellen, wenn man davon absieht, daß 1946/47 in zwei Fällen (18 Prozent) der Zusammenhang stark gegenläufig ist. Das ist darauf zurückzuführen, daß bei der Förderung von Braunkohle und Erdöl die Länder mit der geringeren Produktion 1947 den höheren absoluten Zuwachs hatten. Diese Tatsache läßt sich durch die spezifischen Bedingungen bei der Ingangsetzung der Produktion erklären. Das Besondere dieses Verhaltens wird noch dadurch unterstrichen, daß es sich in beiden Fällen um Produkte der extraktiven Industrie handelt.

Die bei der Betrachtung der Verteilung der Korrelationskoeffizienten gewonnenen Ergebnisse lassen sich durch die Untersuchung der durchschnittlichen Koeffizienten ($\bar{r}_{t(\Delta,p)}$) noch konkretisieren. Die Durchschnittswerte liegen in den Jahren 1947/48 bis 1950/51 über dem allgemeinen Durchschnittswert $\bar{\bar{r}}_{(\Delta,p,t)}$. Das deutet darauf hin, daß vor allem in der Wiederherstellungsperiode und zu Beginn der sozialistischen Industrialisierung dort ein hoher absoluter Zuwachs erreicht wurde, wo bereits ein entsprechend hohes Niveau vorhanden

Tabelle 3

Verteilung der Korrelationskoeffizienten $r_{pt(\Delta)}$ und durchschnittliche Korrelationskoeffizienten $\bar{r}_{t(\Delta p)}$ sowie allgemeiner Durchschnitt $\bar{\bar{r}}_{(\Delta,p,t)}$

Jahre	Verteilung der Korrelationskoeffizienten							
	$1 \leqq r \leqq -0{,}75$	$-0{,}75 < r \leqq -0{,}5$	$0{,}5 < r < 0$	$0 \leqq r < 0{,}5$	$0{,}5 \leqq r < 0{,}75$	$0{,}75 \leqq r \leqq 1$	$\sum$	durchschnitt. Korrelations-koeffizienten
1946/47	2	0	1	2	2	4	11	0,05
1947/48	0	0	2	1	2	12	17	0,91
1948/49	0	1	3	7	2	8	21	0,78
1949/50	1	3	2	5	4	9	24	0,74
1950/51	1	1	3	5	5	11	26	0,74
1951/52	2	2	3	4	5	10	26	0,57
1952/53	1	1	3	4	6	11	26	0,64
1953/54	0	1	2	7	6	10	26	0,64
1954/55	1	0	2	6	5	12	26	0,79
1955/56	1	1	2	6	6	10	26	0,55
1956/57	0	2	3	7	6	8	26	0,58
Summe bzw. Durchschnitt	9	12	26	54	49	105	255	0,69

war. Dies wird auch noch durch den niedrigen Koeffizienten für 1946/47 unterstrichen. Man kann diesen Wert so interpretieren, daß im Jahre 1947 die Produktion vieler Güter erst richtig anlief und dementsprechend auch dort, wo bisher (1946) nur wenig oder nichts produziert wurde, ein großer absoluter Zuwachs eintrat. Eine derartige Entwicklung wird auch dadurch belegt, daß das Jahr 1947 in fast allen in die Untersuchung einbezogenen Ländern das erste längerfristiger Volkswirtschaftspläne war. Lediglich in der damaligen Sowjetischen Besatzungszone Deutschlands (SBZ) und in Rumänien existierten für 1947 nur kurzfristige Teilwirtschaftspläne.[18] Die Ursachen für die niedrigeren Koeffizienten nach 1950/51 (außer 1954/55) dürften in der sozialistischen Industrealisierung liegen. Im Verlauf dieser Entwicklung wurden in den verschiedenen Ländern neue Produkte erzeugt bzw. in viel größerem Maße hergestellt. Großer absoluter Zuwachs war somit in diesen Fällen nicht immer mit bereits vorhandenem hohen Niveau verbunden. Welchen einzelnen Faktoren der enge Zusammenhang zwischen dem Niveau von 1954 und dem absoluten Zuwachs von 1955 geschuldet ist, läßt sich auf Basis dieser Berechnungen nicht klar herausarbeiten. Einerseits machen sich sicher die Veränderungen in der Wirtschaftspolitik nach 1953 bemerkbar,[19] andererseits wirken sich wahrscheinlich die wirtschaftlichen Schwierigkeiten, die 1954 in Ungarn und besonders in Rumänien auftraten und zu einem Produktionsrückgang bei zahlreichen Erzeugnissen führten (Sinken des Niveaus), aus.[20] Insgesamt sind sämtliche durchschnittliche Korrelationskoeffizienten (außer 1946/47) größer als 0,5; d. h., der Zusammenhang zwischen Niveau und absolutem Zuwachs ist im untersuchten Zeitraum allgemein stark bzw. mittelstark gleichläufig.

Wesentlich anders verhält sich der Zusammenhang zwischen Niveau und Wachstumsraten (siehe Tabelle 4).

Im Gegensatz zur Korrelation mit absoluten Zuwächsen sind nur 11 Prozent aller Koeffizienten hoch bzw. mittelhoch positiv, während in mehr als einem Drittel der Fälle der Zusammenhang stark bzw. mittelstark gegenläufig ist. Unterschiedliches Niveau zwischen den Ländern führt also dazu, daß in der Mehrzahl hohes Niveau niedrigeres relatives Wachstum bedingt und umgekehrt. Recht beträchtlich ist mit 54 Prozent der Anteil der niedrigen Koeffizienten. In mehr als der Hälfte aller Fälle ist der Zusammenhang also nur schwach. Eine zeitliche Entwicklung der Koeffizientenverteilung läßt sich nicht feststellen. Nur bei der Korrelation des Niveaus von 1953 mit den Wachstumsraten von 1954 sind stärkere Abweichungen feststellbar. In diesem Jahr sind 23 Prozent aller Koeffizienten hoch bzw. mittelhoch positiv und nur 15 Prozent stark bzw. mittelstark negativ. Diese Verteilung spiegelt sich auch im durchschnittlichen Korrelationskoeffizienten wider, der in diesem Jahr (1953/54) schwach positiv ist. Die Ursache dafür dürfte in der relativ geringen Zahl hoher Wachstumsraten im Jahr 1954 liegen (vgl. auch Abschnitt 3 des Beitrages). Die schon erwähnten 1953 erfolgten Veränderungen in der Wirtschaftspolitik der einzelnen Staaten, die z. T. zu einem erheblichen Rückgang der industriellen Wachstumstempi führten,[21] scheinen sich schnell auf den Zusammenhang zwischen Niveau und Wachstumsrate

[18] Vgl. *Roesler, Jörg*, Wiederherstellungsperiode und Wirtschaftspläne (1945–1949/50), in: Jahrbuch für Geschichte der sozialistischen Länder Europas, Bd. 21/1, Berlin 1977, S. 103ff.

[19] Vgl. *Laschke*, S. 43ff.

[20] Vgl. *Huber*, Die Ökonomische Entwicklung der Volksrepublik Rumänien,; *Berend, Ivan T.*, Some main tendencies of industrial development in postwar Hungary, in: Acta oeconomica (Budapest), H. 4/1970, S. 271ff.

[21] Vgl. *Laschke*, S. 43ff.

Tabelle 4

Verteilung der Korrelationskoeffizienten $r_{pt(\delta)}$ und durchschnittliche Korrelationskoeffizienten $\bar{r}_{t(\delta,p)}$ sowie allgemeiner Durchschnitt $\bar{\bar{r}}_{(\delta,p,t)}$

Jahre	$-1 \leq r \leq -0{,}75$	$-0{,}75 < r \leq -0{,}5$	$-0{,}5 < r < 0$	$0 \leq r < 0{,}5$	$0{,}5 \leq r < 0{,}75$	$0{,}75 \leq r \leq 1$	$\sum$	durchschnittliche Korrelationskoeffizienten
1946/47	0	4	4	2	1	0	11	−0,20
1947/48	6	3	5	1	2	0	17	−0,56
1948/49	4	4	10	1	2	0	21	−0,42
1949/50	7	5	6	2	3	1	24	−0,39
1950/51	4	4	11	5	1	1	26	−0,39
1951/52	6	4	11	2	0	3	26	−0,32
1952/53	3	3	9	8	2	1	26	−0,20
1953/54	2	2	10	6	4	2	26	0,04
1954/55	5	3	12	4	1	1	26	−0,31
1955/56	3	5	10	6	2	0	26	−0,18
1956/57	6	6	9	3	2	0	26	−0,39
Summe bzw. Durchschnitte	46	43	97	40	20	9	255	−0,28

ausgewirkt zu haben. Ansonsten verweisen die durchschnittlichen Korrelationskoeffizienten $\bar{r}_{t(\delta,p)}$ in fast allen Fällen auf schwache gegenläufige Zusammenhänge. Dies manifestiert sich auch im allgemeinen Durchschnitt $\bar{\bar{r}}_{(\delta,p,t)} = -0{,}28$. Insgesamt gesehen beeinflußt also das unterschiedliche Niveau zwischen den Ländern die Wachstumsraten nur wenig. Nur im Jahr 1947/48 tritt im Durchschnitt eine mittelstarke gegenläufige Korrelation auf, d. h. 1948 sind im allgemeinen die Wachstumsraten dort besonders groß, wo 1947 das Niveau noch nicht so hoch ist und umgekehrt.

Bei der Berechnung der Durchschnitte über die Zeit (Gl. (4.2) und Gl. (3.3)) ergeben sich für die einzelnen Kennziffern folgende Werte der Tabelle 5.

Tabelle 5
Durchschnittliche Korrelationskoeffizienten $\bar{r}_{p(\Delta,t)}$ und $\bar{r}_{p(\delta,t)}$ sowie allgemeine Durchschnitte $\bar{\bar{r}}_{(\Delta,p,t)}$ und $\bar{\bar{r}}_{(\delta,p,t)}$

Kennziffer (Produktion von)	Korrelation des Niveaus mit absolutem Zuwachs	Wachstumsrate
Elektroenergie	0,95	−0,46
Steinkohle	0,93	0,04
Braunkohle	0,97	−0,15
Erdöl	0,92	0,01
Koks	0,74	−0,20
Eisenerz	0,55	−0,24
Roheisen	0,78	−0,31
Rohstahl	0,78	−0,40
Schwefelsäure	0,64	−0,52
Kalziumkarbid	0,85	−0,35
Kaustische Soda	0,87	−0,23
Stickstoffdünger	0,73	−0,19
Phosphordünger	0,45	−0,38
Zement	0,44	−0,29
Ziegel	0,33	−0,29
Glas	0,33	−0,26
Holz	0,23	0,03
Traktoren	0,20	−0,21
LKW	−0,12	−0,57
PKW	0,64	−0,37
Drehmaschinen	0,65	−0,07
Transformatoren	0,47	0,03
Papier	0,74	−0,59
Textilien	0,51	−0,37
Schuhe	0,19	−0,39
Zucker	−0,02	−0,09
Durchschnitt	0,69	−0,28

Die durchschnittlichen Koeffizienten bei der Korrelation zwischen Niveau und absolutem Zuwachs sind in fast allen Fällen positiv. In neun Fällen ist der Zusammenhang eng, in sieben mittelstark und in weiteren zehn (davon zwei negativ) schwach. Die hohen Koeffizienten treten vor allem bei der Grundstoffindustrie auf. Bei den Produkten der verarbeitenden Industrie hingegen liegen nur die durchschnittlichen Korrelationskoeffizienten von

Papier und Stickstoffdünger über dem allgemeinen Durchschnittswert $\bar{\bar{r}}_{(\Delta,p,t)}$. Im Allgemeinen besteht also ein mittelstarker gleichläufiger Zusammenhang zwischen Niveau und absolutem Zuwachs. Besonders in der Grundstoffindustrie ist ein hohes Niveau eng mit großen absoluten Zuwächsen verbunden.

Der allgemeine Durchschnittswert $\bar{\bar{r}}_{(\delta,p,t)}$ des Zusammenhangs zwischen Niveau und Wachstumsrate verweist auf eine nur schwach gegenläufige Korrelation. Lediglich in vier Fällen treten niedrige positive Werte auf. Dies bedeutet, daß die Wachstumsraten bei Ländern mit höherer Produktion allgemein etwas geringer sind als bei solchen mit niedrigerer. Dieser gegenläufige Zusammenhang ist allerdings im untersuchten Zeitraum nur schwach ausgebildet. Lediglich bei den Kennziffern Schwefelsäure-, LKW- und Papierherstellung tritt er etwas stärker hervor. Besonders schwach ist er bei der extraktiven Industrie und überdurchschnittlich bei den Produkten der Leichtindustrie. Diese Resultate müssen im Zusammenhang mit den Ergebnissen der Untersuchung des Zusammenhangs zwischen Niveau und absolutem Zuwachs gesehen werden. Die in dieser Zeit forcierte Entwicklung der Gruppe A – der Produktion von Produktionsmitteln – führt zu hohen Koeffizienten der Schwerindustrie beim absoluten Zuwachs. Die Differenzen bei den Wachstumsraten sind daher trotz beträchtlicher Niveauunterschiede nicht so groß und die auf dieser Basis berechneten Korrelationskoeffizienten weisen daher meist auch nur auf schwache Zusammenhänge hin. Diese Zusammenhänge verhalten sich im untersuchten Zeitraum relativ stabil und widerspiegeln somit die im allgemeinen recht konstante Wirtschaftsstrategie in den betrachteten Ländern.

c. *Längsschnittsanalyse*

Bei der Längsschnittsanalyse werden die Zeitreihen der einzelnen Kennziffern und Länder einer Untersuchung unterzogen. Es gehen also nicht, wie bereits erwähnt, die Niveauunterschiede und unterschiedlichen Wachstumsraten bzw. absoluten Zuwächse zwischen den Ländern in die Analyse ein, sondern es werden die Zusammenhänge in den einzelnen Ländern untersucht. Die so (nach Gl. (2.2)) ermittelten Korrelationen werden miteinander verglichen, um somit zu Aussagen bezüglich der Ausgangsfrage zu kommen.

Die Gruppierung der Koeffizienten des Zusammenhangs zwischen Niveau und absolutem Zuwachs und die Berechnung von Durchschnitten nach Gl. (3.3) und (4.4) bzw. (4.6a) führt zu Ergebnissen der Tabelle 6.

Diese Gruppierung unterscheidet sich wesentlich von der der Querschnittsanalyse. 79 von 149 Koeffizienten sind niedrig (sowohl positiv als auch negativ), d. h. bei mehr als der Hälfte aller Korrelationen sind die Zusammenhänge indifferent. Lediglich in zwei Fällen tritt ein starker positiver Zusammenhang auf (Elektroenergieerzeugung Polen und Koksproduktion Rumänien). Nur in diesen beiden Fällen ist also im Laufe der Zeit eine steigende Produktion eng mit einem wachsenden absoluten Zuwachs verbunden. Der hohe Anteil (40 Prozent) stark bzw. mittelstark negativer Koeffizienten verweist auf eine gegenläufige Entwicklung von Niveau und absolutem Zuwachs. Eine größere Abweichung bei der Verteilung ist bei Ungarn festzustellen; dort sind sämtliche Koeffizienten negativ. Diese Besonderheit äußert sich auch im durchschnittlichen Korrelationskoeffizienten $r_{s(\Delta,p)}$. Während er bei den übrigen Ländern, wie auch der allgemeine Durchschnitt $\bar{\bar{r}}_{(\Delta,p,s)}$, nur auf einen schwachen gegenläufigen Zusammenhang verweist, ist er bei Ungarn mittelstark negativ. In diesem Fall führt also hohes Produktionsniveau im allgemeinen zu niedrigerem absoluten Zuwachs und umgekehrt. Eine Ursache für diese Entwicklung dürfte in der z. T. diskon-

Tabelle 6

Verteilung der Korrelationskoeffizienten $r_{ps(\Delta)}$ und durchschnittliche Korrelationskoeffizienten $\bar{r}_{s(\Delta,p)}$ sowie allgemeiner Durchschnitt $\bar{\bar{r}}_{(\Delta,p,s)}$

Länder	Verteilung der Korrelationskoeffizienten $-1 \leq r \leq -0{,}75$	$-0{,}75 < r \leq -0{,}5$	$0{,}5 < r < 0$	$0 \leq r < 0{,}5$	$0{,}5 \leq r < 0{,}75$	$0{,}75 \leq r \leq 1$	$\sum$	durchschnittliche Korrelationskoeffizienten
Bulgarien	2	3	6	8	2	0	21	−0,17
Tschechoslowakei	2	6	11	5	2	0	26	−0,26
DDR	3	9	7	5	1	0	25	−0,36
Polen	3	6	9	8	1	1	28	−0,28
Rumänien	2	7	8	6	2	1	26	−0,26
Ungarn	3	14	6	0	0	0	23	−0,60
Summe bzw. Durchschnitt	15	45	47	32	8	2	149	−0,33

Tabelle 7

Verteilung der Korrelationskoeffizienten $r_{ps(\delta)}$ und durchschnittliche Korrelationskoeffizienten $\bar{r}_{s(\delta,p)}$ sowie allgemeiner Durchschnitt $\bar{\bar{r}}_{(\delta,p,s)}$

Länder	Verteilung der Korrelationskoeffizienten $-1 \leq r \leq -0{,}75$	$-0{,}75 < r \leq 0{,}5$	$-0{,}5 < r < 0$	$0 \leq r < 0{,}5$	$0{,}5 < r \leq 0{,}75$	$0{,}75 \geq r \leq 1$	$\sum$	durchschnittliche Korrelationskoeffizienten
Bulgarien	3	8	9	1			21	−0,52
Tschechoslowakei	5	14	4	3			26	−0,57
DDR	8	9	8	0			25	−0,64
Polen	8	12	8	0			28	−0,69
Rumänien	7	11	5	3			26	−0,63
Ungarn	15	8	0	0			23	−0,80
Summe bzw. Durchschnitt	46	62	34	7			149	−0,65

tinuierlichen Wirtschaftsentwicklung im untersuchten Zeitabschnitt, die teilweise auch durch politische Ereignisse beeinflußt wurde, zu sehen sein.[22]

Der geringste Anteil starker bzw. mittlerer gegenläufiger Zusammenhänge tritt bei Bulgarien auf (24 Prozent). Die Anteile der mittleren bzw. engen negativen Korrelationen in den übrigen Staaten liegen zwischen denen Bulgariens und Ungarns (Rumänien 27 Prozent, ČSR 31 Prozent, Polen 32 Prozent, DDR 48 Prozent). Der Prozentsatz hoher bzw. mittlerer *positiver* Koeffizienten verhält sich entgegengesetzt dem obigen (Rumänien 12 Prozent, Bulgarien 10 Prozent, ČSR 8 Prozent, Polen 7 Prozent, DDR 4 Prozent). Diese Angaben zeigen, daß insbesondere bei den industriell schwach entwickelten Ländern Bulgarien und Rumänien der Zusammenhang zwischen Produktionsniveau und absolutem Zuwachs nicht eindeutig ist, steigendes Niveau also kaum zu geringerem absoluten Zuwachs führt. Eine Ursache dafür dürfte in schnellerer Entwicklung der Industrie in diesem Zeitabschnitt zu suchen sein. Durch den geringen Grad der Kriegszerstörungen – besonders bei Bulgarien – ist es auch nicht zu einer ausgeprägten Periode der Wiederherstellung der Volkswirtschaft gekommen. In dem hohen Anteil enger bzw. mittlerer gegenläufiger Korrelation in der DDR spiegeln sich die Besonderheiten der Wiederherstellungsperiode wider.[23]

'Sehr einseitig ausgeprägt ist die Verteilung der Korrelationskoeffizienten bei relativem Zuwachs (vgl. Tabelle 7).

Nur 41 Koeffizienten sind niedrig, der Zusammenhang zwischen Niveau und Wachstumsrate ist also lediglich in gut einem Viertel der Fälle schwach ausgebildet. In 72 Prozent aller Zusammenhänge ist in dieser Zeit in den einzelnen Ländern hohes Produktionsniveau mit niedrigeren Wachstumsraten gekoppelt. Da man allgemein einen ausgeprägten Anstieg des Produktionsniveaus – mit Ausnahme Ungarns in den Jahren 1956/57 – annehmen kann,[24] verweist dies auf einen Rückgang der Wachstumsraten.[25] Diese Tendenz wird auch durch den allgemeinen Durchschnitt $\bar{r}_{(\delta,p.s)}$ belegt. Am stärksten ist der gegenläufige Zusammenhang zwischen Wachstumsraten und Produktionsniveau für Ungarn ausgebildet, sämtliche Korrelationskoeffizienten sind hoch bzw. mittelstark negativ und auch der Durchschnittskoeffizient $\bar{r}_{s(\delta,p)}$ liegt weit über dem allgemeinen Durchschnitt. Auch dieser ausgeprägte enge gegenläufige Zusammenhang verweist auf die oben schon erwähnten Besonderheiten[26] der wirtschaftlichen Entwicklung Ungarns im untersuchten Zeitabschnitt.

Am schwächsten ist der gegenläufige Zusammenhang zwischen Niveau und Wachstumsraten bei Bulgarien. Dort verweisen nur bei etwas mehr als der Hälfte der Koeffizienten die Werte auf mittlere bzw. stark gegenläufige Zusammenhänge. Auch der Durchschnittswert ist von allen sechs Ländern (wie auch bei der Korrelation mit absolutem Zuwachs) der niedrigste. Das niedrige industrielle Produktionsniveau wirkt sich also bei Bulgarien nicht nur verhältnismäßig schwach auf die absoluten Zuwächse aus, sondern auch die Beeinflussung der Wachstumsraten ist nicht sehr ausgeprägt. Bei den übrigen Ländern liegt der Anteil der starken und mittleren gegenläufigen Korrelationen zwischen 2/3 und 3/4 (DDR 68 Prozent,

[22] Vgl. *Berend, I. T./Ránki, György*, Zur Geschichte der Entwicklung der sozialistischen Volkswirtschaft in Ungarn, in: Jahrbuch für Wirtschaftsgeschichte, T. 2/1965, S. 126ff.; *Janossy, F.*, Widersprüche in der ungarischen Wirtschaftsstruktur – wie sind sie entstanden und wie können sie überwunden werden? in: Acta oeconomica (Budapest), H. 4/1969, S. 351ff.

[23] Vgl. *Barthel*, S. 142ff.

[24] Vgl. *Laschke*, S. 29 u. 54.

[25] Ebenda, S. 54.

[26] Vgl. *Berend/Ránki*, S. 126ff.

Rumänien 69 Prozent, Polen 71 Prozent, ČSR 73 Prozent). Auch die Werte der durchschnittlichen Korrelationskoeffizienten liegen zwischen den Werten Bulgariens und Ungarns und deuten auf einen mittleren gegenläufigen Zusammenhang hin. Diese Ergebnisse erlauben die Schlußfolgerung, daß es kaum einen Einfluß der unterschiedlichen Niveaus in den einzelnen Ländern auf die *Entwicklung* der Wachstumsraten gibt. Es kann nur davon gesprochen werden, daß im allgemeinen steigendes Produktionsniveau zu sinkenden Wachstumsraten führt und z. T. auch die absoluten Zuwächse zurückgehen. Auch dieses Resultat deutet auf ein Sättigungsverhalten bestimmter Prozesse im untersuchten Zeitraum hin, das schon bei der Betrachtung der Produktionskurven aufgefallen ist. Eine Häufung der hohen bzw. mittleren Koeffizienten bei bestimmten Kennziffern bzw. Kennzifferngruppen läßt sich im allgemeinen nicht klar feststellen. Die nach Gleichung (3.3), (4.3) und (4.6) berechneten durchschnittlichen Korrelationskoeffizienten für die einzelnen Produkte stützen die bisher gemachten Feststellungen:

Tabelle 8
Durchschnittliche Korrelationskoeffizienten $\bar{r}_{p(\Delta,s)}$ *und* $\bar{r}_{p(\delta,s)}$ *sowie allgemeine Durchschnitte* ($\bar{\bar{r}}_{(\Delta,p,s)}$ *und* $\bar{\bar{r}}_{(\delta,p,s)}$)

Kennziffern (Produktion von)	Korrelation des Niveaus mit absolutem Zuwachs ($\bar{r}_{p(\Delta,s)}$)	relativem Zuwachs ($\bar{r}_{p(\delta,s)}$)
Elektroenergie	0,48	−0,58
Steinkohle	−0,59	−0,68
Braunkohle	−0,13	−0,58
Erdöl	−0,35	−0,62
Koks	−0,21	−0,52
Eisenerz	−0,19	−0,56
Roheisen	0,01	−0,51
Rohstahl	−0,15	−0,70
Schwefelsäure	−0,15	−0,60
Kalziumkarbid	−0,49	−0,65
kaustische Soda	−0,19	−0,58
kalzinierte Soda	−0,56	−0,68
Stickstoffdünger	−0,36	−0,60
Phosphordünger	−0,01	−0,61
Zement	−0,19	−0,76
Ziegel	−0,44	−0,72
Glas	−0,27	−0,44
Holz	−0,60	−0,67
Traktoren	−0,54	−0,80
LKW	−0,52	−0,67
PKW	0,29	−0,34
Werkzeugmaschinen	0,12	−0,26
Drehmaschinen	−0,52	−0,78
Transformatoren	−0,50	−0,72
Papier	−0,56	−0,71
Textilien	−0,71	−0,86
Schuhe	−0,49	−0,77
Zucker	−0,60	−0,68
Durchschnitt	−0,33	−0,65

Auch diese Angaben untermauern die Ergebnisse der Analyse der Einzelwerte. Bei der Korrelation des Niveaus mit den absoluten Zuwächsen sind – im Gegensatz zur Querschnittsanalyse – fast alle durchschnittlichen Koeffizienten negativ oder nur schwach positiv. Hohe Werte treten in keinem Fall auf, mittlere nur in 10 von 28 Fällen ($\approx$36 Prozent). Die höheren negativen Koeffizienten häufen sich vor allem bei der verarbeitenden Industrie. Eine Ausnahme bildet die Entwicklung bei der Elektroenergieerzeugung. Dort sind (außer bei Ungarn) sämtliche Korrelationskoeffizienten positiv. Dieser Ausnahmefall des Zusammenhangs zwischen Niveau und absolutem Zuwachs zeigt sich noch deutlicher, wenn man bei der Durchschnittsberechnung den negativen Koeffizienten von Ungarn ausläßt. Man erhält dann einen Mittelwert von $\bar{r}_{p(\Delta,s)} = 0{,}69$. In diesem besonderen Fall führt also das steigende Niveau in diesen Ländern zu einem größer werdenden absoluten Zuwachs. Diese Tatsache verweist auf die immanente Bedeutung, die der Entwicklung der Elektroenergieproduktion zukommt. Ansonsten treten in der Grundstoffindustrie in den meisten Fällen nur schwache Zusammenhänge auf.

Bei den Durchschnittswerten der Korrelationen des Niveaus mit den Wachstumsraten sind sämtliche Koeffizienten negativ. Lediglich drei Werte sind niedrig, während fünf hoch und die restlichen 20 mittelstark sind. Ebenso wie bei der Korrelation mit absolutem Zuwachs treten die höchsten Werte bei der verarbeitenden Industrie auf; sie liegen fast alle über dem allgemeinen Durchschnitt – je höher das Niveau – desto geringer das Wachstum. Dieser gegenläufige Zusammenhang ist in der Grundstoffindustrie zwar auch vorhanden, im allgemeinen aber nur mittelstark.

Zusammenfassend kann festgestellt werden, daß das unterschiedliche Niveau in den einzelnen Ländern zu gewissen Unterschieden bei der Stärke des Zusammenhanges sowohl bei den absoluten wie auch bei den relativen Zuwächsen führt. Wesentlicher erscheinen jedoch die Differenzen zwischen den einzelnen Kennziffergruppen. Während bei der Querschnittsanalyse bei der Korrelation des Niveaus mit den absoluten Zuwächsen insbesondere in der Grundstoffindustrie hohe positive Koeffizienten auftreten und bei der Korrelation mit den Wachstumsraten der Zusammenhang meist nur schwach gegenläufig ist, treten bei der Längsschnittsanalyse überwiegend bei den Wachstumsraten ausschließlich negative Durchschnittswerte auf. Die so widergespiegelten gegenläufigen Zusammenhänge sind bei der verarbeitenden Industrie besonders ausgeprägt. Bei diesen Erzeugnissen führt also ein hohes Produktionsniveau nicht nur zu sinkenden Wachstumsraten, sondern – wenn auch in geringerem Maße – sogar zu zurückgehenden absoluten Zuwächsen. Auch diese Zusammenhänge verweisen auf die große Bedeutung, die in diesem Zeitabschnitt auf die Entwicklung der Grundstoffindustrie gelegt wurde.

d. Einige Bemerkungen zur Analyse auf der Basis der Pro-Kopf-Produktion

Die Niveaumessung kann sowohl auf Basis des absoluten Produktionsumfanges als auch der Pro-Kopf-Produktion erfolgen.[27] Beide Formen haben ihre Berechtigung. Im vorliegenden Beitrag wird der absolute Produktionsumfang verwendet, da so die Entwicklung nicht durch das unterschiedliche Bevölkerungswachstum verzerrt wird.

Es sollen aber auch einige Vergleiche mit Pro-Kopf-Werten gemacht werden. Diese Werte

[27] Vgl. *Huber, G.*, Zur kennziffernmäßigen Bestimmung des ökonomischen Entwicklungsniveaus, Dissertation (A), Berlin 1966.

beziehen sich auf die Querschnittsanalyse, da nur hier aufgrund der unterschiedlichen Bevölkerungszahlen in den einzelnen Ländern wesentliche Differenzen bei den Korrelationskoeffizienten auftreten können. Es zeigt sich, daß die Werte der Korrelationskoeffizienten (130 Koeffizienten auf Pro-Kopf-Basis wurden errechnet) tatsächlich Unterschiede aufweisen, wobei Abweichungen nach beiden Seiten auftreten; das heißt, daß zum Teil die Beträge der Korrelationskoeffizienten der Pro-Kopf-Produktion größer, zum Teil kleiner als die mit dem absoluten Produktionsumfang sind. Allerdings sind die Differenzen in vielen Fällen nicht sehr groß, zudem treten die größten Unterschiede bei den niedrigen Korrelationskoeffizienten auf. Diese Feststellung läßt sich auch durch die Gegenüberstellung einiger durchschnittlicher Korrelationskoeffizienten $\bar{r}_{p(\delta,t)}$ bzw. $\bar{r}_{p(\Delta,t)}$ untermauern (vgl. Tabelle 9).

Tabelle 9
Vergleich von durchschnittlichen Korrelationskoeffizienten

Kennziffer (Produktion von)	Korrelation mit absolutem Zuwachs absoluter Produktionsumfang	Pro-Kopf-Produktion	relativem Zuwachs absoluter Produktionsumfang	Pro-Kopf-Produktion
Elektroenergie	0,95	0,82	−0,46	−0,56
Steinkohle	0,93	0,90	0,04	−0,08
Eisenerz	0,55	0,42	−0,24	−0,39
Schwefelsäure	0,64	0,60	−0,52	−0,39
Zement	0,44	0,27	−0,29	−0,32
Ziegel	0,33	−0,01	−0,29	−0,44

Es zeigt sich, daß bei den aufgeführten Kennziffern die Korrelation zwischen absolutem Zuwachs und absolutem Produktionsumfang etwas enger ist als der Zusammenhang zwischen absolutem Zuwachs (Pro-Kopf) und Pro-Kopf-Produktion, während die Korrelation zwischen Wachstumsrate und absolutem Produktionsumfang im Durchschnitt geringfügig schwächer als die zwischen relativem Pro-Kopf-Zuwachs und Pro-Kopf-Produktion ist. Insgesamt sind diese Differenzen – wie schon erwähnt – nicht sehr groß und führen zu keinen gegensätzlichen Aussagen.

3. Einige Probleme der Periodisierung

In der Tabelle 10 sind die Ergebnisse einiger einfacher Untersuchungen zur Periodisierung dargestellt, wobei sich die Angaben auf sämtliche Länder beziehen.
Die erste Spalte zeigt, bei wieviel Kennziffern (in Prozent auf die Gesamtzahl der Reihen bezogen) im jeweiligen Jahr der Vorkriegsstand überschritten wurde, die Höhe der Produktion (und des Überschreitens) spielt dabei keine Rolle, lediglich das Überschreiten wurde notiert. In der zweiten Spalte sind die kumulativen Werte dargestellt, das heißt bei wieviel Reihen insgesamt (wieder in Prozent auf die Gesamtzahl der Reihen bezogen) im entsprechenden Jahr der Vorkriegsstand überschritten ist. In der dritten Spalte ist der Anteil der überdurchschnittlichen Wachstumsraten im entsprechenden Jahr aufgelistet, das heißt, die Anzahl der jährlichen Wachstumsraten – in Prozent auf die Gesamtzahl bezogen –, bei

Tabelle 10
Angaben zur Periodisierung (in Prozent)

Jahre	Überschreiten des Vorkriegsstandes jährlich	kumulativ	Überdurchschnittliche Wachstumsraten	Produktions-rückgänge
1946	14,1	14,1	6,3	3,8
1947	12,7	26,8	50,5	5,2
1948	27,5	54,3	51,5	3,7
1949	14,1	68,4	51,0	7,0
1950	4,9	73,3	44,3	12,1
1951	5,6	78,9	46,0	14,7
1952	4,9	83,8	38,4	21,9
1953	2,1	85,9	32,5	19,5
1954	2,1	88,0	22,3	27,4
1955	0,7	88,7	36,1	18,4
1956	0,0	88,7	19,0	20,9
1957	0,7	89,4	21,5	17,7

denen das jährliche Wachstum über dem Durchschnitt der entsprechenden Reihe liegt:

$$\frac{x_{pst}}{x_{ps,t-1}} > \sqrt[k-1]{\frac{x_{psk}}{x_{ps1}}}$$

In der vierten Spalte ist der Anteil der Zeitreihen mit Produktionsrückgängen gegenüber dem Vorjahr im jeweiligen Jahr dargestellt:

$$x_{pst} < x_{ps,t-1}$$

Sämtliche Angaben sind in Prozent.

Vergleicht man diese Angaben, so ergibt sich folgendes Bild. Bis 1949 ist bei mehr als der Hälfte der Zeitreihen der Vorkriegsstand überschritten. Gleichzeitig liegt der Anteil der überdurchschnittlichen Wachstumsraten – außer 1946 – über 50 Prozent und der Anteil der Produktionsrückgänge unter 10 Prozent. Von 1949 bis 1952 geht der Anteil der überdurchschnittlichen Wachstumsraten von über 50 Prozent auf knapp 40 Prozent zurück; der Anteil der Produktionsrückgänge steigt von 7 Prozent auf über 20 Prozent, und der Anteil der Produktionskennziffern, deren Vorkriegsstand überschritten wird, steigt von 1949 = 68,1 Prozent um jeweils weitere 5 Prozent auf 1952 = 82,8 Prozent.

Ab 1952 sinkt der Anteil der überdurchschnittlichen Wachstumsraten auf unter 40 Prozent bis auf ca. 20 Prozent ab, während der Anteil der Zahl der Produktionsrückgänge stets über 15 Prozent liegt. Auch ein weiteres Überschreiten des Vorkriegsstandes findet nur noch bei einigen Reihen statt. Bis 1957 wird in knapp 90 Prozent aller Fälle der Vorkriegsstand überschritten, d. h. bei 127 von 142 Zeitreihen. Mit diesen Angaben läßt sich ein erster grober Überblick für die Gesamtheit der untersuchten Länder gewinnen, der zu folgender Auffassung führt: Bis 1948/49 handelt es sich hauptsächlich um den Wiederaufbau der Industrie. 1950–1952 ist eine Übergangsphase, und ab 1952/53 zeigen sich immer deutlicher die ersten Ergebnisse des Industrialisierungsprozesses.

Berechnet man jedoch alle diese Anteile für die einzelnen Länder, so zeigen sich Unterschiede zwischen den einzelnen Staaten; das heißt, die vorgenommene zeitliche Einteilung darf nicht als starres Schema, sondern nur als Anhaltspunkt aufgefaßt werden (siehe Tabelle 11).

Tabelle 11
Überschreiten des Vorkriegsstandes (nach Ländern und Jahren gegliedert; in Prozent)

Jahr	Bulgarien	ČSR	DDR	Polen	Rumänien	Ungarn
1946	31,6	19,1	14,3	21,4	0	5,6
	31,6	19,1	14,3	21,4	0	5,6
1947	0	23,8	0	28,6	3,7	22,2
	31,6	42,9	14,3	50	3,7	27,8
1948	47,4	28,6	9,5	14,3	48,1	27,8
	79,0	71,5	23,8	64,3	51,8	55,6
1949	0	9,5	9,5	14,3	22,2	33,3
	79,0	81,0	33,3	78,6	74,0	88,9
1950	0	9,5	9,5	0	7,4	5,6
	79,0	90,5	42,8	78,6	81,4	94,5
1951	5,25	0	23,8	7,1	0	0
	84,25	90,5	66,6	85,7	81,4	94,5
1952	5,25	9,5	9,5	3,6	3,7	0
	89,5	100	76,1	89,3	85,1	94,5
1953	0		0	3,6	7,4	0
	89,5	100	76,1	92,9	92,5	94,5
1954	5,25		0	3,6	3,7	0
	94,75	100	76,1	96,5	96,2	94,5
1955	0		0	0	3,7	0
	94,75	100	76,1	96,5	100	94,5
1956	0		0	0		0
	94,75	100	76,1	96,5	100	94,5
1957	5,25		0	0		0
	100	100	76,1	96,5	100	94,5

In den einzelnen Feldern dieser Tabelle stehen jeweils oben links die Einzelwerte und unten rechts die kumulierten Angaben.

Der Vorkriegsstand ist bis 1949 bei allen Ländern – außer der DDR – bei 3/4 aller Reihen überschritten.

Bei Bulgarien und Rumänien tritt 1948 deshalb eine Häufung auf, da in einigen Fällen erst in diesem Jahr die Statistik einsetzt bzw. 1947 keine Werte vorliegen. Die DDR erreicht im untersuchten Zeitraum (bis 1957) nur in 75 Prozent aller Fälle den Vorkriegsstand. Die Entwicklung ist aber zwischen 1948 und 1952 (außer 1951) relativ gleichmäßig. Polen erreicht auch auf Grund einer veränderten Territorialstruktur in vielen Fällen sehr schnell den Vorkriegsstand, ab 1950 wird nur noch in wenigen Fällen der nicht erreichte Vorkriegsstand überschritten. Ähnlich verläuft die Entwicklung in Rumänien (ab 1950 nur noch geringe Zunahme). Bei der ČSR und Ungarn ist 1950 das Erreichen des Vorkriegsstandes nahezu abgeschlossen.

Die Verteilung der überdurchschnittlichen Wachstumsraten über die Zeit ist bei Bulgarien und Rumänien ungleichmäßig, es lassen sich keine Schwerpunkte feststellen. Ungarn hat bis 1950 einen hohen Anteil an überdurchschnittlichen Wachstumsraten, der dann ständig sinkt. Polen hat für die Zeit von 1947 bis 1949 ebenfalls einen sehr hohen Anteil; nach die-

Tabelle 12

Überdurchschnittliche Wachstumsraten und Produktionsrückgänge (nach Ländern und Jahren gegliedert; in Prozent)

Jahr	Bulgarien		ČSR		DDR		Polen		Rumänien		Ungarn	
1946	25	25	0	0	0	0	0	0	50	25	0	0
1947	25	0	100	0	46,1	15,4	87,5	4,2	55,6	11,1	66,7	16,6
1948	60	20	77,8	0	76,9	15,4	92	4	66,7	0	82,3	5,9
1949	84,2	5,3	34,6	15,4	80	13,3	61,5	3,8	91,7	0	52,9	11,8
1950	63,2	36,8	50	11,5	80	13,3	33,3	11,1	41,7	16,7	65,2	4,3
1951	57,9	15,8	30,8	30,8	68	0	29,6	11,1	62,5	8,3	43,5	26,1
1952	50	20	46,2	30,8	16	24	35,7	25	45,8	12,5	47,8	21,7
1953	33,3	9,5	26,9	30,8	48	12	28,6	14,3	29,2	20,8	39,1	34,8
1954	33,3	28,6	25,9	22,2	24	8	19,7	10,7	11,5	57,7	30,4	47,8
1955	50	18,2	48,1	18,5	20	20	32,1	7,1	55,6	22,2	17,4	30,4
1956	31,8	13,6	25,9	11,1	11,5	19,2	10,7	10,7	28,6	3,6	8,7	78,3
1957	45,5	4,5	25,9	7,4	7,7	26,9	7,1	21,4	32,1	10,7	17,4	39,1

In dieser Tabelle stehen oben links die Werte der überdurchschnittlichen Wachstumsraten, unten rechts die der Produktionsrückgänge

sem Zeitabschnitt liegt er ständig unter 50 Prozent. Ein derartiger Rückgang tritt für die DDR erst nach 1951 ein, das heißt zu dem Zeitpunkt, da der Vorkriegsstand in 2/3 aller Fälle erreicht ist; dann sinkt der Anteil der Wachstumsraten jedoch auf durchschnittlich 20 Prozent. Ein ähnliches Verhalten ist für die Tschechoslowakei zu beobachten, hier tritt der Rückgang allerdings schon nach 1950 ein. Auch diese Angaben weisen auf eine Übergangsphase zwischen 1950 und 1952 hin. 1952 ist bei den meisten Reihen der Vorkriegsstand überschritten, nur bei einigen anderen wird er noch in dem folgenden Jahr erreicht. Man kann daraus schließen, daß sich eine gewisse Struktur herausgebildet hat.

Bei der Untersuchung der Produktionsrückgänge stellt man fest, daß bei Bulgarien und der DDR keine Tendenz zu beobachten ist. Die Tschechoslowakei und Polen haben bis 1948 keine oder nur in Einzelfällen Rückgänge aufzuweisen. Dann steigen sie bei der Tschechoslowakei bis 1951 und gehen ab 1954 ständig zurück. Bei Polen liegt die Zahl der Rückgänge ab 1950 stets über 10 Prozent (außer 1955). Die Entwicklung dieser Anteilszahlen ist bei Rumänien ziemlich ungleichmäßig. Die hohe Quote des Jahres 1954 spiegelt die in dieser

Zeit aufgetretenen wirtschaftlichen Schwierigkeiten wider. Auf derartige ökonomische Schwierigkeiten verweist auch für Ungarn der hohe Anteil von Produktionsrückgängen ab 1951.[28] Der Höhepunkt dieser Entwicklung sind die konterrevolutionären Ereignisse im Jahre 1956, in diesem Jahr kommt es bei mehr als 3/4 aller untersuchten Kennziffern zu Produktionsrückgängen.

Es zeigt sich anhand dieser Untersuchung der unterschiedliche Entwicklungsverlauf, der bei gleicher Tendenz auf verschiedenem Niveau und verschiedener Struktur beruht. Gleichzeitig weisen diese Berechnungen darauf hin, daß sie für Periodisierungsprobleme nur als Anhaltspunkte dienen können. Diese Fragen müssen in ganzer Breite erörtert werden und ihre Lösung kann nur im Rahmen einer Untersuchung des volkswirtschaftlichen Gesamtprozesses und der politischen Entwicklung erfolgen.[29]

4. Zusammenfassung

Bei der Querschnittsanalyse zeigt sich, daß zwischen dem unterschiedlichen Niveau (dargestellt durch den absoluten Produktionsumfang) zwischen den Ländern und der Wachstumsrate nur ein schwacher – nicht eindeutig gerichteter Zusammenhang besteht. Es lassen sich weder in zeitlicher noch in sachlicher Hinsicht Schwerpunkte feststellen. Es läßt sich somit kein Einfluß des unterschiedlichen Niveaus zwischen den Ländern auf die Wachstumsraten feststellen. Hingegen sind in den meisten Fällen die absoluten Zuwächse um so höher, je höher das Niveau ist. Dieser gleichgerichtete Zusammenhang ist in der Grundstoffindustrie am stärksten ausgeprägt. Die hohen Korrelationskoeffizienten bis zum Beginn der 50er Jahre weisen auf den ausgeprägten Zusammenhang zwischen Niveau und absolutem Zuwachs in der Wiederherstellungsperiode und zu Beginn der sozialistischen Industrialisierung hin.

Die Ergebnisse der Längsschnittsanalyse stimmen nicht mit denen der Querschnittsanalyse vollständig überein. Die Ursache liegt darin, daß ja nicht die Unterschiede zwischen den einzelnen Ländern einfließen, sondern lediglich die Veränderungen von Niveau und Dynamik in den einzelnen Ländern über die Zeit. Dabei zeigt sich, daß wachsender Produktionsumfang mit sinkenden Wachstumsraten verbunden ist. Teilweise kommt es dabei sogar zu einem Rückgang des absoluten Wachstums. Während eine Schwerpunktbildung nach Produkten nicht eindeutig feststellbar ist, läßt sich diese Tendenz bei den Ländern besonders für Ungarn nachweisen. Dies ist ein weiterer Nachweis für die ungleichmäßige Entwicklung in Ungarn im untersuchten Zeitraum (vgl. auch die Produktionsrückgänge und überdurchschnittlichen Wachstumsraten). Ein Zusammenhang zwischen Niveau und Dynamik ist also auch innerhalb der Länder im untersuchten Zeitraum vorhanden.

28 Vgl. *Berend*, S. 171ff.; *Janossy*, Widersprüche . . ., S. 351ff.
29 Vgl. *Roesler*, Periodisierungsprobleme . . ., S. 153ff.

I. M. PROMACHINA/T. M. TARŠILOVA

Die Intensivierung der Produktion in den Kolchosen der Litauischen SSR in den Jahren des 9. Fünfjahrplans. Ein Versuch der praktischen Anwendung der Faktoranalyse

Die sowjetische Geschichtswissenschaft hat in den letzten zehn bis fünfzehn Jahren zuverlässige Erfahrungen in der Anwendung quantitativer Methoden in sozialökonomischen Untersuchungen sammeln können. Den führenden Platz belegen auf diesem Gebiet Forscher, die sich mit der Agrargeschichte befassen, da sich die Geschichte der Agrarentwicklung der Gesellschaft in großen Informationsmassiven niedergeschlagen hat und somit die für eine konkrete Untersuchung erforderlichen Daten zur Verfügung stehen. In diesem Sinne bildet die vorliegende Arbeit, sie beschäftigt sich mit einem Teilproblem der Agrarentwicklung der Sowjetgesellschaft, nämlich mit der Intensivierung der Produktion in den Kolchosen der Litauischen SSR, kaum eine Ausnahme. Als Untersuchungsmethode wurde die Faktoranalyse, ein spezieller Zweig der mathematischen Statistik, gewählt.

Die methodologische Grundlage für die Untersuchung dieser Seite der Produktion in den Kolchosen der Litauischen SSR bildeten Materialien der Parteitage und Plenen des ZK der KPdSU zur Entwicklung der Landwirtschaft des Landes. In den Direktiven des XXIV. Parteitages der KPdSU zum Fünfjahrplan für die Entwicklung der Volkswirtschaft der UdSSR wurde die Richtung der weiteren Verbesserung dieses Zweiges sehr genau festgelegt: „In der Landwirtschaft besteht die Aufgabe darin, den durchschnittlichen Jahresumfang der Agrarproduktion gegenüber dem vorausgegangenen Jahrfünft um 20 bis 22 Prozent zu vergrößern, damit eine vollständigere Deckung des wachsenden Bedarfs der Bevölkerung an Nahrungsmitteln und der Industrie an Rohstoffen gesichert wird. Entscheidend für die Lösung dieser Aufgabe ist die größtmögliche Stärkung der materiell-technischen Basis der Landwirtschaft, der konsequente Kurs auf ihre Intensivierung durch Chemisierung, komplexe Mechanisierung von Ackerbau und Viehwirtschaft sowie eine großangelegte Bodenmelioration.“[1]

Die objektiven Erfordernisse des ökonomisch voll entfalteten Sozialismus, die Notwendigkeit der proportionalen Entwicklung der grundlegenden Volkswirtschaftszweige der UdSSR und die Weiterführung des wissenschaftlich-technischen Fortschritts haben die Intensivierung der landwirtschaftlichen Produktion in die Aufgaben eingereiht, die für die weitere Entwicklung und Vervollkommnung der Ökonomik der Landwirtschaft unbedingt gelöst werden müssen.

In unserem Lande hat die extensive Bewirtschaftung der Böden ihre Grenzen erreicht. Gegenwärtig ist für die Landwirtschaft nicht die Erschließung weiteren Landes charakteri-

[1] Direktiven des XXIV. Parteitages der KPdSU zum Fünfjahrplan für die Entwicklung der Volkswirtschaft der UdSSR in den Jahren 1971 bis 1975, in: XXIV. Parteitag der KPdSU, Dokumente Schlußworte, Direktiven, Resolutionen, Moskau/Berlin 1971, S. 72.

stisch, sondern die Verbesserung der Qualität der bewirtschafteten Böden. L. I. Breshnew nannte in seiner Rede auf dem Juliplenum des ZK der KPdSU (1970) die objektiven Gründe, die uns veranlassen, in der Entwicklung des Agrarsektors ein höheres Niveau anzustreben: „Wissenschaft und Erfahrung lehren, daß die Intensivierung der landwirtschaftlichen Produktion und ihre technische Neuausrüstung unter den gegenwärtigen Bedingungen der entscheidende Faktor sind, der ihr weiteres Entwicklungstempo bestimmt. Einen anderen Weg zur Lösung dieser Aufgabe gibt es für uns nicht. Wir besitzen heute keine unbebauten Ländereien mehr, um die Anbauflächen im großen Umfang auszuweiten. Im Gegenteil, der Anteil des Ackerlandes pro Kopf der Bevölkerung geht bei uns zurück. Und das bedeutet, daß ein Hektar Land jedes Jahr höhere Erträge bringen muß.“[2]

Die konsequente technische Vervollkommnung der Produktion, die schrittweise Umstellung der Landwirtschaft auf industrielle Grundlagen, die Durchführung organisatorisch-ökonomischer Maßnahmen tragen dazu bei, die Arbeitsproduktivität zu steigern und die notwendigen Voraussetzungen für eine intensivere Führung der Landwirtschaft zu schaffen.

Auf den intensiven Charakter der künftigen Entwicklung der Landwirtschaft der UdSSR weisen auch Forscher hin, deren Arbeitsgebiet die Ökonomik der Volkswirtschaft und die Agrarpolitik der Partei sind. Zu diesem Aspekt des Problems liegt deshalb eine ganze Reihe von Spezialuntersuchungen vor.[3]

Um den konkreten Inhalt der grundlegenden Formen intensiverer Produktionsmethoden, wie sie in den Kolchosen zur Anwendung kommen, bestimmen zu können, sind zunächst vor allen anderen Dingen die Intensivierungskennziffern und Intensivierungsfaktoren darzulegen. Forscher, die in ihren Arbeiten die Entwicklung einer intensiven Landwirtschaft auf die eine oder andere Weise berühren, konzentrieren sich deshalb immer wieder auf diese Seite dieses Problems. Soll die Intensivierung der landwirtschaftlichen Produktion in ihren konkreten Abläufen untersucht werden, so ist zunächst der Kreis der landwirtschaftlichen Kennziffern zu bestimmen, die das Wesen der intensiven landwirtschaftlichen Produktion charakterisieren. Wie der wirtschaftswissenschaftlichen Literatur entnommen werden kann, gibt es Erfahrungen, wie man solche Kennziffern und die ihnen zugehörigen Faktoren bestimmen kann.

In der vorliegenden Arbeit haben wir den Versuch unternommen, aus Angaben zum Produktionsstand der Kolchosen der Litauischen SSR diese Intensivierungskennziffern auszusondern und, darauf aufbauend, die grundlegenden Faktoren zu ermitteln, die im neunten Fünfjahrplan die Intensivierung der Produktion bestimmt haben.

[2] *Breshnew, L. I.*, Die nächsten Aufgaben der Partei auf dem Gebiet der Landwirtschaft. Referat auf dem Plenum des Zentralkomitees der KPdSU vom 2. Juli 1970, in: Auf dem Wege Lenins, Bd. 3, Berlin 1973, S. 73.

[3] *Gusev, G. P./Gaponenko, G. S./Esaulov, P. A.*, Kurs na intensifikaciju sel'skogo chozjajstva, Moskau 1971; *Efimov, A.*, Intensifikacija ėkonomiki: analiz faktorov effektivnosti, in: Kommunist, 2/1975; *Efimov, V. P.*, Socialističeskaja intensifikacija: suščnost', faktory, effektivnost', Moskau 1971; *Kurcev, I. V./Soskiev, A. B.*, Kompleksnoe rešenie voprosov intensifikacii sel'skochozjajstvennogo proizvodstva, Moskau 1974; *Rusinov, I. V.*, Intensifikacija sel'skogo chozjajstva. Zonal'nye osobennosti, Moskau 1972; *Tarasevič, L. S.*, Intensifikacija sel'skochozjajstvennogo proizvodstva: social'no-ėkonomičeskoe soderžanie i effektivnost' (Voprosy teorii), Leningrad 1974; Problemy agrarnoj politiki KPSS na sovremennom etape, Bd. I–II, Moskau 1975 (Materialy vsesojuznoj naučno-teoretičeskoj konferencii, posvjaščennoj 10-letiju martovskogo plenuma CK KPSS 24.–26. marta 1975 g.).

Die Hauptquelle für die Gewinnung dieser Intensivierungskennziffern waren die Jahresabschlußberichte der Kolchosen der Litauischen SSR für die Jahre des neunten Fünfjahrplans, die im Archiv des Ministeriums für Landwirtschaft der Litauischen SSR aufbewahrt werden.[4] Weiteres umfassendes Ausgangsmaterial wurde den statistischen Mitteilungsblättern „Ergebnisse der Wirtschafts- und Finanztätigkeit der Litauischen SSR“ (1971/1972) und den „Grundkennziffern der Kolchose und Zwischenbetrieblichen landwirtschaftlichen Einrichtungen der Litauischen SSR“ (1973 bis 1975)[5] entnommen. Für unsere Zwecke genügten jedoch nicht allein die grundlegenden Intensivierungskennziffern der landwirtschaftlichen Produktion. Wir mußten darüber hinaus verfolgen, in welchen konkreten Formen sich der Intensivierungsprozeß vollzog, um diese Abläufe mit mathematischen Methoden erfassen zu können. Welche konkrete Methode der mathematischen Statistik zu wählen ist, hängt vom jeweiligen Forschungsauftrag ab. Im vorliegenden Fall haben wir uns für die Faktoranalyse quantitativer Angaben entschieden, da sie uns die Faktoren liefert, die den wesentlichen Einfluß auf die Entwicklung der Landwirtschaft ausüben, und da sie uns zugleich die Struktur dieser Faktoren sowie die wechselseitigen Zusammenhänge zwischen den Veränderlichen innerhalb eines jeden einzelnen Faktors erkennen läßt. „Die Interpretation der Ergebnisse der Faktoranalyse wird, was die inhaltliche Seite betrifft, in der Regel als eine Aufgabe aufgefaßt, die darin besteht, die gewonnenen Faktoren zu erklären und, ausgehend von dieser Erklärung, den Bestimmungszweck des jeweiligen Faktors zu begründen.“[6]

Somit stellt sich die Frage, welche sozialökonomischen Kennziffern heranzuziehen sind, um die Intensivierungsfaktoren der landwirtschaftlichen Produktion bestimmen zu können. Die Beantwortung dieser Frage führt uns unweigerlich zu zwei sehr wichtigen Momenten:

1. Es sind die vorliegenden theoretischen Grundlagen der sozialistischen Intensivierung der Landwirtschaft und die Erfahrungen von Ökonomen und Historikern, die gewisse Seiten dieses Problems bereits untersucht haben, heranzuziehen.
2. Die Lösung der gestellten Aufgabe muß mit den Möglichkeiten des mathematischen Apparates abgestimmt werden.

In unserem konkreten Falle geht es darum, daß die Anwendung der Faktoranalyse als erstes eine Menge von Parametern (Kennziffern) voraussetzt, die den Charakter der zu untersuchenden Prozesse möglichst vollständig erfassen. Gewöhnlich geht man davon aus, daß es eine mittlere Anzahl solcher Parameter gibt, mit denen sich die gewonnenen Daten am besten interpretieren lassen.[7] Übersteigt die gewählte Zahl der Parameter diesen Mittelwert beträchtlich, so repräsentieren die Angaben eine gehäufte und verschwommene Gruppe von Kennziffern, die kaum einer inhaltlichen Analyse zugänglich sind.[8]

[4] Archiv Ministerstva sel'skogo chozjajstva Lit. SSR, F. I, op. 14, dela Nr. 1047–1050, 1185 bis 1188, 1344–1348, 203–209, za 1975 g. – Central'naja buchgalterija MSCh Lit. SSSR.

[5] Itogi chozjajstvenno-finansovoj dejatel'nosti kolchozov. Osnovnye pokazateli kolchozov i mežkolchoznych organizacij (Predprijatij Lit. CSR). CSU pri SM Lit. SSR. 1971–1975.

[6] *Žukovskaja, V. M./Mučnik, I. B.*, Faktornyj analiz v social'no-ėkonomičeskich issledovanijach, Moskau 1976, S. 63.

[7] *Charman, G.*, Sovremennyj faktornyj analiz, Moskau 1972, Einleitung von E. M. Braverman, S. 6.

[8] In unserem konkreten Beispiel konnten wir uns aus eigener Erfahrung davon überzeugen, daß die Anzahl der Parameter (Kennziffern) zu begrenzen ist. Als erste Variante hatten wir 60 Kennziffern gewählt, die insgesamt den Stand der landwirtschaftlichen Produktion der Litauischen SSR beschrieben. Sie wurden nach einem von I. M. Promachina aufgestellten Programm maschi-

Der Intensivierungsprozeß umfaßt die beiden Grundzweige der landwirtschaftlichen Produktion: die Pflanzenzucht und die Viehwirtschaft. Unter Berücksichtigung der weiter oben formulierten Überlegungen haben wir also die Intensivierungskennziffern zu gleichen Teilen aus diesen beiden Zweigen des Agrarsektors entnommen. Zu diesem Zweck wurden 40 Material- und Produktionskennziffern für sämtliche 44 Bezirke (Rajon) der Litauischen SSR ausgewählt, die mit gewissen Seiten der Produktionsintensivierung in den Kolchosen zusammenhängen. Diese Kennziffern lassen sich in drei Hauptgruppen zusammenfassen, die folgende Seiten der landwirtschaftlichen Produktion charakterisieren:

I. Umfang und Struktur der Investitionen (Aufwand) sowie Einsatz materieller und dinglicher Elemente der Arbeit und Produktion. Hierher gehören die folgenden Kennziffern:
 1. Bodenfonds der Kolchose
 2. Anzahl der Kolchosmitglieder
 3. Produktionsgrundfonds der Kolchose
 4. Gesamtaufwand für Investitionen und Generalreparaturen
 5. Kosten für Traktoren und andere Maschinen
 6. Kosten für Generalreparaturen von Traktoren und anderen Maschinen
 7. Mittlere jährliche Anzahl von Traktoren und anderen Maschinen
 8. Mittlere jährliche Anzahl von Mähdreschern
 9. Mittlere jährliche Leistung pro Einheitstraktor, ausgedrückt in Einheitshektar
 10. Geleistete Einsatztage pro Einheitstraktor
 11. Mittlere Leistung pro Mähdrescher
 12. Menge der eingebrachten Mineraldünger
 13. Größe der durch Dränung verbesserten Bodenflächen
 14. Kosten der Bodenmelioration
 15. Energieausstattung der Kolchose.

II. Größe und Qualität der landwirtschaftlichen Nutzflächen, mit den folgenden Kennziffern:
 16. Anbaufläche für Getreide und Körnerleguminosen
 17. Anbaufläche für Zuckerrüben
 18. Anbaufläche für Kartoffeln
 19. Größe der natürlichen Heuschläge (Wiesen)
 20. Größe der Flächen für Feldfutterbau

III. Ergebnis (Effekt) der Investitionen (Aufwand) in Form von Zuwachs an Produkten, Bruttoeinnahmen und anderen Wertkennziffern der Effektivität. Hierher gehören:
 21. Bruttoeinnahmen insgesamt
 22. Bruttoeinnahmen aus der tierischen Produktion
 23. Bruttoeinkommen aus der pflanzlichen Produktion
 24. Gesamtaufkommen an Getreide und Körnerleguminosen
 25. Gesamtaufkommen an Zuckerrüben
 26. Gesamtaufkommen an Kartoffeln
 27. Gesamtaufkommen an Wiesenheu
 28. Gesamtaufkommen an Heu aus Feldfutterkulturen

nell aufbereitet. Das Ergebnis waren zum großen Teil Faktorgruppen, für die sich die Angaben nicht analysieren ließen.

29. Einnahmen aus dem Verkauf von Getreide
30. Einnahmen aus dem Verkauf von Milch
31. Einnahmen aus dem Verkauf von Fleisch
32. Selbstkosten pro Dezitonne Getreide
33. Selbstkosten pro Dezitonne Zuckerrüben
34. Selbstkosten pro Dezitonne Kartoffeln
35. Selbstkosten pro Dezitonne Leinsamen
36. Selbstkosten pro Dezitonne Flachsstroh
37. Selbstkosten pro Dezitonne Milch
38. Selbstkosten pro Dezitonne Gewichtszunahme bei Rindern
39. Selbstkosten pro Dezitonne Gewichtszunahme bei Schweinen
40. Selbstkosten pro Tausend Stück Hühnereier.[9]

In den folgenden Tabellen wird diese durchgehende Numerierung der Kennziffern beibehalten.

Auf der Grundlage dieser Kennziffern wurden mit Hilfe eines Faktoranalyseprogramms die Faktoren ermittelt, die in den einzelnen Jahren des neunten Fünfjahrplanes die Produktionsintensivierung in den Kolchosen der Litauischen SSR bestimmt haben.

In unserem Beispiel haben wir, wie dies auch in zahlreichen anderen historischen Untersuchungen getan wird, in denen quantitative Angaben aufbereitet und ausgewertet werden müssen, die Ergebnisse in Form von Tabellen dargeboten, in denen die Zeilen bestimmte Objekte, in unserem Falle Bezirke, und die Spalten die entsprechenden Merkmale, in unserem Falle ökonomische Kennziffern, enthalten. Die Wechselbeziehungen zwischen den einzelnen Merkmalen bestimmen die Struktur der zu untersuchenden Erscheinung. Die Faktoranalyse verfolgt in unserem konkreten Falle das Ziel, die innere Struktur der Erscheinungen sichtbar zu machen und ihre wesentlichen Gesetzmäßigkeiten und Charakteristika zu ermitteln.

Die Faktoranalyse beruht auf der Annahme, daß sämtliche Beziehungen und Abhängigkeiten, die zwischen den in die Untersuchung einbezogenen Merkmalen bestehen, durch die Existenz weiterer, auf einer tieferen Ebene gelegenen Merkmale, die sogenannten Faktoren, bedingt sind, wobei sich diese Faktoren weder direkt beobachten noch messen lassen, sondern nur über die Wechselbeziehungen zwischen den beobachteten Merkmalen an die Oberfläche treten. Mathematisch läßt sich das Grundmodell der Faktoranalyse wie folgt darstellen:

$$x_i = \sum_{r=1}^{k} l_{ir} f_r + e_i$$

wo x_i die beobachteten Merkmale sind, mit der Gesamtzahl p
f_r die Faktoren sind, mit der Gesamtzahl k
e_i die spezifischen Faktoren sind, die einzig und allein das Merkmal x_i beeinflussen und
l_{ir} die sogenannten Faktorladungen darstellen.

Mit den Verfahren der Faktoranalyse lassen sich gewisse Bewertungen der Größe der Faktorladungen gewinnen. Diese Werte sind ihrerseits das grundlegende Ergebnis der quantitativen Etappe der Faktoranalyse, die den Ausgangspunkt für die Interpretation und die inhaltliche Analyse der Faktoren bilden.

Das Ergebnis unserer Untersuchungen sind fünf Matrizen, eine für jedes Jahr des Fünfjahrplans. Sie enthalten die Faktoren und die Faktorladungen eines jeden untersuchten

[9] *Rusinov*, S. 34.

Merkmals, das für die Untersuchung der Produktionsintensivierung in den Kolchosen der Litauischen SSR berücksichtigt wurde. Jede Matrix besteht aus sechs Faktoren. Das bedeutet, daß sich die Gesamtheit unserer Intensivierungskennziffern letztendlich auf ein System einiger weniger Faktoren zurückführen läßt. Jeder dieser Faktoren enthält eine ganz bestimmte Gruppierung von Kennziffern, die ihrerseits eben diesen betreffenden Faktor hervorbringen. Somit läßt sich der grundlegende Bestimmungszweck der Faktoranalyse sehr anschaulich wie folgt formulieren: „Es handelt sich um einen Versuch, Informationen zu *konzentrieren*, indem man eine große Anzahl indirekter Ausgangsmerkmale durch eine kleinere Anzahl *umfassenderer* im Inneren verborgener Merkmale ausdrückt.“[10] Die auf diese Weise gewonnenen Merkmale bestimmen das quantitative Wesen der untersuchten Erscheinung und sind einer inhaltlichen Analyse zugänglich. Jeder Faktor wird in den Kategorien der beobachteten Merkmale beschrieben, die er enthält. Bei der Interpretation der Faktoren werden Parameter mit einer wesentlichen Ladung von $\pm 0{,}5$ bis ± 1 berücksichtigt. Die ausgesonderten Koeffizienten, oder auch Faktorladungen genannt, haben entweder ein positives oder ein negatives Vorzeichen. Dieser Umstand ist bei der Beschreibung der Faktoren zu berücksichtigen. Er erklärt sich aus der folgenden Annahme: Jeder Faktor ist ein tiefer im Verborgenen gelegenes inneres Merkmal, das keinen eigenen definitiven quantitativen Ausdruck besitzt, und die Vorzeichen drücken aus, ob mit der eigenen Kennzifferngruppe ein gleichgerichteter oder ein gegenläufiger Zusammenhang besteht. Wenn also der ausgesonderte Wert mit dem größten Koeffizienten ein positives Vorzeichen hat, so bedeutet dies, daß er sich proportional zum Faktor verändert: vergrößert sich der Faktor, so vergrößert sich auch der Merkmalswert, und wird der Faktor kleiner, so nimmt der Merkmalswert ab. Hat dagegen das Merkmal ein negatives Vorzeichen, so bedeutet dies, daß bei steigendem Faktorwert der Merkmalswert fällt und umgekehrt.

Weiterhin stellt sich die Frage, wie vollständig – vollständig im statistischen Sinne – das ausgewählte Material ist und wie repräsentativ die herangezogenen Quellen sind. In unserem Beispiel wurde Vollständigkeit durch das System der Kennziffern gewährleistet, die aus Materialien der staatlichen Statistik entnommen wurden. In der staatlichen Statistik sind alle diese Angaben lückenlos erfaßt, so daß sie ein einheitliches und homogenes Zahlenmassiv darstellen, wenngleich die Quellen natürlich nur die Spezialisierung zum Ausdruck bringen können, wie sie für die Litauische SSR charakteristisch ist. So können eben Kolchosen in Bezirken ohne Zuckerrübenanbau in den entsprechenden Spalten keine Eintragungen vornehmen, und das gleiche gilt analog für den Anbau von Flachs und anderen landwirtschaftlichen Kulturen. Bei der Primäraufbereitung des Zahlenmaterials (Kodierung auf Lochdatenträger) haben fehlende Eintragungen zum Wert Null geführt. Im Vergleich zur Gesamtheit der Kennziffern sind solche „natürlichen“ Nullwerte jedoch derart gering an Anzahl, daß sie für die Endergebnisse nicht ins Gewicht fallen. Außerdem wurden im Verlaufe der rechnerischen Aufbereitung die Angaben über sämtliche 44 Bezirke der Republik summiert, so daß die ausgesonderten Faktoren den Zustand der Landwirtschaft für die Republik insgesamt ausweisen und nicht für die einzelnen Gebiete. Das Endergebnis der vorliegenden Untersuchung sind fünf Tabellen, in denen lediglich signifikante Koeffizientenwerte berücksichtigt wurden. Die Faktorladungen sind nach fallendem Rang geordnet (vgl. Tabelle 1).

Die Intensivierung der Produktion der Kolchosen wird für das Jahr 1971 von den beiden Faktoren F_1 und F_2 dargestellt. Beide Faktoren enthalten nur Koeffizienten mit hohen

[10] *Žukovskaja/Mučnik*, S. 3.

Tabelle 1
Faktoren und signifikante Faktorladungen der Koeffizienten 1971

Nr.	Kenn-ziffer	F_1	Kenn-ziffer	F_2	Kenn-ziffer	F_3	Kenn-ziffer	F_4	Kenn-ziffer	F_5	Kenn-ziffer	F_6
1.	38	−0,85	2	0,92	10	−0,50	19	−0,74	18	0,66	36	0,61
2.	32	−0,82	8	0,89							35	0,59
3.	39	−0,77	5	0,86								
4.	33	0,70	31	0,86								
5.	13	0,67	6	0,83								
6.	37	−0,64	4	0,82								
7.	8	0,61	15	0,81								
8.	7	0,60	22	0,80								
9.	11	0,59	23	0,80								
10.	17	0,58	21	0,79								
11.	3	0,56	3	0,77								
12.	21	0,55	1	0,76								
13.	16	0,54	16	0,75								
14.	14	0,54	24	0,74								
15.	22	0,53	30	0,62								
16.	4	0,51	33	−0,56								
17.	23	0,50	25	0,53								
18.	30	0,50	17	0,50								
19.	12	0,50										

Faktorladungen, und sie zeigen einen engen Zusammenhang mit den folgenden Kennziffern: Bruttoeinnahmen (III, 21, 22, 23), Investitionen (I, 4), Verteilung der Anbauflächen auf die einzelnen Kulturen (II, 16, 17), Einnahmen aus dem Verkauf von Milch (III, 30) und Bodenfonds der Kolchosen (I, 1). Diese Merkmale bestimmen zusammen mit den Merkmalen, die lediglich den konkreten Faktor charakterisieren, den eigentlichen Inhalt der Faktoren F_1 und F_2. Innerhalb des Faktors F_1 hängen diese Kennziffern mit den folgenden Ergebnisgrößen zusammen: Selbstkosten bestimmter landwirtschaftlicher Produkte (III, 32, 37, 38, 39). Wie wir sehen, sind dies vor allem tierische Produkte. Die entsprechenden Faktorladungen betragen: −0,82, −0,64, −0,85 und −0,77. Innerhalb dieses Faktors erreichen die Kennziffern Kosten der Bodenmelioration (I, 14) mit 0,67 und Mittlere jährliche Leistung pro Einheitstraktor, ausgedrückt in Einheitshektar (I, 9) mit 0,61 recht hohe Werte. Den Faktor F_1 kann man als Charakteristik der Veränderungen der Selbstkosten pro Einheit erzeugter landwirtschaftlicher Produkte in Abhängigkeit vom technischen Ausstattungsgrad der Wirtschaften und der Bodenmelioration auffassen.

Innerhalb des Faktors F_2 haben die folgenden Kennziffern sehr hohe Werte erreicht: Anzahl der Kolchosmitglieder (I, 2) 0,92, Energieausstattung der Kolchosen (I, 15) 0,89, Kosten für Traktoren und andere Maschinen (0,86), Gesamtaufwand für Investitionen und Generalreparaturen landwirtschaftlicher Maschinen (I, 4) 0,88. Diese Kennziffern zeigen uns, daß für die Intensivierung der Produktion der Stand des Maschinen-Traktorenparks und die allseitige Ausnutzung der Produktivkräfte eine immer größere Rolle gespielt haben. Außerdem ist zu beachten, daß in diesem Faktor die Kennziffern Produktionsgrundfonds der Kolchosen (I, 3) mit 0,77, Bruttoeinnahmen insgesamt (III, 21) mit 0,81 und Bruttoeinnahmen der beiden Grundzweige (III, 22 und 23) mit 0,80 und 0,80 sowie Gesamtaufkommen an Getreide und Körnerleguminosen (III, 24) und Gesamtaufkommen an Zuckerrüben (III, 25) mit 0,74 bzw. 0,53 ebenfalls recht hohe Werte erreicht haben. Daß diese Kennziffern im Faktor enthalten sind, bedeutet, daß der Stand der Finanzen, der technische Aus stattungsgrad und die Energieausstattung der Wirtschaften einen zunehmenden Einfluß auf die Intensivierung der Produktion in den Kolchosen ausüben.

Es läßt sich also die Schlußfolgerung ziehen, daß im ersten Jahr des Fünfjahrplans die Kolchosen ihre Anstrengungen in erster Linie darauf verwandt haben, grundlegende Fragen zu lösen, wie die Festigung der materiell-technischen Basis und die Senkung der Selbstkosten der Produktion.

Tabelle 2
Faktoren und signifikante Faktorladungen der Koeffizienten 1972

Nr.	Kennziffer	F_1	Kennziffer	F_2	Kennziffer	F_3	Kennziffer	F_4	Kennziffer	F_5
1.	24	0,95	4	−0,89	38	0,79	35	0,62	19	0,71
2.	7	0,95	5	−0,88	32	0,70	36	0,61	35	0,66
3.	8	0,94	6	−0,82	39	0,69	18	−0,54	36	0,65
4.	21	0,93	31	−0,74	28	−0,61	26	−0,50	27	0,59
5.	23	0,92	29	−0,72	37	0,61				
6.	22	0,91	30	−0,55	20	−0,58				
7.	2	0,89			33	−0,53				
8.	12	0,88			17	−0,51				
9.	3	0,87			9	−0,51				
10.	1	0,86								
11.	14	0,69								
12.	25	0,59								
13.	17	0,58								
14.	13	0,55								

Wie der Tabelle 2 zu entnehmen ist, haben im Jahre 1972 fünf von den sechs ausgesonderten Faktoren bedeutende Faktorladungen. Dies trifft vor allem für den Faktor zu, der 14 Kennziffern auf sich vereinigt, das heißt 35 Prozent der für unsere Untersuchung herangezogenen Merkmale. Im Faktor F_1 sind die Kennziffern enthalten, die ihrem Inhalt nach zu den wichtigsten Merkmalen zählen und die Produktionsgrundlage der Kolchosen bestimmen. Folgende Kennziffern nehmen im System dieses Faktors die wichtigsten Plätze ein: technischer Ausstattungsgrad der Kolchosen, das heißt in unserem Kennziffernsystem die Kennziffern Mittlere jährliche Anzahl von Traktoren und anderen Maschinen (I, 7) und Mittlere jährliche Anzahl von Mähdreschern (I, 8) sowie die Kennziffern Menge der eingebrachten Mineraldünger (I, 12) und Produktionsgrundfonds der Kolchosen (I, 3). Diesen Kennziffern entsprechen die folgenden Faktorladungen: 0,95, 0,94, 0,88 und 0,87. Eine etwas geringere Bedeutung haben die Kennziffern, die sich auf Trockenlegung zu feuchter Böden und Bodenmelioration beziehen, in unserem System I, 13 und 14. Sie haben eine Faktorladung von 0,55 bzw. 0,69. Dies weist auf unzureichende Meliorationsmaßnahmen im Jahre 1972 hin. Im Gesamtbild der Maßnahmen, die auf die Verbesserung der Bodenqualität gerichtet waren, hat der Ausstattungsgrad mit mechanischen Arbeitsmitteln den wesentlichen Einfluß auf die Produktion der Kolchosen ausgeübt. Dies beweist auch der direkte Zusammenhang zwischen den oben erwähnten Kennziffern und den Koeffizienten, die die

Ergebnisseite des Intensivierungsprozesses ausdrücken: Bruttoeinnahmen insgesamt und nach Zweigen (III, 21, 22, 23) und Gesamtaufkommen an bestimmten landwirtschaftlichen Produkten (III, 24, 25).

Der nächster Fakor vereinigt in sich die Kennziffern der Investitionen, die in der Landwirtschaft der Litauischen SSR getätigt wurden (I, 4, 5, 6) und die Einnahmen aus der Realisierung der Warenproduktion (III, 29, 30, 31).

Der dritte Faktor gibt Aufschluß über die Struktur einer gewissen Abhängigkeit, die es zwischen den Selbstkosten der pflanzlichen und tierischen Produkte einerseits und der jährlichen Leistung pro Einheitstraktor (I, 9) gibt; die Faktorladung beträgt –0,51. Diese Abhängigkeit besagt folgendes: Je höher die Produktivität der landwirtschaftlichen Maschinen ist, desto geringer sind die Selbstkosten der Produktion. Eine hohe mittlere Traktorleistung setzt aber das Vorhandensein großer Flächen voraus, die mit landwirtschaftlichen Kulturen bestellt sind. Somit zeigt uns dieser Faktor, welche Bedeutung der Produktivität der landwirtschaftlichen Maschinen für den intensiven Anbau landwirtschaftlicher Kulturen zukommt.

Der erste Faktor verkörpert den direkten Einfluß der materiell-dinglichen Arbeitsmittel auf die Ergebnisse der Wirtschaftstätigkeit der Kolchosen; F_1 ist also der Hauptfaktor innerhalb dieses Faktorsystems. Er kann deshalb zu Recht als Faktor der Festigung der materiell-technischen Basis der Kolchosen der Litauischen SSR bezeichnet werden. Der zweite Faktor unterstreicht die Bedeutung der Effektivität der Investitionen, die für die Produktion der Kolchosen getätigt wurden.

Die Analyse unserer Faktormatrix hat somit klar die Richtung aufgezeigt, die die Entwicklung der Landwirtschaft der Litauischen SSR im Jahre 1972 genommen hat: neben einer allgemeinen Verbreiterung der materiell-technischen Basis der Produktion hatten die Investitionen, die in die Produktion der Kolchosen geflossen waren, die entscheidende Bedeutung. Es sei an dieser Stelle darauf hingewiesen, daß die Grundfaktoren der Intensivierung 1971 (F_2) und 1972 (F_1) identisch sind. Beide wiederholen bis zu einem bestimmten Grade die gleichen Kennziffern, insgesamt zehn, wenn auch mit unterschiedlichen Faktorladungen. Die Kennziffer Produktionsgrundfonds der Kolchose (I, 3) hat für 1971 eine Faktorladung von 0,77 und für 1972 von 0,87; die Kennziffer Mittlere jährliche Anzahl von Mähdreschern (I, 8) hat die Faktorladungen 0,89 und 0,94, die entsprechenden Faktorladungen der Bruttoeinnahmen insgesamt (III, 21) betragen 0,79 und 0,93, der Bruttoeinnahmen aus der pflanzlichen Produktion (III, 23) 0,80 und 0,91, der Bodenfonds der Kolchosen (I, 1) 0,76 und 0,86. Aus diesen Werten ist zu ersehen, daß die Rolle der Intensivierungskennziffern für die Produktion von 1972 bedeutend zugenommen hat. Beide Faktoren führen uns vor Augen, welch große Bedeutung der Festigung der materiell-technischen Basis der Kolchose für die Steigerung der Produktion zufällt. Die Vereinigung dieser Kennziffern mit den Kennziffern der Investitionen, der Warenproduktion und der Selbstkosten pro Dezitonne Zuckerrüben im System des Faktors F_2 (1971) weist uns auf die spezifische Funktion dieses Faktors hin. Wir erkennen die Wechselbeziehungen zwischen den einzelnen Komponenten der intensiven Bodennutzung und der Größe des erzielten Ertrages. Der vergleichbare Faktor F_1 für 1971 bringt dies nicht zum Ausdruck. Hier vereinigt sich der Komplex der Kennziffern der materiell-technischen Entwicklung der Kolchose mit den Kennziffern der Chemisierung und Bodenmelioration, das heißt mit den Kennziffern, die die Verbesserung der Bodenqualität charakterisieren. Ein Vergleich der beiden Faktoren zeigt uns, in welcher zeitlichen Reihenfolge in der Litauischen SSR die unterschiedlichen Mittel der Intensivierung der landwirtschaftlichen Produktion eingesetzt wurden.

Tabelle 3
Faktoren und signifikante Faktorladungen der Koeffizienten 1973

Nr.	Kenn-ziffer	F_1	Kenn-ziffer	F_2	Kenn-ziffer	F_3	Kenn-ziffer	F_4	Kenn-ziffer	F_5	Kenn-ziffer	F_6
1.	9	0,96	28	0,94	35	−0,87	16	0,70	31	0,81	30	0,53
2.	21	0,94	20	0,91	32	−0,80	6	0,69	26	0,71	15	0,53
3.	39	0,93	7	0,91	11	−0,75	5	0,65	19	0,57		
4.	1	0,92	14	0,91	38	−0,72	11	0,57	29	0,52		
5.	4	0,90	13	0,86	5	−0,70						
6.	22	0,89	27	0,83	10	−0,66						
7.	23	0,88	18	0,82	8	−0,65						
8.	33	0,88	17	0,82	3	−0,61						
9.	37	0,86	25	0,78	2	−0,58						
10.	40	0,85	19	0,77	29	−0,55						
11.	34	0,84	26	0,55	6	−0,51						
12.	12	0,70	24	0,54								
13.	10	0,65	30	0,53								
14.	2	0,62	15	0,52								
15.	3	0,62										
16.	36	0,60										
17.	15	0,55										
18.	24	0,53										

Aus der Tabelle 3, die die Intensivierung der landwirtschaftlichen Produktion für das Jahr 1973 charakterisiert, lassen sich drei Hauptfaktoren aussondern, von denen jeder eine größere Anzahl von Kennziffern auf sich vereinigt. Faktor F_1 enthält die Kennziffern der materiell-dinglichen Elemente der Produktion mit hohen Faktorladungen: Bodenfonds der Kolchosen (I, 1), Faktorladung 0,92, Gesamtaufwand für Investitionen und Generalreparaturen (I, 4) 0,90, Produktionsgrundfonds der Kolchosen (I, 3) 0,62, Menge der eingebrachten Mineraldünger (I, 12) 0,70 usw. Diese Kennziffern hängen mit den Ergebniskennziffern zusammen, das heißt mit den Bruttoeinnahmen, dem Gesamtaufkommen an landwirtschaftlichen Erzeugnissen und den Selbstkosten bestimmter landwirtschaftlicher Erzeugnisse. Insgesamt wiederholt sich in Faktor F_1 die gleiche inhaltliche Struktur der grundlegenden Intensivierungselemente, die auch in den Jahren 1971 und 1972 typisch waren, und dies spiegelt den Einfluß der Verbesserung der materiell-technischen Basis der Kolchosen auf den Ertrag an landwirtschaftlichen Produkten und deren Qualität wider.

Die Struktur des Faktors F_2 läßt sich ebenfalls in den Kategorien der in ihm enthaltenen Kennziffern beschreiben. Er zeigt die Auswirkungen der Mechanisierung: Mittlere jährliche Anzahl von Traktoren und anderen Maschinen (I, 7), Bodenmelioration (I, 14) und Dränung (I, 13) sowie der Energieausstattung der Kolchosen (I, 15), die die Faktorladungen 0,91, 0,91, 0,86 und 0,52 besitzen, auf die Größe der bestellten Flächen und das Gesamtaufkommen an landwirtschaftlichen Kulturen an.

Die Kennziffern, die im dritten Faktor F_3 enthalten sind, stellen in einem gewissen Grade eine Wiederholung der Kennziffern dar, die wir bereits an Faktor F_1 angetroffen haben. So befinden sich die Anzahl der Kolchosmitglieder (I, 2), die Produktionsgrundfonds der Kolchosen (I, 3), die geleisteten Einsatztage pro Einheitstraktor (I, 10) in beiden Faktoren. Jedoch haben sich die Wechselbeziehungen zwischen diesen Merkmalen und ihre spezifische

Rolle verändert. So vermittelt die Tatsache, daß sich in Faktor F_3 die oben erwähnten Kennziffern mit den Kosten für Traktoren und anderen Maschinen (I, 6), den Kosten für Generalreparaturen von Traktoren und anderen Maschinen (I, 6), der mittleren jährlichen Anzahl von Mähdreschern (I, 8) und der mittleren Leistung pro Mähdrescher (I, 11) vereinen, eine Vorstellung davon, wie das technische Niveau der Wirtschaftsführung die Warenproduktion und die Selbstkosten der Produktion beeinflußt. Dieser Faktor läßt sich somit als Faktor charakterisieren, der die Ergebnisseite der technischen Ausstattung der Kolchosen widerspiegelt. Der folgende Faktor F_4 verdeutlicht die Wechselbeziehungen zwischen den eingesetzten technischen Ausrüstungen und der Größe der bestellten Flächen.

Tabelle 4
Faktoren und signifikante Faktorladungen der Kennziffern 1974

Nr.	Kenn-ziffer	F_1	Kenn-ziffer	F_2	Kenn-ziffer	F_3	Kenn-ziffer	F_4	Kenn-ziffer	F_5
1.	24	0,95	4	−0,88	38	0,76	35	0,71	19	0,68
2.	7	0,94	5	−0,87	32	0,66	36	0,71	18	0,64
3.	8	0,94	6	−0,81	28	−0,61			26	0,61
4.	21	0,93	31	−0,72	39	0,61			27	0,59
5.	22	0,90	29	−0,70	20	−0,60			36	0,53
6.	3	0,88	30	−0,54	37	0,58			35	0,52
7.	2	0,88								
8.	1	0,86								
9.	12	0,86								
10.	14	0,69								
11.	25	0,58								
12.	17	0,54								
13.	13	0,54								

In der Tabelle 4 für 1974 beschreiben fünf Faktoren die Struktur der intensiven Entwicklung der Kolchosen. Der erste Faktor F_1 konzentriert auf sich die Kennziffern der Erweiterung der materiell-technischen Basis der Kolchosen. Ein besonders großer Einfluß geht dabei von den folgenden Kennziffern aus: Produktionsgrundfonds (I, 3) 0,88, mittlere jährliche Anzahl von Traktoren und Maschinen (I, 7) 0,94, mittlere jährliche Anzahl von Mähdreschern (I, 8) 0,94 und Menge der eingebrachten Mineraldünger (I, 12) 0,86. Einen immer wichtigeren Platz nehmen in der materiellen Basis der Produktion die rationelle Nutzung der Bodenfonds, vertreten im Faktor durch Bodenfonds der Kolchose (I, 1) mit 0,86 und Menge der eingebrachten Mineraldünger (I, 12) mit 0,86 und die verfügbaren Arbeitskräfte (Anzahl der Kolchosmitglieder (I, 2)) mit einer Faktorladung von 0,88 ein.

Die relativ hohen Werte, die diese Kennziffern 1974 gegenüber den vorausgegangenen Jahren angenommen haben, lassen uns zu Recht die Feststellung treffen, daß die Landwirtschaft der Litauischen SSR in bezug auf die materiell-technischen Mittel nach und nach einen derart hohen Sättigungsgrad erreicht hat, daß die Intensivierung der Produktion merklich zugenommen hat und infolgedessen die Hektarerträge der einzelnen landwirtschaftlichen Kulturen ständig steigen.

Der zweite bedeutsame Faktor (F_2) vereinigt in sich die produktiven und die ökonomischen Komponenten der Investitionen und die daraus folgenden Einnahmen aus dem Verkauf von Getreide, Fleisch und Milch. Dies ist der Faktor der zunehmenden Ertragsfähigkeit der Wirtschaften aus der Realisierung der Warenproduktion. Der dritte Faktor (F_3) enthält die Werte der Selbstkostensenkung für Getreide und tierische Erzeugnisse in Abhängigkeit von der Erweiterung der Futterbasis, insbesondere der Erweiterung des Feldfutterbaus. Aus diesem Faktor können wir die Effektivität der eingesetzten Mittel ablesen. Die Faktoren F_4 und F_5 stellen die Abhängigkeit der Selbstkosten der Produktion von der Struktur der landwirtschaftlichen Nutzflächen dar. Hier bereitet jedoch eine inhaltliche Analyse gewisse Schwierigkeiten. Möglicherweise läßt dies vermuten, daß weitere Angaben in die Untersuchung einbezogen werden müssen, um die ökonomische Lage der Landwirtschaft der Litauischen SSR noch genauer beschreiben zu können.

Aus der Sicht der weiteren Intensivierung der Wirtschaftsführung fällt 1974 dem Faktor die größte Bedeutung zu, der die Erweiterung der materiell-technischen Basis der Kolchosen charakterisiert. Hier hat das Intensivierungsniveau, wenn man dies nach den betreffenden Faktorladungen gewisser Kennziffern beurteilt, seinen maximalen Wert erreicht.

Tabelle 5
Faktoren und signifikante Faktorladungen der Kennziffern 1975

Nr.	Kennziffer	F_1	Kennziffer	F_2	Kennziffer	F_3	Kennziffer	F_4	Kennziffer	F_5	Kennziffer	F_6
1.	21	0,97	38	0,76	15	0,50	35	0,60	11	0,51	18	0,57
2.	16	0,94	37	0,61			36	0,59			26	0,57
3.	23	0,93	3	−0,61			3	0,55				
4.	24	0,93	33	−0,57			26	−0,55				
5.	28	0,93	39	0,53			18	0,54				
6.	12	0,91	32	0,52								
7.	31	0,85										
8.	29	0,84										
9.	20	0,82										
10.	22	0,81										
11.	5	0,81										
12.	1	0,80										
13.	4	0,75										
14.	6	0,75										
15.	7	0,75										
16.	17	0,71										
17.	25	0,71										
18.	30	0,66										
19.	14	0,65										
20.	13	0,64										

Eine Analyse der Faktoren der Produktionsintensivierung von Tabelle 5 für 1975 vermittelt uns ein Bild davon, welcher grundlegenden Entwicklungstendenz die Landwirtschaft der Litauischen SSR in diesem Jahr gefolgt ist. Vergleicht man die Faktorladungen der Kennziffern, die im ersten Faktor (F_1) vereint sind, so erkennt man, daß die größten Werte bei den Bruttoeinnahmen insgesamt (III, 1) 0,97 und den Bruttoeinnahmen aus tierischen Produkten (III, 22) 0,81 und pflanzlichen Produkten (III, 23) 0,93 zu verzeichnen sind. Darin kommt die materielle Auswirkung des Intensivierungsprozesses zum Ausdruck. Die erste Gruppe umfaßt die Elemente, die für die Intensivierung der Landwirtschaft eingesetzt wurden und die daraus folgenden Ergebniskennziffern. Einen sehr hohen Wert belegt hier die Kennziffer Gesamtaufkommen an Getreide und Körnerleguminosen (III, 24) mit 0,93; der niedrigste Wert liegt bei der Kennziffer Größe der durch Dränung verbesserten Böden (I, 13), er beträgt 0,64. Innerhalb des Gesamtsystems der Faktoren enthält der erste Faktor die Kennziffern, die die Effektivität der Erzeugung landwirtschaftlicher Produkte, und zwar sowohl Pflanzenzucht als auch Tierproduktion, aus dem Einsatz materiell-technischer Mittel wie Investitionen, technische Ausstattung, Melioration und Chemisierung beschreiben.

Der zweite Faktor (F_2) zeigt, wie die Selbstkosten der Produktion von den Ergebnissen der Anwendung der Produktionsgrundfonds abhängen. Der vierte Faktor (F_4) unterstreicht die Bedeutung der Produktionsgrundfonds für die Selbstkosten bei Flachs und den Hektarertrag bei Kartoffeln. Die Vereinigung der Einsatz- und Ergebniskennziffern und die Zunahme der Faktorladungen, die gegenüber den anderen Jahren des neunten Fünfjahrplans bei diesen oder jenen Merkmalen zu verzeichnen sind, berechtigen uns zu der Feststellung, daß ein konsequenter Kurs auf die Intensivierung der landwirtschaftlichen Produktion verfolgt wurde. Dieser Kurs hat die Erzeugung landwirtschaftlicher Produkte gesteigert, den technischen Fortschritt in den Produktionsmitteln vorangebracht und die planmäßige Verbesserung der Ausnutzung der Böden sichergestellt.

Die inhaltliche Analyse der einzelnen Faktoren hat uns die allgemeinen und die besonderen Tendenzen erkennen lassen, die in den einzelnen Jahren des Fünfjahrplanes den Prozeß der Intensivierung der landwirtschaftlichen Produktion bestimmt haben. Urteilt man nach den Matrizen der Faktorladungen, so ergibt sich für das gesamte Jahrfünft ein gemeinsamer Faktor, der ständig dominiert: für 1971 ist es der Faktor F_2 und für allen anderen Jahre der Faktor F_1. Er charakterisiert die Entwicklung der materiell-technischen Basis der Kolchosen und den davon ausgehenden Einfluß auf die Ergebnisse der Wirtschaftstätigkeit insgesamt. Mit anderen Worten: die Intensivierung der landwirtschaftlichen Produktion in den Kolchosen der Litauischen SSR stand vor allem unter dem Einfluß der materiellen Ausstattung der Landwirtschaft. In seiner Rede auf der Festsitzung zum sechzigsten Jahrestag der Großen Sozialistischen Oktoberrevolution sagte L. I. Breshnew: „Man kann kühn behaupten, daß in der Geschichte unseres Landes noch nie so viel für die Entwicklung der Landwirtschaft getan wurde. In kurzer Frist wurden die materiell-technische Basis und die Ökonomik des Dorfes grundlegend umgestaltet. In beispiellosem Ausmaß wurden die Arbeiten zur Melioration, komplexen Mechanisierung und Chemisierung vorangetrieben.“[11]

Die in unserer Untersuchung zur Intensivierung der landwirtschaftlichen Produktion der Litauischen SSR ausgesonderten Hauptfaktoren zeigen, daß der von der Partei beschlossene Kurs, in der gesellschaftlichen Wirtschaft der Kolchosen zu einem intensiven Wachstum überzugehen, verwirklicht wurde. Die konsequente Entwicklung der litauischen Kolchosen haben diese Richtung bestätigt.

Jedes einzelne Jahr des Fünfjahrplanes hat neben den „allgemeinen“ auch seine „besonderen“ Intensivierungsfaktoren. Sie verdeutlichen die Besonderheiten, durch die sich die Intensivierung der Wirtschaftsführung in den einzelnen Jahren des Fünfjahrplanes ausgezeichnet hat. So zeigt beispielsweise das Jahr 1971 eine Senkung der Selbstkosten der Produktion in beiden Grundzweigen der landwirtschaftlichen Produktion, was auf die technische Ausstattung und die Bodenmelioration zurückzuführen war. Im Jahre 1972 ging beson-

[11] *Breshnew, I. L.*, Die Große Oktoberrevolution und der Fortschritt der Menschheit, Berlin 1977, S. 12.

ders von den Investitionen eine besondere Wirkung aus, was sich vor allem in der Warenproduktion niederschlug. 1973 trugen die Anstrengungen ihre Früchte, die auf die Lösung der grundlegenden Fragen der intensiven Wirtschaftsführung gerichtet waren, wir meinen die Bodenmelioration, die Chemisierung, die technische Ausstattung und die Energieausstattung der Arbeit, deren Kennziffern in diesem Jahre die höchsten Werte zu verzeichnen hatten. In den folgenden Jahren hat sich der Einsatz dieser Mittel auf den Ausstoß landwirtschaftlicher Produkte pro Flächeneinheit ausgewirkt und zur Senkung der Selbstkosten bei tierischen Erzeugnissen geführt.

Zusammenfassend können wir also sagen, daß sich mit der Faktoranalyse nachweisen läßt, daß in den einzelnen Jahren des neunten Fünfjahresplans in den Kolchosen der Litauischen SSR der Kurs auf die Intensivierung der landwirtschaftlichen Produktion konsequent verwirklicht wurde. In welchem Umfange dabei in den einzelnen Jahren diese oder jene Seite der Intensivierung vorherrschend war, ist dem konkreten Inhalt der jeweiligen Kennziffern zu entnehmen, die das Ausgangsmoment und die Bedingungen der Intensivierung der Wirtschaftsführung bildeten. Es waren dies in erster Linie die Einsatzgrößen, die das Gesamtaufkommen an landwirtschaftlichen Kulturen erhöhten und die Produktivität der Viehwirtschaft steigerten. Zu ihnen gehören die Produktionsgrundfonds, die Investitionen, die Anwendungen für Chemisierung und Bodenmelioration. Insbesondere von der Größe und der Effektivität dieser Momente hängt die Struktur der Faktoren ab, die in den einzelnen Jahren maßgebend waren.

Unsere Analyse der Faktoren der Intensivierung der landwirtschaftlichen Produktion in der Litauischen SSR hat gezeigt, daß die Kolchosen dieser Republik in den Jahren des neunten Fünfjahrplanes einen hohen Stand der Intensivierung erzielen konnten.

Auf dem XXV. Parteitag der KPdSU wurde folgendes festgestellt: „Ein anderes Kernproblem, bei dessen Lösung wir gleichfalls vorangekommen sind, ist *die Entwicklung der Landwirtschaft, ihre technische Neuausstattung, die Festigung der Wirtschaft der Kolchose und Sowchose.*“ [12]

Wie die Faktoren unserer Untersuchung beweisen, haben die Kolchosen der Litauischen SSR ihren Beitrag zur Lösung dieses Problems geleistet.

[12] XXV. Parteitag der KPdSU. Rechenschaftsbericht des Zentralkomitees der KPdSU und die nächsten Aufgaben der Partei in der Innen- und Außenpolitik. Berichterstatter: L. I. Breshnew, Generalsekretär des ZK der KPdSU, Berlin 1976, S. 46.

FSC
www.fsc.org
MIX
Papier | Fördert
gute Waldnutzung
FSC® C083411

Kolibri 360 GmbH
Ferdinand-Jühlke-Straße 7
99095 Erfurt, Deutschland
produktsicherheit@kolibri360.de